스포츠와 지속가능성

ESG경영의 현장

Environment
Social
Governance

박재신 · 김소영 · 문기준 · 박경준 · 박수민
박효정 · 서영우 · 이남용 · 이동수 · 이민수
이소정 · 이용욱 · 이정수 · 정준용 · 홍진갑

KMU 국민대학교
KOOKMIN UNIVERSITY

머 리 말

지속가능성이 화두다. 효율성과 경쟁 일변도인 현재 방식은 지속가능하지 않다는 깨달음의 반작용이라 본다. 국제사회의 지속가능발전(sustainable development)을 위한 노력은 기업 조직의 지속가능경영(sustainable management)을 낳았고, 지속가능경영의 방법론으로 ESG경영이 자리 잡았다.

스포츠 분야도 이 흐름에서 벗어나 있지 않다. 오히려 스포츠야말로 지속가능성과 ESG경영을 더욱 강조하여야 할 분야다. 다른 어떤 산업에 비해서도 스포츠는 압도적으로 큰 사회적 영향력과 상징성을 갖기 때문이다. 한 경기의 시청자 수는 수억 명에 달하고, 선수는 사회적 롤모델이 된다. 스포츠 이벤트는 도시와 국가의 브랜드를 바꾸고, 팬덤은 강력한 문화적 힘을 가진다. 스포츠 내부의 ESG도 중요하지만 – 그 이유는 이 책 전체를 통해 확인된다 – 사회의 지속가능발전을 위해서도 스포츠 ESG 확산이 중요한 이유이다.

그런데도 스포츠 분야의 ESG 논의는 아직 초기 단계에 머물러 있다. 국내에서는 물론 국제적으로도 스포츠 ESG 관련 연구나 문헌이 많지 않은 실정이다. 학계의 정리와 선도보다 스포츠 현장의 사례와 성과가 앞서 나가는 형국이다.

이 책은 이러한 문제의식에서 출발하였다. 『스포츠와 지속가능성: ESG경영의 현장』은 실제 스포츠 현장과 조직에서 ESG는 어떻게 실천되고 있는가, 성과와 한계는 무엇인가를 파악하고자 하였다. 현장을 이해하여야 개선과 확산을 위한 방향과 전략이 나온다.

국민대학교 아시아올림픽대학원에 개설된 〈지속가능성과 ESG경영〉 교과목을 수강한 대학원생들이 소속 기관의 ESG 현황과 성과 및 한계에 관해 사례연구를 수행했다. 14명의 대학원생은 여러 스포츠 종목에서 국가대표로 활동하고 있는 현역 선수, 스포츠 공공기관 종사자, 스포츠 기업 대표 등으로서 스포츠 생태계를 구성하는 다양한 조직에 소속하고 있다.

이 책은 학문적으로, 실무적으로, 사회적 가치 차원에서도 의미가 있다. 스포츠 종목단체, 공공기관, 산업체의 ESG 실천 현황을 심도 있게 살펴보고 종합적으로 비교 분석했고, 그 과정에서 스포츠 생태계를 이루는 경기장, 이벤트, 선수, 조직, 산업 전반을 아우르는 ESG 사례연구가 되었다. 학계와 정책, 현장 간의 지식 공백을 메우는 학문적 기초자료이자 현장 기반 자료집으로 가치가 높다. 또한 대학원 교육의 학습 결과물이 집단 저작물로 발전했다는 교육적 의의도 크다.

대학원생 소속 조직에 관한 사례연구에 앞서 제1부에서는 ESG와 지속가능성의 개념적 흐름을 정리하고, 스포츠 분야에서 ESG가 갖는 고유한 의미와 요소 및 특성을 제시한다. 제3부에서는 제2부 사례분석을 토대로 한국 스포츠 ESG의 공통 양상과 구조적 과제를 진단하고, 향후 지속가능한 스포츠를 위한 정책적·제도적 제언을 제시한다.

이 책이 지향하는 바는 명확하다. 스포츠 ESG를 일시적 유행이나 이미지 관리 수단이 아니라, 지속가능한 스포츠를 위해 비전과 전략, 실천 과제와 성과관리 체계를 가진 경영 프레임워크로 정착시키는 것이다.

이 책이 스포츠 정책 담당자에게는 제도 설계의 참고서로, 스포츠 조직 실무자에게는 ESG경영 기획의 동반자로, 연구자와 학생에게는 스포츠 ESG 연구의 출발점으로 활용되기를 기대한다. 출간을 허락해 준 국민대학교 출판부에 감사하며, 독자 여러분의 비판적 읽기와 실천적 논의를 기대한다.

2026년 2월 2일

저자 일동

CONTENTS

머리말 • 3

제1부 스포츠와 ESG

1. ESG와 스포츠의 만남 9
2. 스포츠 분야 ESG의 주요 영역과 특징 16
3. 이 책의 구성, 의의, 방법론 24

제2부 스포츠 ESG의 현장

〈선수단체 · 연맹〉

사례1 · 파라아이스하키의 ESG경영: 얼음 위의 따뜻한 변화 31
사례2 · 대한봅슬레이스켈레톤경기연맹의 ESG경영: 지속가능한 트랙을 향한 첫걸음 52
사례3 · 배드민턴과 지속가능성: 세계배드민턴연맹의 ESG경영 75
사례4 · 지속가능한 빙상스포츠를 향한 전환: 빙상계의 ESG 생존전략 97
사례5 · 필드하키 경기장의 ESG 혁신: 탄소중립에서 포용성까지 112
사례6 · 크라쉬의 미래를 ESG에서 찾다 130

〈스포츠 공공 · 국제기관〉

사례7 · 스포츠 공공기관의 ESG경영: 국민체육진흥공단 사례 139
사례8 · 스페셜올림픽코리아의 ESG경영: 성과와 한계 및 발전 방향 151
사례9 · 장애인스포츠의 ESG경영: 현황과 개선방향 166

사례10 · 스포츠 이벤트 조직위원회의 ESG 전환:
레거시를 넘어 시스템으로 ······ 181

〈스포츠 기업 · 산업〉

사례11 · 지속가능한 도시를 위한 스포츠 이벤트:
차별화된 유치전략 ESG 프레임워크 ······ 205

사례12 · 스포츠 산업 공급망의 ESG 전환: 현황과 과제 ······ 228

사례13 · MICE 산업의 ESG경영 현황과 지속가능성 ······ 257

사례14 · 스포츠 오버레이 시설의 ESG경영 ······ 313

제3부 한국 스포츠 ESG의 현재와 미래

1. 사례에서 드러난 한국 스포츠 ESG의 과제 ······ 329

2. 한국 스포츠 ESG 확산을 위한 7가지 제언 ······ 340

3. 지속가능한 스포츠를 향하여 ······ 350

찾아보기 • 354

저자소개 • 356

제1부

스포츠와 ESG

스포츠와 ESG

박 재 신 (국민대 아시아올림픽대학원 교수)

1. ESG와 스포츠의 만남

가. ESG의 개념

ESG는 환경(Environmental), 사회(Social), 지배구조(Governance)를 의미하는 두문자어(acronym)이다. 이들 세 가지는 지속가능성(Sustainability)을 달성하는 데 필요한 핵심적인 비재무적 요소이다. ESG는 조직의 지속가능성과 장기적 가치 창출 능력을 평가하는 종합적 기준으로 자리 잡았다. ESG는 단순한 비재무적 요소의 조합이 아니라, 조직의 위험 관리, 가치 창출, 이해관계자 관리를 포괄하는 다중적 프레임워크이다. ESG는 국가 정책, 금융시장, 산업 전반의 규제 및 평가 시스템으로 제도화되고 있다.

현대적 의미의 ESG는 유엔 글로벌 콤팩트(UNGC)[1)]가 2004년 발간한 「관심을 두는 자가 이긴다(Who Cares Wins)」 보고서에서 처음 공식적으로 제시되었다. 보고서는 금융투자자들에게 "기업의 장기적 가치와 리스크를 평가하기 위해 환경·사회·지배구조 요소를 포함해야 한다"고 권고한다. 이는 기업의 사회적 책임(CSR)이 갖는 자발성과 윤리 중심 접근을 넘어, 재무성과와 직결되는 분석·평가 프레임워크로서 ESG를 제시했다는 점에서 결정적 전환이었다.

---

1) UN Global Compact. 2000년 코피 아난 당시 UN 사무총장의 제안으로 설립되었으며, 기업들이 인권, 노동, 환경, 반부패 등 네 가지 핵심 분야에 걸친 10대 원칙을 기업 운영 및 전략에 내재화하여 기업의 사회적 책임과 지속가능성을 향상하도록 장려하고 지원하는 기업시민 이니셔티브.

출처: 유승권(2022) ESG경영의 이해와 실행, 특강자료

그림1 · 환경(E) 영역 주요 이슈

이후 2010년대 들어, 수천 개의 기관투자자와 자산운용사가 UN의 책임투자원칙(PRI)[2] 이니셔티브에 동참하고, EU, 미국, 일본 등 국가 차원의 공시와 규제가 도입되었으며, 지속가능발전목표(SDG), 기후변화 관련 재무정보공개협의체(TCFD) 등 글로벌 표준의 확산으로 인하여, ESG는 기업뿐 아니라 공공기관, 비영리기관, 스포츠 단체에 이르기까지 확장되는 조직경영 프레임워크로 발전했다.

ESG의 영역별 의미와 핵심 구성요소를 살펴보면 다음과 같다. 먼저, 환경(E) 영역은 기후, 생태계, 자원 시스템에 대한 조직의 영향을 다룬다. 2015년 유엔기후변화협약(UNFCCC)[3] 당사국총회에서 파리협정이 채택된 이후 탄소중립(net-zero)이 글로벌 장기 목표로 확립되면서 환경 영역은 ESG의 중심축이 되었다. 기후변화와 탄소 배출, 에너지와 자원 효율성, 환경오염과 폐기물 관리, 생태계 보호와 생물다양성 등이 주요 이슈이다(그림1).

사회(S) 영역은 임직원과 고객, 협력회사, 지역사회 등 이해관계자에 대한 조직의 책

2) Principles for Responsible Investment. 2006년 코피 아난 당시 유엔 사무총장의 주도로 출범했으며, 투자자들이 투자 의사결정 과정에서 ESG 이슈를 통합하고 적극적인 주주로서의 역할을 수행하도록 권고하는 일련의 원칙.

3) United Nations Framework Convention on Climate Change. 전 세계적인 기후변화 대응을 위한 최상위의 국제 기본 협약.

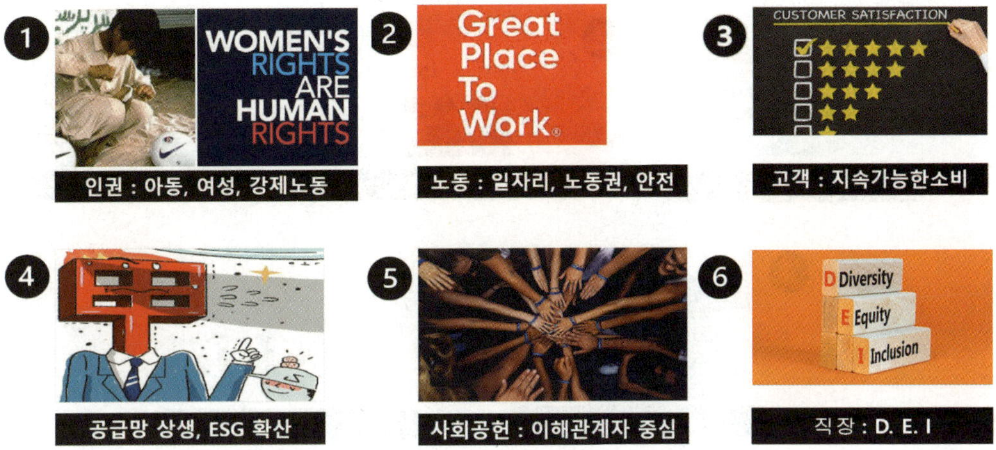

출처: 유승권(2022) ESG경영의 이해와 실행, 특강자료

그림2 · 사회(S) 영역 주요 이슈

임과 사회적 가치를 다룬다. 기존의 기업의 사회적 책임(CSR) 논의와 긴밀히 닿아 있다. 여성, 아동, 노동자의 인권, 일자리 안전과 노동환경, 직장 내 다양성 · 공정성 · 포용성(DEI), 공급망 관계, 지역사회에의 기여 등이 주요 이슈이다(그림2).

지배구조(G) 영역은 조직의 경영진과 의사결정 구조, 조직 운영의 투명성과 책임성을 다룬다. 조직이 재무적 성과만을 추구하지 않고, 환경과 사회 등 비재무적 요소를 중시하는 경영을 체계화, 구조화한다는 차원에서 ESG의 토대 역할이다. 이사회와 감사위원회의 의결구조, 윤리와 규정 준수(compliance), 뇌물 및 반부패, 지속가능경영 공시와 보고 등이 주요 이슈이다(그림3).

나. ESG와 지속가능성의 관계

앞에서 ESG는 지속가능성을 달성하는 데 필요한 핵심적인 비재무적 요소라고 했다. 따라서 ESG와 지속가능성의 관계를 이해해야 한다. 이 관계는 UN 중심의 국제 규범에서 출발하여 기업의 경영 전반을 변화시켜 온 역사적이고 제도적인 진화 과정 속에서 살펴볼 때 명확하게 드러난다. '지속가능발전(Sustainable Development, SD)'이 국제사회 차원의 목표였다면, '지속가능경영(Sustainable Management, SM)'은 이러한 목표를 조직과 기업 차원에서 구현하기 위한 실천적

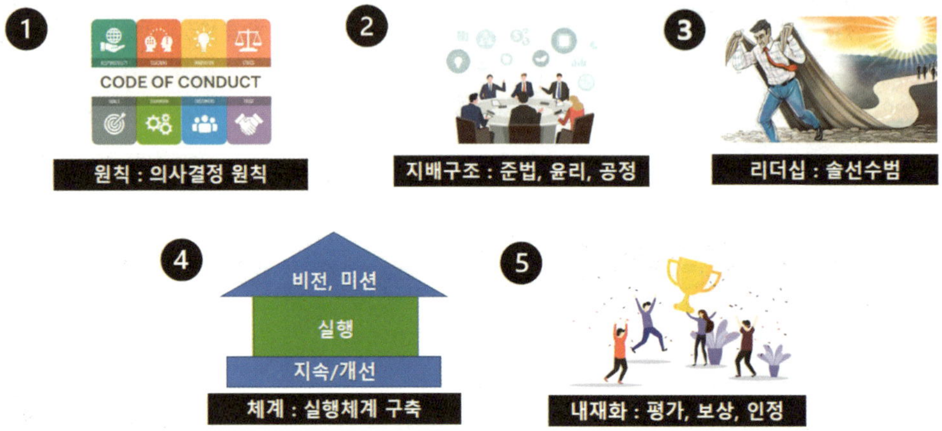

출처: 유승권(2022) ESG경영의 이해와 실행, 특강자료

그림3 · 지배구조(G) 영역 주요 이슈

접근이며, ESG경영은 지속가능경영의 여러 방법론 중에서도 가장 체계적이고 제도화된 평가 · 운영 시스템으로 자리 잡은 형태라 할 수 있다. 여기에서는 지속가능발전→지속가능경영→ESG경영으로 이어지는 연결고리를 중심으로 ESG와 지속가능성의 관계를 정리한다.

지속가능성 논의는 1972년 스톡홀름 회의, 1987년 브룬틀란트 보고서[4], 1992년 리우 정상회의 등 UN을 중심으로 한 일련의 국제회의에서 비롯되었다. 이 시기 지속가능발전은 ① 국가 간 협약 중심의 선언적 구조로서 구속력이 약했고, ② 주체가 국가에 한정되어 기업 · 금융 · 시민사회 등 실제 영향력이 큰 행위자가 논의에 참여하지 못했으며, ③ 환경 중심 논의가 강하고 사회 · 경제의 통합적 접근이 미흡했다는 한계를 지녔다. 즉, 지속가능발전은 국제사회가 추구해야 하는 목표로서는 공감대가 있었으나, 그 목표를 실천할 운영 주체와 실행체계는 미비한 상태였다.

1990년대 후반에 이르러 코피 아난(Kofi Annan) UN 사무총장은 국가 중심의 지속가능발전 캠페인만으로는 실질적 변화를 만들어 내기가 쉽지 않다는 현실을 인식하였다. 그 배경에는 기업과 시장이 그 중요성에도 불구하고 국제적 논의 구조에서

4) Brundtland Report. 지속가능성 개념의 기초를 마련한 역사적으로 매우 중요한 보고서로서, 제목은 「우리 공동의 미래(Our Common Future)」이다.

관심 밖에 머물렀다는 문제가 있다. 기업은 막대한 자원을 보유한 핵심 행위자이다. 자본, 기술, 인재가 기업에 집중되어 있고, 국제사회와 정부보다 실행 능력이 빠르고 강력하다. 기업 활동의 규모가 확대됨에 따라 사회적, 환경적 위험도 함께 확대되었다. 석유기업의 원유 유출 해양 사고나 공장 폭발 및 화학물질 누출 사고는 그 피해 규모가 막대하다. 또 시장은 무역과 공급망을 타고 글로벌 규범을 신속히 전파하는 통로이기도 하다. 이러한 기업과 시장의 잠재력을 간파한 코피 아난 사무총장은 1999년 다보스 세계경제포럼(WEF) 연설에서 글로벌 기업들에게 "지속가능발전을 위한 새로운 글로벌 연대" 참여를 촉구하였고, 그 결과 탄생한 것이 바로 유엔 글로벌 콤팩트(UNGC)이다. UNGC는 지속가능발전(SD)이라는 국제 규범을 기업 경영에 연결하고 기업의 행동 기준으로 전환한 최초의 제도적 장치였다.

UNGC를 중심으로 국제사회는 기업을 지속가능발전(SD)의 핵심 행위자로 인정하게 되었다. 이 과정에서 '지속가능경영(SM)' 개념이 본격적으로 정립된다. 지속가능경영은 '조직이 경제·사회·환경의 균형을 고려하여 장기적인 가치 창출과 사회적 책임을 동시에 추구하는 경영방식'으로 정의된다. 지속가능경영을 위한 방법론은 여러 가지가 있다. 지속가능성 3대 축(Triple Bottom Line, TBL), 지속가능발전 경제모델(Donut Economy), 국제표준화기구의 사회적 책임경영 기준(ISO 26000), 글로벌 지속가능경영 보고기준(Global Reporting Initiative, GRI) 등이 그것이다. 이러한 방법론들은 지속가능발전을 조직과 기업의 실천체계로 옮기는 중간단계 역할을 수행했다.

다양한 지속가능경영(SM) 기법이 등장했지만, 2000년대 이후 금융시장과 투자자의 관심이 본격화되면서 지속가능경영은 평가·공시·투자의 기준으로 재편될 필요성에 직면했다. 2004년 UNGC 보고서에 ESG 용어가 등장한 이래, ESG는 환경·사회·지배구조를 기업 평가의 3대 축으로 정렬하여 데이터 기반 평가·공시·투자의 기준으로 실천력을 확보해 갔다. 지속가능경영 모델의 대표격이 된 것이다. 이로써 지속가능성을 위한 계층체계, 즉 국제사회의 규범(지속가능발전) → 기업·조직의 규범(지속가능경영) → 구체적이고 제도화된 실천 방법론(ESG)의 연계가 이루어졌다.

다. 스포츠 분야의 ESG

스포츠는 엘리트 체육, 생활체육, 학교체육 등 다층적 생태계로 이루어져 있다. 이들 세 영역은 목적과 활동 방식, 이해관계자 구조가 다르다. 엘리트 체육은 국가대표, 프로팀, 국제대회 등 경쟁, 기록, 성과(메달)가 중심이 되는 영역이다. 경기력 향상과 선수 육성 시스템, 국제대회에서의 성적이 관심의 대상이고, 전문적인 경기장과 훈련장 인프라가 필요하다. 대회 흥행과 스폰서십, 방송권 등 산업적, 경제적 가치 창출과 이해관계가 결합되어 있다. 생활체육은 시민들의 건강, 여가, 삶의 질 향상을 목표로 하는 폭넓은 참여 기반 스포츠 활동이다. 주된 관심은 운동 참여 기회의 제공, 지역사회 프로그램, 고령층・청소년・취역계층의 참여 지원, 지역 체육시설 구축 및 운영 등이다. 공공성과 사회적 포용성이 중요한 요소이다. 학교체육은 학생들의 전인적 발달, 기초 신체능력, 올바른 스포츠 가치관의 형성을 목표로 한다. 체육 수업의 질, 학생 안전, 스포츠 윤리 및 인성 교육, 학교 간 시설 격차의 해소 등 교육적 목적과 건강증진이 중요한 영역이다.

이렇게 세 영역의 목적과 주된 관심, 이해관계자는 약간씩 다르지만, ESG가 각 영역의 지속가능한 발전을 위해 필수적인 것으로 부상하고 있다는 점에서는 차이가 없다. 엘리트 체육에서 경기장과 훈련시설은 높은 에너지・물・자원의 소비를 동반하고, 국제대회는 이동・관중・중계 등으로 탄소배출을 많이 발생하는 등 환경(E) 요소가 밀접히 관련되어 있다. 선수의 인권, 폭력 문제, 성평등, 심리적 안전 등 사회(S) 이슈도 밀접히 관련되어 있다. 협회・연맹의 투명성・공정성・반부패 등 거버넌스(G) 요소는 국제스포츠에서 매우 중요한 관심 대상이며, 스폰서・미디어・팬의 신뢰에 결정적이다. 특히 엘리트 체육의 국제대회 유치 및 선수단 운영은 IOC 등 국제 기준에 직접 영향을 받는 영역이다. 생활체육에서도 ESG가 중요하다. 지역 체육센터와 생활체육시설의 에너지 효율, 용수 관리, 폐기물 관리 필요성이 증가하고 있고, 고령층・장애인・저소득층・이주민 등을 위한 접근성은 포용성과 형평성의 문제이며, 공공 체육시설 운영의 투명성, 지자체의 예산 집행, 프로그램의 공정성・안전관리 등은 지역사회 주민으로부터의 신뢰를 구축하는 데 필수적이다. 학교체육에서도 ESG가 중요한데, 학교 체육시설의 안전기준, 실내공기질, 냉・난방 에너지 효율은 학생 건강과 직결되고, 학교 내 폭력 예방, 학생 보호, 성평등, 장애학생 체육 접근성 등은 주요한 사회적 이슈이며, 교육청과 학교의 의사결정 구조, 체육시간 배분, 프로그램 운영의 공정성은 학교체육 발전의 기반이다.

스포츠 분야에서 ESG가 중요한 이유를 Triantafyllidis과 Mallen(2023)은 두 가지 차원으로 구분해 강조했다.[5] 스포츠의 지속가능발전(Sustainable Development of Sport; SDoS)과 지속가능발전을 위한 스포츠(Sport for Sustainable Development; S4SD)이다. SDoS는 스포츠 영역 내에서 스포츠 제품, 서비스, 스포츠 소비자 행동 등의 관리와 관련하여 지속가능성을 달성하기 위해 스포츠가 수행하는 지속가능한 실천을 의미한다. 이는 개인적, 사회적, 경제적, 생태적, 기술적, 정치적 등 6가지 관점을 포괄한다. S4SD는 개인적, 사회적, 경제적, 생태적, 기술적, 정치적 등 6가지 관점[6] 전반에서 지속가능성을 촉진함으로써 전 세계 사회의 지속가능성에 기여하는 스포츠를 의미한다.

다시 말해서, SDoS는 스포츠 자체 시스템의 지속가능성에 초점을 맞춘 접근으로서, ESG 요소가 내부 운영 기준으로 작동하여 스포츠 산업, 조직, 시스템 자체를 지속가능하게 만드는 것을 의미한다. 시설 운영의 환경 지속가능성, 선수의 인권・복지・안전, 협회와 연맹의 투명한 거버넌스, 재정 안정성과 조직 운영의 효율성 등이 포함된다. 한편, S4SD는 스포츠가 사회적 변화를 촉진하는 플랫폼이라는 관점으로

---

5) Triantafyllidis & Mallen (2023) *Sport and Sustainable Development*, Routledge.

6) 개인적 관점의 초점은 개인이 성취를 추구하는 과정이다. 개인적 탁월성, 정신적・신체적・영적 건강, 자기와 타인에 대한 존중, 자기 신념과 결단력을 포함한다. 강하고 잘 기능하는 개인은 스포츠와 사회를 지속가능성으로 이끌 수 있다. 사회적 관점의 초점은 스포츠와 사회의 거시적・미시적 사회학적 정서이다. 그것이 어떻게 스포츠와 지속가능발전(Sport & Sustainable Development)의 개념과 실천에 적용될 수 있는지, 또한 팀, 조직, 관중, 참가자, 및 다른 이해관계자들이 스포츠와 글로벌 사회 모두에서 잘 기능하는 사회적 공동체를 추구하는 집단적 지속가능 노력에도 초점을 맞춘다. 경제적 관점의 초점은 경제 상태이다. 이는 스포츠와 사회를 미래로 뒷받침하는 금융 및 경제 정책과 프로그램을 포함한다. 여기에는 동일 임금, 투명성, 경제적 우선순위의 결정과 같은 정책들이 포함된다. 생태적 관점의 초점은 스포츠와 자연환경의 쌍방향적 관계이다. 예를 들어, 전 세계의 공기, 물, 토지, 동식물을 보호하는 스포츠 내 정책과 프로그램들을 포함한다. 사회가 어떻게 전환하여 자연환경을 보호할 수 있는지에 대해 안내 가능하다. 기술적 관점의 초점은 스포츠와 사회에 침투하고 영향을 미친 기술 혁신이다. 중요한 것은 새로운 기술이 시장에 등장할 때 그 추세와 영향을 이해하고 각각의 신기술을 관리하는 것이다. 정치적 관점의 초점은 스포츠 정책과 의사결정 과정을 통해 지속가능성 원칙을 시작・조직・지도・통제・실행하는 것이다. 강조점은 각 정부, 비정부, 영리, 비영리 조직 내에서 지속가능성을 위한 동력을 만들어 내고, 사회 속 조직들이 지속가능하게 전환할 수 있도록 안내하는 것이다(Triantafyllidis & Mallen, 2023).

서, 스포츠를 활용한 사회 및 환경에의 기여를 의미한다. 예를 들어, 여성 스포츠 활성화를 통한 성평등 증진, 스포츠 이벤트를 통한 지역사회의 건강 증진, 청소년의 교육과 참여 확대, 탄소중립 인식 확산 등 기후행동 캠페인, 사회 통합 및 평화 인식 제고 등이 있을 수 있다.

스포츠는 다른 산업에 비해 압도적으로 큰 사회적 영향력과 상징성을 갖는다. 인기 있는 경기의 시청자 수는 수억 명에 달하고, 선수는 사회적 롤모델이 되며, 스포츠 이벤트는 도시와 국가의 브랜드를 바꾼다. 또 팬덤은 강력한 문화적 힘을 가진다. 이것이 스포츠 내부의 ESG에만 머물 수 없고, 사회의 지속가능발전을 위해서도 스포츠 ESG 확산이 더욱 중요한 이유이다.

2. 스포츠 분야 ESG의 주요 영역과 특징

스포츠 분야의 ESG는 기업 조직의 ESG 구성요소와 동일한 기본 틀을 공유하지만, 경기장과 시설 중심의 운영 구조, 선수 중심의 가치체계, 비영리·공공 조직 특유의 거버넌스 구조 등으로 인해 고유한 특성과 우선순위를 가진다. 환경(E)·사회(S)·거버넌스(G)의 세 가지 영역을 중심으로 스포츠 산업에서 특징적으로 나타나는 요소들을 정리하면 다음과 같다.

가. 환경(Environmental)

스포츠 분야의 환경(E) 이슈는 대부분 경기장과 시설의 운영, 대규모 이벤트의 개최, 선수와 관중의 이동과 물류에서 발생한다. 환경 요소는 다음 세 가지 영역을 중심으로 살펴볼 수 있다.

1) 경기장 운영과 관련한 탄소배출 및 에너지 관리

스포츠 경기장은 대형 냉난방 시스템, 조명, 냉·온수, 빙상 유지, 잔디 관리 등으로 인해 고에너지를 소비하는 산업군에 속한다. 이에 따라 탄소배출 관리가 가장 중요한 환경 이슈로 부각된다.

출처: 정인욱 · 김도균(2024) 스포츠와 ESG: 지속 가능한 가치와 미래, DH미디어

그림4 · 스포츠와 ESG

탄소배출을 관리하기 위해서는 경기장 운영으로 인해 직접 배출(Scope 1) 또는 간접 배출(Scope 2 · 3)[7)]되는 온실가스가 측정되어야 하는데 이것이 용이하지 않다. 특히 이벤트 개최 시 선수단, 관중, 장비 이동 등 '활동 기반 배출량(activity-based emissions)'이 높아 이에 대한 정확한 측정 체계가 필요하다.

빙상장을 비롯한 실내 체육시설은 냉각 장치 사용 또는 저온 유지가 필요하다. 이때 빈번히 사용되는 냉매(refrigerant)는 지구온난화지수(GWP)[8)]가 높다. 따라서

7) 기업의 온실가스 배출 관리와 기후변화 대응활동을 지원하기 위해 온실가스 회계처리 및 보고기준인 Greenhouse Gas(GHG) 프로토콜이 제정된 바, 온실가스가 어떻게 발생했는지에 따라 배출을 "1, 2, 3"으로 구분함. Scope 1은 기업이 소유 · 관리하는 사업장에서 직접 배출되는 온실가스, Scope 2는 기업이 전기, 스팀 등 에너지를 사용함으로써 간접 배출되는 온실가스, Scope 3은 가치사슬(value chain) 전체에서 기업의 활동과 관련된 모든 간접적인 배출량을 의미함.

8) 지구온난화지수(Global Warming Potential, GWP)는 이산화탄소(CO_2) 1kg이 지구온난화에 미치는 영향을 기

친환경적 사용에 대한 관리가 중요하고, 누출과 관련한 모니터링·보고·검증(MRV) 체계가 미흡할 경우 환경 피해 확산을 방지할 수 없다.

스포츠 경기장은 운영과 관리에 많은 에너지를 사용하므로 에너지 효율화 및 재생에너지 전환의 필요성도 크다. LED 조명, 스마트 빌딩 시스템, 태양광·지열·수소 기반 경기장 등이 주요 과제로 등장하고 있다. 이렇게 스포츠 환경(E)의 최우선 과제는 탄소배출 축소 및 친환경 신재생에너지 중심의 운영 체계 구축으로 요약된다.

2) 용수관리 및 자연자원 관리

스포츠 경기장과 시설의 운영에는 용수와 자연자원이 많이 사용된다. 물론 종목의 특성에 따라 용수·자원 사용량이 크게 달라지기 때문에 스포츠 분야별로 차별화된 접근이 필요하다.

빙상장과 수영장의 경우에는 수질 관리, 순환 시스템, 증발 손실 최소화가 중요하고, 잔디가 깔린 경기장의 경우에는 살수와 배수, 환경에 적합한 잔디종의 선택(내건성·내염성 등)이 문제가 된다. 특히 야외 스포츠 이벤트의 경우에는 많은 쓰레기가 발생할 수 있어, 감축·회수·재활용 등 쓰레기에 대한 관리가 중요하다. 공·신발·유니폼 등 스포츠용품과 장비를 생산하는 기업들은 공급망 등 가치사슬 과정에서의 활동이 환경에 미치는 영향을 고려하여야 한다. 스포츠 국제기구들은 최근 수자원, 생태계 보전 가이드라인을 강화하고 있으며, 이는 향후 국내 시설에도 적용될 가능성이 높다.

3) 폐기물·소재 순환 및 경기장 재생

스포츠 이벤트는 선수와 관계자 외에도 많은 팬이 운집하기 때문에 단일 행사로도 대량의 폐기물이 발생하는 특성이 있으며, 일회성 구조물(overlay 시설)이 설치되었다가 해체·폐기되는 경우도 빈번하다.

준으로, 다른 특정 온실가스 1kg이 얼마나 더 강력하게 지구온난화를 유발하는지를 수치화한 값으로서, 단위 질량당 온난화 효과를 비교하는 척도이다.

따라서 일회용품과 포장재의 감소, 경기장 건설과 해체 과정의 환경영향평가(EIA)[9]와 관련 조치의 실행 및 사후관리, 폐자재 재활용이나 모듈형 구조물 같은 순환경제 기반의 시설설계, 메가이벤트 시설의 후속 활용성 강구(legacy management) 등이 중요한 이슈가 된다.

나. 사회(Social)

스포츠는 본질적으로 선수와 연맹·협회 관계자, 그리고 팬·지역사회가 어우러져 신체활동과 경쟁의 상호작용이 이루어지므로 사회(S) 요소의 비중이 매우 크다. 사회 요소는 다음 네 가지 영역을 중심으로 살펴볼 수 있다.

1) 선수 인권과 복지

스포츠 산업에서 가장 중요한 사회적 이슈는 선수 보호이다. 선수 개인의 인권 보호는 국제올림픽위원회(IOC), 국제연맹(IFs), 국가연맹(NFs) 모두가 최우선 정책으로 다루는 영역이다. 무엇보다도 폭력·학대·가혹행위의 방지(safeguarding policy)가 중요하다. 심리적·신체적·성적 폭력이 발생하지 않도록 예방하는 제도 및 모니터링 체계와 함께 발생했을 경우의 대응 체계 구축이 필요하다. 선수의 건강과 안전 관리도 중요하다. 트레이닝 과부하 관리, 의료접근성, 부상 예방 체계, 아동·청소년 선수의 보호 등이 관련 요소이다. 시간 폭을 넓히면 선수의 경력개발 및 은퇴 후 지원도 스포츠 분야 사회 이슈로 고려될 수 있다. 이와 관련한 교육, 진로, 의료 지원, 심리 상담 등이 논의될 수 있다. 특히 폭염이나 한파, 미세먼지 등과 관련한 선수의 경기력이나 건강 관련성은 사회(S)와 환경(E) 요소의 접점 이슈이다.

2) 참여 기회의 형평성과 접근성

스포츠는 포용적 문화 형성을 주도하는 사회적 플랫폼이지만, 동시에 차별과 배제

---

9) Environmental Impact Analysis. 각종 개발 사업이 환경에 미칠 영향을 종합적으로 예측하고 분석·평가하는 과정으로서, 환경파괴와 환경오염을 사전에 방지하기 위한 정책수단이다. 환경적으로 건전하고 지속가능한 개발을 유도하여 쾌적한 환경을 유지·조성하는 것을 목적으로 한다.

문제가 반복적으로 발생하는 영역이기도 하다. 종목의 선택, 훈련 기회, 경기 참가, 시설의 이용 등에 있어서 여성과 아동, 고령자의 스포츠 참여 기회와 접근성이 보장되고 있는지 점검할 필요가 있다. 장애인의 스포츠 참여 및 관람 접근성은 오랫동안 논의되어 온 이슈이다. 국제장애인올림픽위원회(IPC)의 접근성 가이드라인이나 미국 장애인법(ADA) 시설 규정 등이 이동과 정보의 접근성 점검을 위한 규범적 기준으로 참고될 만하다. 특히, 장애인 관중을 위한 이동, 좌석, 화장실, 안내 시스템이 거론되고 있다. 이주민과 저소득층의 스포츠 접근성 역시 사회적 과제이고, LGBTQ+ 등 사회적 소수자의 차별없는 스포츠 참여 환경에 대한 논의는 최근 더욱 뜨거워지고 있다. 사회적 다양성·공정성·포용성(DEI) 정책과 구현은 스포츠 조직의 사회적 정당성과 직결되며, 국제스포츠계는 이미 표준화된 지침을 마련하고 모든 이해관계자들에게 반영을 요구하고 있다.

3) 팬·관중·스포츠 소비자

스포츠의 사회(S) 요소는 선수와 연맹·협회 등 내부 이해관계자에만 국한되지 않는다. 스포츠는 대규모 관중과 팬, 미디어 소비자를 기반으로 성립하는 산업이자 문화적 제도이다. 경기장에는 수만 명이 집결하고, 방송과 온라인 중계는 수백만, 때로는 수억 명이 동시에 시청한다. 이때 작은 안전사고나 폭력, 차별도 즉각적으로 사회적 이슈로 비화한다. 따라서 스포츠 이벤트에 직접 참여하거나 간접적으로 소비하는 팬·관중·시청자 역시 중요한 보호·책임·포용의 ESG 대상이다. 최근 IOC, FIFA, UEFA 등 국제스포츠계에서는 이들을 주요 이해 관계자로서의 관중과 팬 "Spectators and Fans as Key Stakeholders"으로 지칭하며, 관중 안전, 차별·혐오 금지, 접근성(accessibility)을 사회(S) 범주에 포함시키고 있다.

팬·관중 관련 사회(S) 이슈의 최우선 요소는 안전이다. 군중 밀집 환경인 스포츠 이벤트에서 압사나 추락 사고의 예방, 폭력·난동·테러의 위험 관리, 의료·대피 등 비상대응 체계 등 생명에 위험을 초래할 수 있는 사건·사고의 예방과 보호는 근본적이고 필수적이다. 최근에는 폭염·한파·폭우 등 기후 위험도 큰 사고로 비화할 수 있어 적절한 대처의 필요성이 증가했다.

국제스포츠계는 차별과 혐오 없는 관람 환경을 조성하기 위해 팬들의 행동을 사회(S) 이슈로 다루고 있다. 인종과 성 관련한 차별과 혐오 발언을 금지하고, 성소수자・여성・가족 친화적 관람 환경을 조성하기 위해 노력한다. 현장에서의 폭력적 응원 문화 개선은 물론, 온라인 공간(SNS, 댓글)에서의 혐오 표현에도 경각심을 가지고 대응하고 있다. 스포츠 도박 중독을 예방하고 지속가능한 소비 행동을 유도하는 등 책임 있는 소비를 위한 팬 교육 필요성도 제기되고 있다. 범사회적 디지털 전환으로 개인정보 보호와 디지털 권리도 새로운 사회(S) 이슈로 부상했다. 티켓, 멤버십, 앱 사용시 개인정보 보호와 팬 대상 마케팅의 윤리성이 중요해졌다.

4) 지역사회 기여와 사회적 가치의 창출

스포츠는 지역사회와의 관계에서 양면성을 가진다. 스포츠 경기장・이벤트는 지역사회에 경제적 기여를 가져올 수 있지만, 동시에 공공비용 증가, 교통 혼잡, 소음과 쓰레기, 지역 갈등 등 부정적 외부효과를 야기할 가능성도 내포한다. 특히 야구, 축구와 같은 프로 스포츠 구단은 특정 도시나 지역을 연고로 삼아 운영되며, 팬덤과 정체성 역시 지역사회와 강하게 결합되어 있다. 따라서 지역사회와의 관계는 스포츠 ESG에서 간과할 수 없는 사회(S) 영역 중 하나로 간주된다.

스포츠 경기장과 이벤트는 지역경제 활성화의 촉매로 자주 언급된다. 경기 당일 유동 인구의 증대, 숙박・외식・관광 소비의 증가, 지역 브랜드 이미지 제고 등은 대표적인 긍정 효과이다. 이러한 사회적 가치의 창출을 위해서는 경기장 주변 상권과의 연계 프로그램, 지역 소상공인・자영업자의 참여 확대, 경기장 접근 교통체계 개선, 지역 특성을 반영한 콘텐츠 개발이 함께 이루어져야 한다. 특히, 지역 연고를 가진 프로구단은 지역 기반의 팬덤이 핵심 자산이기 때문에, 지역 주민의 지지와 협력을 확보하기 위해 다양한 노력을 기울이고 있다. 지역 청소년 대상 유소년 아카데미・클리닉 운영, 고령층・취약계층 대상 체육 프로그램 연계, 학교・지역 체육회와의 협력, 지역 주민을 위한 경기장 개방・공공 활용 등 다양한 활동이 고안・시행되고 있다. 이러한 활동은 구단의 브랜드 이미지를 제고하는 동시에,

지역사회 내 스포츠 격차 해소와 건강 증진이라는 사회적 가치 창출 측면에서 긍정적으로 평가받고 있다.

다. 거버넌스(Governance)

스포츠 조직은 다층적 이해관계자(선수・코치・팬・행정가・정부・스폰서)를 포괄하는 복잡한 구조이므로, 투명하고 책임 있는 운영 체계가 필수적이다. 거버넌스(G) 요소는 다음 세 가지 영역을 중심으로 살펴볼 수 있다.

1) 투명한 의사결정・재정 관리

스포츠 연맹・협회는 비영리 조직이지만 대규모의 자금을 보유하고 권한을 행사한다. 이에 따라 체계적이고 전문적인 경영과 투명한 의사결정에 대한 요구가 커지고 있다. 이사회의 독립성과 전문성의 확보, 회계기준 준수와 감사 등 회계 투명성, 예산 집행과 자원 배분의 공정성, 선수 성과・보상・선발 기준의 명확화 등이 필요하다. 국제연맹(IFs)들도 이러한 요소들을 포함하는 거버넌스 성과지표(GPI)[10]를 통해 회원국의 거버넌스를 평가하고 있다.

2) 윤리・규정 준수(Compliance)와 위험 관리

스포츠 분야에서는 자정 노력과 엄격한 규정 및 처벌에도 불구하고 부패・비리・폭력・승부조작(match-fixing)이 완전히 소멸하지 않고 있다. 윤리의무 위반은 스포츠 조직과 행사의 브랜드 가치를 훼손하고 국제 제재를 초래할 수 있기 때문에, 리스크 관리와 규정 준수는 필수적이다. 스포츠계는 자정 노력의 일환으로 반부패 정책의 수립과 명시, 반도핑 규정 준수(WADA Code), 성폭력・성희롱 예방

---

10) Governance Performance Indicators. 스포츠 조직 내에서 투명성, 청렴성, 민주성, 발전・지속가능성, 통제 메커니즘을 평가하고 증진하기 위해 사용되는 일련의 지표. 자기평가(self-assessment)와 조정(moderation) 절차의 일부로 운영된다. 주로 하계올림픽 국제연맹연합(ASOIF)과 IOC 인정 국제스포츠연맹연합(ARISF)이 주도하여 거버넌스 기준의 지속적인 개선을 도모하고 있다.

체계, 승부조작 방지 시스템(Integrity Unit), 내부고발자 보호(Whistleblowing System) 등을 도입하여 운영 중이다.

3) ESG 공시 · 보고체계

국제스포츠계는 최근 환경과 사회적 가치 추구 및 조직 운영의 투명성과 책임성을 제고하기 위한 노력을 이해관계자와 소통하기 위해 ESG 또는 지속가능성 보고서를 적극적으로 발간하고 있다. IOC는 2018년부터 정기적으로 지속가능보고서를 발간하고 있고, FIFA 역시 2020년 첫 지속가능보고서를 발간한 이래, 다양한 주제와 영역에 대한 지속가능보고서를 발간했다. 이들 보고서는 스포츠계 ESG 공시 · 보고의 표준 모델이 되고 있다.

World Athletics, World Aquatics, World Sailing, International Paralympic Committee(IPC) 등 국제스포츠연맹(IFs)과 Olympic Games Organising Committees, UEFA 등 국제스포츠 이벤트 조직들, 그리고 Nike, Adidas, Puma 등 스포츠 관련 기업도 지속가능보고서(Sustainability Report), 지속가능성 전략(Sustainability Strategy), 영향 보고서(Impact Report) 등 다양한 명칭으로 ESG 관련 보고서를 발간하고 있다. 이들 보고서의 명칭과 무관하게, 실제 내용은 환경, 사회, 거버넌스 요소를 포함하며 사실상 스포츠 분야의 ESG 보고로서 기능하고 있다.

국내에서는 국민체육진흥공단(KSPO)이 2018년까지 지속가능보고서를 발간하다가 2025년 ESG경영보고서로 이름을 바꾸어 발간하였다. 한국마사회는 지속가능경영보고서 발간과 별도로 'ESG경영 공시'를 하고 있다. 대한체육회도 공공기관 ESG 가이드라인에 따라 ESG경영 현황을 공시하고 있다.

이와 같은 국내외 스포츠 기관들의 ESG 보고 및 공시는 주로 지속가능경영보고서 작성을 위한 글로벌 가이드라인인 GRI 기준에 따라 작성되고 있다. 국내의 경우에는 기획재정부가 표준화된 공시지침인 '공공기관 ESG가이드라인'을 제정하고, 이를 반영하여 ESG경영 공시를 하도록 유도하고 있다.

3. 이 책의 구성, 의의, 방법론

가. 이 책의 구성

이 책은 아시아올림픽대학원[11]에서 수학하고 있는 대학원생들이 소속 기관의 ESG 현황과 성과 및 한계에 대해 조사한 사례연구에 기반하고 있다. 본 프로그램에 참여한 대학원생들은 여러 스포츠 종목에서 국가대표로 활동하고 있는 현역 선수, 스포츠 공공기관 종사자, 스포츠 기업 대표 등 스포츠 생태계를 구성하는 다양한 조직에 소속하고 있다.

제1부는 이론적 기반을 제공한다. ESG 개념과 역사적 맥락을 간단히 살펴보고, ESG가 지속가능성 향상을 위한 대표적인 프레임워크로 자리매김한 과정을 지속가능발전-지속가능경영-ESG경영의 실천적 연계성 속에서 설명한다. 스포츠 분야에서 ESG는 스포츠의 지속가능발전(SDoS) 측면에서뿐만 아니라 지속가능발전을 위한 스포츠(SD4S)의 기여 측면에서도 매우 중요함을 강조한다. 제1부에서는 또한 스포츠 분야 ESG의 주요 영역과 특징을 제시한다. 스포츠 분야의 ESG는 기업 조직의 ESG 구성요소와 동일한 기본 틀을 공유하지만, 경기장과 시설 중심의 운영 구조, 선수 중심의 가치체계, 비영리・공공 조직 특유의 거버넌스 구조 등으로 인해 고유한 특성과 우선순위를 가진다는 점을 설명한다.

제2부는 이 책의 본 교과 프로그램에 참여한 대학원생들이 소속 조직에 대해 직접 조사・분석한 스포츠 ESG 사례연구이다. 사례연구 대상 스포츠 조직은 크게 세 범주로 나뉜다. 우선 선수단체・연맹이다. 파라아이스하키, 봅슬레이・스켈레톤, 배드민턴, 빙상, 필드하키, 유도 등 종목에서 활동하는 현역 선수들이 소속 단체・연맹에 대해 ESG경영의 현주소와 나아갈 방향을 조사・분석했다. 두 번째 범주는 스포츠 공공・국제기관이다. 국민체육진흥공단, 스페셜올림픽코리아, 장애인스포츠 기관, 스포츠 이벤트 조직위원회 등에 대한 사례연구가 보고된다. 세 번째 범주는 스포츠 기업・산업이다. 지속가능한 도시를 위한 스포츠 이벤트 유치, 스포츠 의류 공

11) Olympic Council of Asia Graduate School of Sustainability and ESG. 국민대학교가 아시아 올림픽 평의회(OCA)의 공식 인증을 받아 설립한 대학원으로서, 2025년 9월 개원하였다.

급망, 스포츠 MICE 산업, 스포츠 오버레이 시설 등에 대해 ESG경영 현황과 개선과제가 탐구된다.

제3부는 사례연구를 종합하여 스포츠 분야 ESG의 공통 과제와 구조적 한계를 도출하고, 이를 바탕으로 한국 스포츠 ESG 확산을 위한 전략적 제언을 제시한다. 환경·사회·거버넌스 영역별 문제를 체계적으로 진단한 후, 탄소중립형 시설 전환, 선수 인권·복지 기준 설정, ESG 공시 체계 구축 등 실행 가능한 7가지 제언을 통해 정책적·실무적 시사점을 도출한다. 마지막으로, 본 연구가 스포츠 ESG 분야의 기초 데이터이자 향후 학문적·정책적 확장을 위한 출발점임을 강조하며, 스포츠 ESG가 지속가능한 스포츠를 위한 필수 조건임을 분명히 한다.

나. 이 책의 의의

이 책의 의의는 학문적 가치, 실무적 가치, 사회적 가치 차원에서 평가할 수 있다. 먼저, 학문적으로, ESG는 기업경영과 금융 분야에서 폭넓은 관심을 받아왔지만, 스포츠 분야에서의 ESG 연구는 상대적으로 초기 단계로서 국내외 연구나 문헌이 많지 않은 실정이다. 특히 스포츠 종목단체, 공공기관, 산업체의 ESG 실천 현황을 심도 있게 살펴보고 종합적으로 비교 분석한 연구는 국내 문헌에서 거의 찾아보기 어렵다. 이 책은 스포츠 생태계를 이루는 경기장, 이벤트, 선수, 조직, 산업 전반을 아우르는 ESG 사례연구로서, 학계와 정책, 현장 간의 지식 공백을 메우는 학문적 기초자료로서 가치가 높다. 특히 대학원 교육의 학습 결과물이 집단 저작물로 발전했다는 교육적 의미도 크다.

실무적으로는 학생들이 각자 소속된 기관의 ESG 사례를 체계적인 방법론을 적용하여 조사·분석함으로써, 자기 조직의 ESG 현황 진단 보고서로 활용할 수 있다. 이 보고서는 해당 조직이 자체적인 ESG 전략을 설계하고 추진하는 데 좋은 출발점이 될 것이다. 또한 향후 학생 각자가 소속 기관이나 국제기구 등 다양한 스포츠 조직에서 ESG 담당자로 경력을 개발하고 성장해 나가는데 역량을 보여줄 포트폴리오 역할을 할 수 있다.

사회적 가치도 크다. 국내 스포츠계는 아직 ESG경영이 체계화되지 않았기 때문에, 본 도서가 스포츠 분야 정부·지자체, 또는 공공기관이 ESG 추진 정책을 수립하는 데 참고할 기초 도서로 자리 잡을 가능성이 있다. 스포츠 단체와 기업이 자체적인 ESG 전략과 실행계획 수립 시에 참고할 수 있는 현장 기반 자료집이기도 하다.

다. 사례연구 방법론

이 책은 기본적으로 저자들이 소속 기관에 대해 ESG 현황과 발전 방향을 조사·분석한 사례연구 보고서이다. 사례연구란 현장에서 실제로 일어난 사례를 통해, 어떤 문제를 분석하고 배울 점과 개선 방향을 도출하는 연구 방법이다. '무슨 일이 있었는지' 사실만 적는 것이 아니라, '왜 그런 일이 일어났는지' 원인를 분석하고, '앞으로 어떻게 개선할 수 있는지' 대안을 제시하는 구조이다. 신문 기사처럼 단순 소개가 아니고, 보고서처럼 자료만 나열하는 것도 아니며, 사실과 분석, 교훈과 제안이 함께 들어가는 형식이다. 사례연구의 기본 구조는 서론(왜 이 사례를 연구하는가), 현황(지금 어떤 상황인가), 문제점(무엇이 부족한가), 분석(이 문제가 발생한 원인이 무엇인가), 개선 방향(어떻게 바꿀 수 있는가), 결론(사례에서 얻은 교훈과 제언은 무엇인가) 등으로 구성되어 있다. 이 책의 저자들은 소속 기관에 대해 스포츠 ESG 사례를 조사·분석함에 있어, 경기장·시설·행사의 환경적 부담, 선수·관계자·관중의 접근성과 안전·복지, 지역사회·팬·파트너십과의 연계, 기관·단체·기업 조직의 거버넌스 구조, IOC·IFs, SDGs 등 국제 기준과의 비교 가능성 등에 대해 주안점을 두었다.

좀 더 구체적으로 이 책의 저자들이 사례연구를 수행함에 있어 적용한 방법론은 크게 두 가지이다. 첫째는 격차분석(Gap Analysis)이다. 격차분석은 세 질문에 답하는 것이다. 그 세 질문은 '우리는 지금 어디에 있는가'(as is), '우리는 어디로 가야 하는가'(to be), '우리는 어떻게 여기에서 그곳으로 갈 것인가'(how) 등이다. 첫 질문을 통해 ESG 관점에서 소속 조직이 처한 현황을 파악하고, 두 번째 질문에서 지향할 목표를 설정하며, 세 번째 질문에서 두 질문 사이의 간격(gap)을 좁히는 방안을 도출한다.

격차분석을 도구화한 것이 기술적(Descriptive)-규범적(Normative)-처방적(Prescriptive) 접근법이다. 기술적 분석은 '현실 기술'이 초점으로서, '무슨 일이 일어나고 있는가'를 파악하는 과정이다. 예로, "A국의 스포츠 조직 70%는 ESG 보고서를 작성한다"와 같은 현실・현황을 찾는다. 규범적 분석은 '가치 판단이 초점으로서, '어떻게 하는 것이 옳은가'를 정의하는 것이다. 예로, "스포츠 조직은 선수의 실적보다 인권을 우선시해야 한다"와 같은 국내외 스포츠계의 규범을 찾는다. 마지막으로 처방적 제언은 '실행전략'이 초점으로서, 규범 기준에서 벗어난 현실・현황을 규범에 더 가깝게 개선하기 위해 '무엇을 어떻게 해야 하는가'를 도출하는 것이다. 예로, "탄소배출 감축을 위해 경기장 에너지 기준을 강화하자"와 같은 처방을 찾는다.

이 책의 저자들이 사례연구를 수행함에 있어 적용한 두 번째 방법론은 앞서 언급한 바 있는 '스포츠의 지속가능발전(SDoS)'과 '지속가능발전을 위한 스포츠(S4SD)' 접근법이다. Triantafyllidis과 Mallen(2023)은 스포츠 분야에서 ESG가 중요한 이유를 양면적으로 파악했다. 스포츠 생태계는 세계 곳곳의 수많은 경기장, 주기적으로 열리는 메가・로컬 이벤트, 다양한 연령대와 기량 수준의 엘리트 선수들, 아마추어 동호인들, 관련 협회・연맹・공공기관들, 스포츠 용품・시설・이벤트 기업들이 어우러진 커다란 이해관계자 집단이다. 그 자체로 환경과 사회에 미치는 영향이 결코 작지 않다. 따라서 스포츠 생태계 내에서 지속가능발전을 위한 노력이 체계적으로 기울여져야 한다. 이것이 '스포츠의 지속가능발전(Sustainable Development of Sport; SDoS)'이다.

한편, 스포츠는 다른 산업에 비해 압도적으로 큰 사회적 영향력과 파급력을 갖는다. 올림픽, 월드컵 같은 메가 이벤트의 경우 수억 명의 사람들이 관심을 갖고 지켜보며, 많은 선수들과 관계자들, 팬들이 비행기를 타고 이동한다. 유명한 선수는 롤모델이 되어 대중 연예인 못지 않은 인기를 누리고 팬덤을 형성한다. 이러한 영향력과 파급력은 사회의 지속가능발전을 위한 캠페인과 확산의 도구로서 스포츠의 잠재력을 말해준다. 이것이 '지속가능발전을 위한 스포츠(Sport for Sustainable Development; S4SD)'이다.

SDoS와 S4SD를 잘 실천하고 있는지를 파악하고 개선 방안을 도출하는 데에 기술적(Descriptive)-규범적(Normative)-처방적(Prescriptive) 접근법을 적용할 수 있다. 특히 분석의 단위로서 개인적, 사회적, 경제적, 생태적, 기술적, 정치적 등 6가지 관점이 유용함은 전술한 바와 같다.12) 예로, 개인적 관점에서 조직 구성원 개개인은 성취를 추구하는 과정에서 SDoS와 S4SD를 얼마나 잘 인식하고 실천하고 있는지가 조사·분석되고, 규범이 정립되고, 격차를 줄이기 위한 개선 방향이 도출될 수 있다.

이 책의 사례분석에 적용된 '기술적(Descriptive)-규범적(Normative)-처방적(Prescriptive)' 접근법과 '스포츠의 지속가능발전(SDoS)'과 '지속가능발전을 위한 스포츠(S4SD)' 접근법은 각 사례의 객관성과 비교가능성, 그리고 정책적 활용도를 높인다. 스포츠 조직이 ESG를 체계적으로 파악하고 개선안을 도출하기 위한 기반을 제공하는 동시에, 실무자가 실제 현장에서 활용할 수 있는 규범과 고려 요소, 분석틀을 제시한다. 이 책의 저자들이 위 방법론을 적용하여 소속 기관의 사례를 조사·분석함에 있어, SDoS(내부 운영) 중심인지 또는 S4SD(사회기여) 중심인지 등 주안점의 선택이나, 분석과 정리의 항목과 양식(template) 등 형식성 준수에서 개인별로 정도의 차이가 있었다는 점을 언급해 둔다.

12) 이 6가지 관점에 대한 설명은 각주 6에 제시되어 있다.

제2부

스포츠 ESG의 현장

사례 1

파라아이스하키의 ESG경영: 얼음 위의 따뜻한 변화

이 소 정 (전 대한장애인아이스하키협회)

1. 서론: 빙판 위의 새로운 역사
2. 환경(Environment): 선언을 넘어 행동으로
3. 사회(Social): 모두를 위한 스포츠
4. 거버넌스(Governance): 신뢰받는 조직을 향하여
5. 결론: '지속가능한' 파라아이스하키를 꿈꾸며

1. 서론: 빙판 위의 새로운 역사

가. 동계 패럴림픽의 꽃, 파라아이스하키

관중석을 채운 열기 사이로 선수들의 거친 숨소리가 들려온다. 새하얀 빙판 위 선수들이 스케이트 대신 양날이 달린 낮은 썰매(슬레지, Sledge)에 몸을 싣고 있다. 우리가 아는 아이스하키와는 사뭇 다른 모습이다. 썰매를 탄 선수들의 손에는 퍽을 다루고 얼음을 지칠 때 사용하는 픽이 달린 스틱 두 개가 들려 있다. 일반 아이스하키와 거의 비슷한 규칙 속에서 경기가 진행되지만 상체 힘만으로 썰매를 타며 시속 100km를 넘나드는 퍽을 쫓는 모습은 경이로울 정도다. 장애인 스포츠 중 가장 격렬한 매력을 가진 이 종목은 바로 하지 장애를 가진 선수들을 위한 아이스하키 종목

출처: 국제패럴림픽위원회(IPC)

그림1 · 파라아이스하키 경기 장면

인 파라아이스하키(Para Ice Hockey)이다.

파라아이스하키는 '동계 패럴림픽의 꽃'이라 불리는 종목으로서, 1961년 스웨덴에서 처음 시작되었다.[1)] 이후 1976년 스웨덴 동계패럴림픽에서 시범경기로 선보이며 TV 중계를 통해 대중에게 존재를 알렸다. 1994년 노르웨이 릴레함메르 동계패럴림픽에서는 정식 종목으로 채택되며 본격적인 성장을 이루었다. 우리나라에는 2000년 고(故) 이성근 감독이 이 종목을 처음 소개했다.[2)] 당시에는 장비 확보는 물론이고 훈련할 빙상장조차 마련하기 어려운 열악한 환경이었지만 선수들의 뜨거운 열정이 그 모든 것을 이겨냈다. 대한민국 대표팀은 안방에서 열린 2018 평창 동계패럴림픽에서 값진 동메달을 획득하며 경기장을 찾은 관중들에게 깊은 감동을 선사했

1) International Paralympic Committee(IPC), "History of Para Ice Hockey," IPC Official Website,6 accessed December 9, 2025.

2) 대한장애인아이스하키협회, "대한민국 파라아이스하키 연혁 및 이성근배 대회 소개," 협회 공식 웹사이트, accessed December 9, 2025.

다.[3] 우리팀은 2022년 중국 베이징 동계패럴림픽에서도 4위를 기록하며 세계 정상급 팀으로서의 경쟁력을 다시 한 번 증명했다.[4]

나. WPIH: 변화의 중심에 선 거버넌스

일반적인 국제스포츠 연맹(IF)과 달리 국제패럴림픽위원회(IPC)에서 직접 관리하는 몇가지 종목이 있다. 파라아이스하키도 그 중 하나이다. World Para Ice Hockey (WPIH)는 IPC로부터 분리된 독립적인 국제연맹은 아니지만, IPC 내부에서 세계선수권대회 운영, 패럴림픽 출전권이 걸린 최종 예선전, 선수, 등급분류 운영, 심판 및 등급분류사 등 기술임원 양성을 비롯한 파라아이스하키 관련 업무를 총괄하며 국제연맹의 역할을 하는 조직이다.

2016년은 기존 사용하던 명칭인 'IPC 아이스 슬레지 하키(IPC Ice Sledge Hockey)'를 'World Para Ice Hockey'로 변경해 조직의 정체성을 다시 세운 중요한 시기다. 이는 '썰매(Sledge)'라는 단어가 주는 수동적인 이미지에서 벗어나 IPC의 브랜드 가치인 '파라(Para)'를 통해 전문성과 포용성을 강조하기 위한 결정이었다.

출처: WPIH

그림2 · WPIH 공식로고

다. ESG경영과 WPIH

오늘날 스포츠의 의미는 선수들이 경기장 안에서 펼치는 승리 이상의 가치를 지닌다. 유엔을 비롯한 국제사회가 공식 인정한 것과 같이, 스포츠의 의미는 지속가능발

---

3) International Paralympic Committee(IPC), "PyeongChang 2018 Winter Paralympic Games - Para Ice Hockey Official Results," IPC Official Results Book, accessed December 9, 2025.

4) International Paralympic Committee(IPC), "Beijing 2022 Winter Paralympic Games - Para Ice Hockey Final Standings," IPC Official Results Book, accessed December 9, 2025.

전과 사회적 책임이라는 경기장 밖의 역할까지 그 범위를 포함하도록 확대되었다.[5] WPIH가 본격적으로 ESG경영에 관심을 가져야만 하는 이유는 2015년 유엔이 채택한 '지속가능발전목표(SDGs)'[6]와 발맞춘 상위 기관 IPC의 선택 때문이다.

[태동기: 2019년, 변화의 물결]

WPIH의 ESG 여정은 2019년 IPC가 UN의 '스포츠 기후행동 프레임워크(Sports for Climate Action Framework)'에 공식 서명하면서 시작되었다.[7] 앤드류 파슨스(Andrew Parsons) IPC 위원장은 패럴림픽 무브먼트가 인류 보편의 가치인 지속가능성을 실현하는 데 앞장서야 함을 천명했다. 이는 IPC 내 조직인 WPIH에게도 기후행동과 사회적 책임 이행이라는 새로운 미션을 부여했다.

[도약기: 2020년, 전략 계획 수립]

ESG경영을 위한 WPIH의 첫 번째 실천은 2020년 발표한 [WPIH 2020-2022 전략계획]을 수립한 것이다. 이 계획은 IPC의 거버넌스 리뷰 결과를 반영해 다양성 확보와 조직의 투명성 강화를 중요한 목표로 삼았다. 특히 조직의 의사결정 구조를 개편하고 여성 선수 참여 확대를 위한 구체적인 로드맵 제시를 통해, 상위기관의 표면적 선언에 그쳤던 지속가능성을 실행하기 위한 정책을 추진하기 시작했다.

[실행기: 2022년 ~ 현재, 노력의 결실]

2022년은 누구나 참여할 수 있는 스포츠를 만들겠다는 목표를 향한 WPIH의 노력이 성과를 내기 시작했다. 여성 선수의 참여 확대를 위한 '우먼스 월드 챌린지(Women's World Challenge)'대회는 양성평등이라는 사회적 가치를 파라아이스하키에서 실현한 주요 활동이다.

이처럼 WPIH는 지난 수년간 규범적 요구에 대한 수동적 대응을 넘어, 장애인 스포

5) 유엔 총회(UN General Assembly), 지속가능발전의 촉진자로서의 스포츠 (A/RES/79/L.10), 2024년 12월 1일 채택.

6) 유엔(UN), 세계의 변혁: 지속가능발전을 위한 2030 의제 (A/RES/70/1), 2015년 9월 25일 채택.

7) International Paralympic Committee. 2019. IPC to advance the Sustainable Development Goals. https://www.paralympic.org/news/ipc-advance-sustainable-development-goals

츠의 특수성을 반영한 독자적인 ESG 모델을 구축하기 위해 여러 활동을 해왔다. 본 장에서는 이러한 흐름 속에서 WPIH가 현재까지 어떤 활동들을 펼쳐왔는지, 앞으로 나아가야 할 방향은 무엇인지 분석해보고자 한다.

2. 환경(Environment): 선언을 넘어 행동으로

가. 규범적 목표(Normative)와 현실(Descriptive)의 괴리

환경 경영에 있어 WPIH의 위치는 이중적이다. 2019년 상위 기관인 IPC가 UN의 기후행동 프레임워크 동참을 위한 서명을 했기 때문에 규범적(Normative)으로는 조직의 최상위 목표 중 하나로 기후행동을 설정해야 하는 상황에 있다. 이는 산하 조직인 WPIH에게도 동일한 이행 의무를 부여한다.[8] 실제로 WPIH의 전략 계획서에는 '지속가능한 즐거운 이벤트(sustainable entertaining events)'라는 문구가 명시되어 있다. 이는 국제스포츠 기구로서 탄소중립을 향한 여정에 동참해야 한다는 당위성을 부여하며, 스포츠가 기후위기 대응의 촉매제 역할을 해야 한다는 국제 사회의 기대가 담겨 있다. 그러나 현실(Descriptive)을 들여다보면 이상과 실제 사이에는 분명한 간극이 존재한다. 현재 WPIH는 온실가스 배출량, 폐기물 처리 현황, 재생에너지 사용 비율 등 환경 경영의 기초가 되는 정량적 데이터를 공개하지 않고 있다. 지속가능성 보고서(Sustainability Report)는 고사하고 구체적인 실행계획이나 로드맵조차 부재한 상황이다. '지속가능성'은 구체적인 정책으로 구현되지 못한 채 아직 선언적인 구호에 머물러 있는 듯 보인다. 이는 WPIH가 독립된 연맹이 아닌 IPC 산하의 종목 본부라는 조직적 한계와 파라아이스하키 전용 경기장이 운영되거나 WPIH가 소유하고 있지 않으며, 비장애인 스포츠에 비해 인프라가 부족한 구조적 한계에서 온다.

8) World Para Ice Hockey. 2020. 2020-2022 Strategic Plan. p.15.

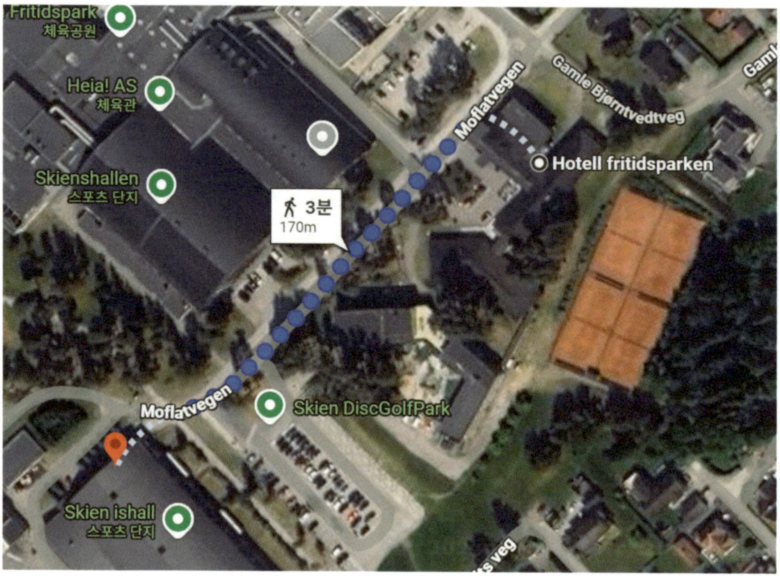

출처: 구글맵

그림3 · 2024 우먼스 월드 챌린지 경기장과 숙소 간 거리

나. 변화의 싹: 작은 시도들의 의미

물론 변화의 움직임이 전혀 없는 것은 아니다. 공식적인 환경 보고서는 없지만 저자의 경험에 따르면 현장에서는 의미 있는 시도들이 관찰되고 있다. 이러한 작은 변화들은 WPIH가 환경 문제에 대해 인지하고 있음을 보여주는 중요한 신호가 될 수 있다. 그 예로 2024년 노르웨이 시엔(Skien)에서 개최된 제3회 우먼스 월드 챌린지의 사례를 생각해 볼 수 있다. WPIH와 노르웨이아이스하키연맹(Norges Ishockey Forbund)은 선수단 숙소와 경기장의 거리가 약 200미터 내외인 아이스링크를 대회 경기장으로 결정했다. 통상적인 국제대회에서 숙소와 경기장이 멀리 떨어져 있어 셔틀버스 운행으로 인한 탄소 배출이 상당했던 것과 대비되는 부분이다.

이는 선수, 임원, 운영진의 이동 동선을 최소화하여 수송 부문에서 발생하는 탄소 배출을 획기적으로 줄인 탄소 절감형 대회 운영의 좋은 사례로 평가할 수 있다. 특히 휠체어나 무거운 장비를 이동시켜야 하는 파라아이스하키의 특성상 이동 거리는 곧 탄소 배출과 직결되는데 이러한 부분까지 고려한다면 2024 우먼스 월드 챌린지에서 배출되는 탄소량을 상당 부분 감축했을 것으로 사료된다. 더불어 이동 시간의 단축은 장애인 선수들의 피로도를 낮추는 효과까지 가져와 환경(E)과 선수 복지(S)를 동시에 잡은 사례로 평가할 수 있다.

그림4 · 2025 버팔로 세계선수권 지급 물병

또한 2025년 미국 버팔로 세계선수권대회에서는 모든 참가자에게 다회용 물병을 지급했다. 이는 대회 기간 중 발생하는 플라스틱 생수병 사용을 억제할 수 있었을 것이다. 스포츠 이벤트에서 가장 많이 배출되는 쓰레기 중 하나가 일회용 페트병임을 고려할 때 다회용 물병 지급은 작지만 실질적인 플라스틱 사용 감축 효과를 낼 수 있는 조치다. 저자의 경험상 WPIH가 환경을 고려하는 몇몇 활동들을 진행한 것으로 사료되지만 이러한 활동들이 조직적인 환경 전략 아래에 의도적으로 기획된 것인지 아니면 개최지 조직위원회의 개별적인 노력인지 그것도 아니라면 아무런 의도가 없었던 활동인지 확인해 줄 공식적인 지표나 보고서가 발간되지 않는다는 점은 여전히 과제로 남아 있다.

다. 실천을 위한 제언: 제약 속에서 길을 찾다

WPIH는 경기장을 직접 소유하지 않고 대회를 주관하는 입장이기에 태양광 패널 설치나 친환경 제빙기 도입, LED 조명 설치를 통한 에너지 효율 극대화와 같은 대규모 시설 투자가 필요한 환경 활동에는 현실적인 제약이 따른다. 하지만 이것이 환경경영을 미룰 핑계가 될 수는 없다. 시설의 소유 여부와 관계없이 실천할 수 있는 컨텐츠를 만들어내는 접근이 필요하다. 우선 회원국 관리자, 선수, 코치, 심판 등 모든 이해관계자를 대상으로 한 '환경 인식 교육'부터 시작해야 한다. 스포츠가 기후위기에 미치는 영향과 반대로 기후변화가 겨울 스포츠의 존립을 어떻게 위협하는지 알리는 것이 첫걸음이다. 파라아이스하키는 대회 개최지를 찾는 것조차 어려움이 있지만 그럼에도 불구하고 대회 개최지 선정 단계에서부터 친환경 운영 가이드라인을 제시하는 등 정책적 접근과 WPIH와 개최국 조직위원회의 적극적인 협력이 필요하다. 또한, 대회 운영 시 발생하는 폐기물의 분리배출 현황을 모니터링하고, 탄소 배출량을 간략하게라도 산정하여 공개하는 데이터 기반의 환경 경영을 시작해야 한다.

라. 벤치마킹: IIHF의 선도적인 환경 경영 사례

그렇다면 WPIH는 어디서 해답을 찾아야 할까? 해답은 아주 가까운 곳에 있다. 동일한 종목 특성을 공유하면서도 앞선 환경 경영을 실천하고 있는 국제아이스하키연맹(IIHF)의 사례는 WPIH에게 훌륭한 교과서이자 나침반이 될 수 있다. IIHF는 기후행동을 촉진하고 아이스하키 경기 주변에 지속가능한 환경을 조성하는 것을 목표로 'IIHF 환경 및 사회적 책임 가이드라인'을 제정했다. IIHF는 모든 이해관계자와 계약 업체가 이 가이드라인에 따라 행동할 것을 촉구하며 탄소배출 감축, 포장 최소화, 상품 재사용 및 재활용, 제로 웨이스트 등 가능한 모든 절차에서 기후 중립적인 접근 방식을 취할 것을 권고하고 있다. 가이드라인 제정과 더불어 매년 'IIHF 지속가능성 시상식(IIHF Sustainablity Award)를 개최해 회원국의 활동을 인정, 홍보하는 자리를 마련하고 지속가능성에 대한 회원국의 인식을 제고하며 지속가능성을 위한 구체적인 행동을 실천할 수 있도록 동기를 부여하고 있다.

1) 글로벌 캠페인과의 연대: '깨끗한 바다'를 위하여

IIHF는 2019년, UN 기후변화협약(UNFCCC)이 주도하는 '스포츠 기후행동 프레임워크'의 32번째 회원으로 가입하며 국제사회에 강력한 의지를 선포했다. 단순히 문서에 서명하는 것에 그치지 않고[9] IOC 및 7개 주요 스포츠 기구와 함께 '깨끗한 바다(Clean Seas)' 캠페인에 동참했다. 이는 해양 플라스틱 오염 문제를 해결하기 위한 범지구적 노력에 IIHF가 동참하겠다는 선언이었다. 이 캠페인의 일환으로 IIHF는 스위스 취리히 본부 사무국 내에서부터 변화를 시작했다. 사무국 내 일회용 플라스틱 컵과 빨대를 퇴출하고, 직원들에게 재활용 교육을 의무화했다. 또한 유소년 캠프 프로그램에 해양 환경보호 교육을 포함시켜 미래의 아이스하키 선수들이 환경 감수성을 함양할 수 있도록 했다. 이러한 진정성 있는 노력은 외부 기

---

9) International Ice Hockey Federation. Sustainability - Clean Seas. Retrieved from https://www.iihf.com/en/static/5116/sustainability

출처: 국제올림픽위원회(IOC)

그림5 · 'Clean Seas Campaign' 활동사진

관의 인정으로 이어졌다. IIHF는 IOC와 다우(Dow)사가 공동으로 수여하는 '탄소 이니셔티브 상(Carbon Initiative Award)'을 2년 연속 수상하며 스포츠 단체가 기후행동의 주체가 될 수 있음을 증명했다.[10] 이는 WPIH가 향후 다양한 기후행동을 기획하고 실천하며 국제사회에 긍정적인 평가를 받는 데 있어 모범 사례가 된다.

2) 배너 리퍼포싱 프로젝트(Banner Repurposing Project)

IIHF는 각종 국제대회에 사용되는 현수막, 배너, 펜스 광고판이 대회가 끝난 뒤 처치 곤란한 쓰레기가 되어 버려지는 문제를 해결하기 위해 '배너 리퍼포싱(Banner Repurposing)'이라는 업사이클링 프로젝트를 시작했다.

2012년 총회 이후 본격화된 '배너 리퍼포싱 프로젝트'는 환경보호와 사회적 가치 창출 그리고 브랜드 마케팅을 동시에 잡은 혁신적인 사례다. IIHF는 스위스의 사

10) International Olympic Committee. 2020. IOC and Dow reward International Federations for carbon reduction initiatives.

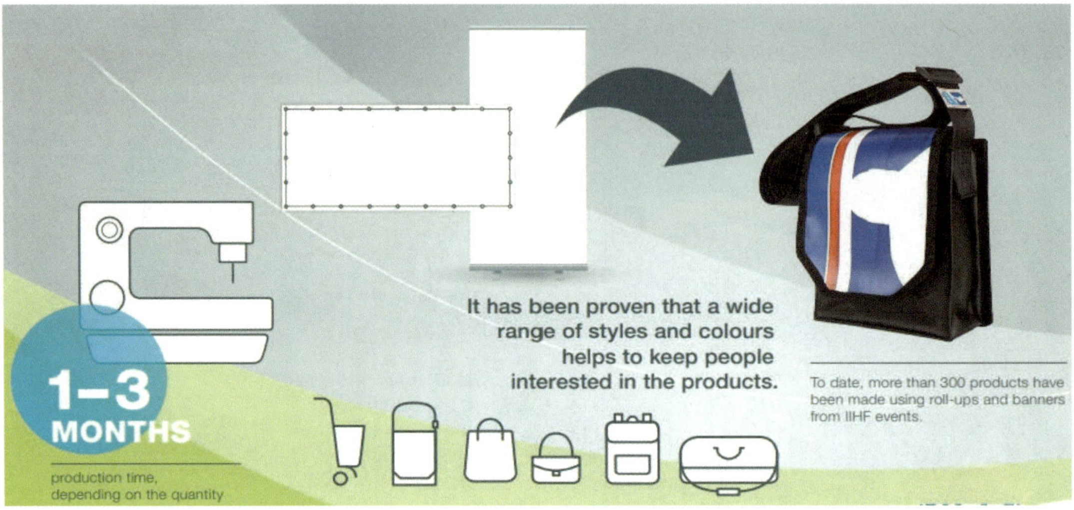

출처: IIHF

그림6 · 배너 리퍼포싱 프로젝트 포스터

회적 기업 및 가방 전문 업체와 협력하여 폐배너를 전량 수거한다. 수거된 배너는 세척 과정을 거쳐 재단되고, 세상에 단 하나뿐인 디자인을 가진 가방, 쇼핑 트롤리, 백팩, 노트북 파우치 등으로 재탄생한다.[11)]

더 인상적인 부분은 재탄생한 제품들의 사용처다. IIHF는 재탄생한 상품들을 상업적으로 판매하는 대신 VIP, 자원봉사자, 운영인력 등 대회 관계자들을 위한 특별 기념품으로 제공했다. 이 프로젝트는 폐기물 감축을 넘어서 홍보물이 사용된 대회와 관련한 추억을 간직하는 경험을 제공함으로써 대회 이해관계자들에게 환경에 대한 인식을 자연스럽게 주지시키고 개선하는 효과가 있다. 또한 업사이클링 과정에서 지역의 소규모 업체와 협력해 지역경제를 활성화할 수 있는 사회적인 가치까지 만들어 냈다. WPIH도 이 프로젝트를 벤치마킹해 대회에 사용된 현수막, 배너 등 홍보물을 선수들의 장비 가방이나 굿즈, 자원봉사자들을 위한 기념품으로 재탄생시켜 활용한다면 환경보호는 물론 파라아이스하키를 알리는 좋은 기회가 될 것이다.

11) International Ice Hockey Federation. Banner Repurposing Project. Retrieved from https://iihfstorage.blob.core.windows.net/iihf-media/iihfmvc/media/downloads/sustainability/8702_iihf_poster_70x100_high_bleed_3mm.pdf

3) 남아공의 물 절약 프로젝트(Save Water Project): 지역 맞춤형 ESG

아프리카 최남단에 위치한 남아프리카공화국은 극심한 가뭄에 시달리는 대표적인 물 부족 국가다. 빙판을 유지하기 위해 막대한 양이 사용되는 아이스하키 종목 특성상 이 지역에서의 아이스링크 운영은 환경과 윤리적인 측면에서 민감할 수밖에 없다. 남아프리카공화국 아이스하키협회(SAIHF)는 이러한 지역적 특성을 고려해 남아프리카공화국과 아이스하키의 공생을 위한 '물 절약 프로젝트(Save Water Project)'를 기획했다. SAIHF는 경기장 곳곳에 '워터 마샬(Water Marshal)'이라는 포지션을 신설하고 아이스링크에 배치했다. 워터마샬로 지정된 이들은 화장실, 샤워실, 정빙기 급수 시설 등을 수시로 확인하며 작은 누수라도 즉각적으로 찾아내 시설팀에 알리는 역할을 한다. 또한 화장실에는 물이 필요 없는 손 세정제를 비치해 물 사용을 원천적으로 줄이고, 이와 함께 물병 리필 캠페인을 펼쳐 모든 선수와 방문객이 물 절약에 동참할 수 있도록 유도했다. SAIHF는 경기장 내 급수대에서 개인 물병을 채워 사용하는 방법을 교육하고 가뭄의 위협을 알리는 포스터를 제작해 배포했다. 또한 경기장 내 주기적인 안내방송을 통해 팬과 시설 이용자에게 물 부족 문제를 상기시키며 경기장뿐만 아니라 가정으로 돌아가서도 물 절약을 실천할 수 있도록 동기를 부여했다.

가장 돋보이는 아이디어는 '스노우 피트(Snow Pit)'의 개조였다. 정빙기가 정빙 작업을 시작하면 막대한 양의 눈과 얼음 가루가 발생한다. 기존에는 이를 하수구에 버리거나, 뜨거운 물을 부어 녹였지만, SAIHF는 이를 실외 저수조로 연결하여 자연 해동시킨 뒤 그 물을 정화하여 다시 청소용수나 조경용수로 재사용하는 시스템

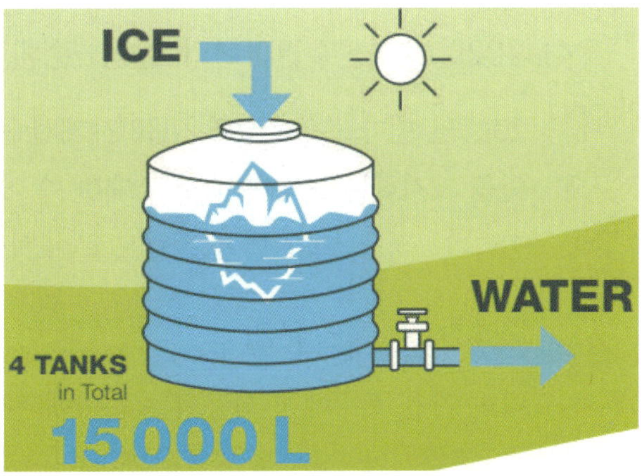

출처: IIHF

그림7 · 물 절약 프로젝트 포스터

출처: https://arena-guide.com

그림8 · 스노우 피트

을 구축했다. 버려지던 얼음 조각 하나까지 다시 쓰는 이 프로젝트는 2019년 제1회 IIHF 지속가능성 어워드(Sustainability Award)를 수상하며, 열악한 환경에서도 창의적인 아이디어로 지속가능성을 실현할 수 있음을 전 세계에 알렸다.[12)]

4) 2025 세계선수권대회의 실험: 순환형 지속가능성

2025년 덴마크에서 열린 IIHF 세계선수권대회는 미래 스포츠 이벤트의 가이드라인을 제시하는 모범 사례로 소개할 수 있다. IIHF와 덴마크 조직위원회는 순환형 지속가능성을 대회 핵심 전략으로 채택했다.

[기후친화적 식단 운영]

대회 기간 선수에게 제공되는 음식에 탄소 발자국이 높은 붉은 육류 비중을 줄이고, 콩과 같은 식물성 단백질과 덴마크 지역 농산물을 활용한 '기후 친화적 식단

12) SAIHF. 2019. SAIHF Wins First IIHF Sustainability Award.
Retrieved from https://www.saihf.com/saihf-wins-first-iihf-sustainability-award/

(climate-friendly meals)'을 제공했다. 식재료 생산, 운송 과정에서 발생하는 온실가스를 줄이기 위한 방안이었다.

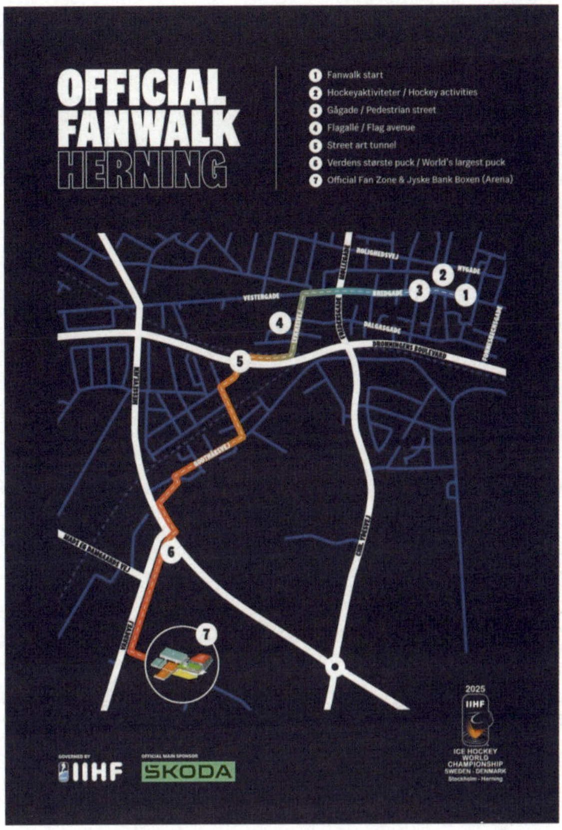

출처: IIHF

그림9 • 공식 팬 워크 포스터

[자원 순환]

경기장 구조물, 표지판, 장식물의 65%를 재활용 자재로 제작했다. 대회가 끝난 후 사용된 자재나 물품들은 폐기되는 것이 아니라 지역 내 학교나 커뮤니티 센터에 기부되어 가구, 창고 등으로 재사용된다.13)

[친환경 이동]

'팬 워크(Fan Walk)' 구간을 조성해 팬들이 참여할 수 있는 다양한 이벤트를 관람, 체험할 수 있도록 만들고, 관중들이 자가용을 이용하는 대신 팬 워크를 따라 걷거나 자전거를 이용하도록 유도했으며, 경기장과 주요 거점을 연결하는 무료 셔틀버스를 도입했다. 이는 교통 혼잡을 줄이는 동시에 관중들이 자연스레 도시를 즐기며 탄소 감축에 동참하게 할 수 있는 좋은 전략이다.

IIHF의 다양한 사례들은 WPIH에 환경 경영은 거창한 구호가 아니라 현수막 하나를 재활용하고 물 한 방울을 아끼는 구체적인 활동을 실천하는 것에서부터 시작된다는 명확한 메시지를 던진다.

---

13) International Ice Hockey Federation. 2025. Sustainability at the 2025 IIHF Ice Hockey World Championship. Retrieved from https://www.iihf.com/en/events/2025/wm/tournamentinfo/66892/herning

3. 사회(Social): 모두를 위한 스포츠

ESG 중 환경 분야에서의 아쉬운 활동과 달리 사회적 가치 실현에 있어 WPIH는 다양한 성과를 보여주고 있다. UN SDGs 3번(건강과 웰빙), 4번(양질의 교육), 5번(성평등)을 중심으로 한 이들의 활동은 포용적 스포츠의 모범 답안이라 할 수 있다.

가. 다시 일어서는 용기, 중도장애인을 위한 희망

통계에 따르면 전체 장애인의 약 89%는 사고나 질병으로 인한 후천적 장애인, 즉 중도장애인이다.[14] 평범한 일상을 보내다 갑작스럽게 맞이한 장애는 신체적 고통뿐 아니라 극심한 사회적 고립감과 정체성의 혼란을 동반한다. WPIH는 파라아이스하키가 이들의 사회 복귀를 돕는 강력한 재활 도구이자 사회화의 창구가 될 수 있다고 믿는다. 이를 위해 WPIH는 '스킬 개발 캠프(Skill Development Camp)'를 핵심 전략 사업으로 추진하고 있다. 이 캠프는 파라아이스하키 인프라가 부족한 아시아, 유럽 등의 신인과 유소년 선수들을 대상으로 한다. 2023년 7월 씨티(Citi)은행과의 파트너십을 통해 태국 방콕에서 열린 캠프에는 한국, 일본, 태국, 호주 등 4개국 20여 명의 선수가 참가했다. 참가자들은 항공료부터 숙박비, 식비까지 전액을 지원받아 경제적 부담 없이 최고 수준의 코칭을 경험했다.

특히 2024년 11월 슬로바키아 돌니쿠빈에서 열린 유럽권 캠프는 그 의미가 남달랐다. 전쟁의 참화 속에 있는 우크라이나 선수들이 참가했기 때문이다. 스포츠가 가진 치유의 힘을 여실히 보여준 것이다. WPIH는 향후 전쟁 상이군인을 위한 전문 재활 프로그램 등을 개발하여 스포츠의 사회적 안전망 기능을 더욱 강화하는 등 지속적인 활동이 필요하다.

출처: IPC

그림10 • 돌니쿠빈 스킬 개발 캠프 참가사진

14) 대한민국 보건복지부. 2023. 장애인 실태조사(국내 통계이지만, 전 세계 추세와 유사함).

출처: IPC

그림11 · 방콕 스킬 개발 캠프 단체사진

나. 지식의 공유와 심판 양성

공정한 경기를 위해선 훌륭한 선수만큼이나 뛰어난 심판과 지도자가 필수적이다. WPIH는 지식의 공유를 실천한다. 오랜 경험을 가진 전설적인 지도자들의 노하우를 집대성한 코칭 매뉴얼과 심판 핸드북을 제작하여 공식 홈페이지에 무상으로 공개하고 있다.[15] 이는 정보 접근성을 높여 파라아이스하키에 관심 있는 누구에게나 열려 있는 교육을 지향한다.

심판 인력의 지역적 불균형 해소에도 적극적이다. 아시아권 활동 심판이 전무하다는 위기감 속에 WPIH는 2024년 대한장애인아이스하키협회와 손잡고 아시아 지역 심판 양성 캠프를 최초로 개최했다. 한국, 중국, 인도 등 다양한 국적의 예비 심판들이 모여 국제 심판들의 멘토링을 받았다. 이는 북미, 유럽 등 특정 대륙에 편중되

15) World Para Ice Hockey. Officials' Handbook & Coaching Manuals. Retrieved from https://www.paralympic.org/ice-hockey/documents

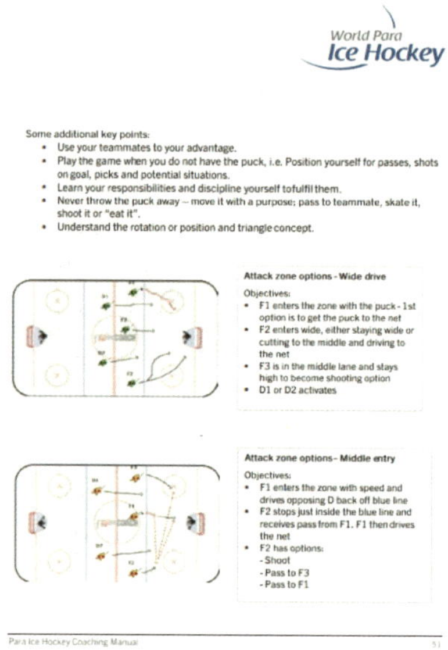
World Para Ice Hockey

Some additional key points:

- Use your teammates to your advantage.
- Play the game when you do not have the puck, i.e. Position yourself for passes, shots on goal, picks and potential situations.
- Learn your responsibilities and discipline yourself tofulfil them.
- Never throw the puck away – move it with a purpose; pass to teammate, skate it, shoot it or "eat it".
- Understand the rotation or position and triangle concept.

Attack zone options - Wide drive

Objectives:

- F1 enters the zone with the puck - 1st option is to get the puck to the net
- F2 enters wide, either staying wide or cutting to the middle and driving to the net
- F3 is in the middle lane and stays high to become shooting option
- D1 or D2 activates

Attack zone options- Middle entry

Objectives:

- F1 enters the zone with speed and drives opposing D back off blue line
- F2 stops just inside the blue line and receives pass from F1. F1 then drives the net
- F2 has options:
  - Shoot
  - Pass to F3
  - Pass to F1

Para Ice Hockey Coaching Manual 51

출처: WPIH

그림12 · WPIH 코칭 매뉴얼

지 않고 전 세계 어디서나 양질의 경기가 운영될 수 있는 기반을 닦는 작업이며, 개발도상국에 스포츠 전문 인력을 양성한다는 측면에서 국제개발협력의 성격도 띠고 있다.

다. 얼음 위의 유리천장을 깨다

파라아이스하키는 규정상 남녀가 함께 뛸 수 있는 혼성 종목이다. 그러나 현실은 남성 선수들의 전유물에 가까웠다. 장애를 가진 여성이 스포츠에 참여하는 것은 장애와 여성이라는 이중의 장벽을 넘어야 하는 일이기 때문이다. WPIH는 이 견고한 남성 중심의 문화를 바꾸기 위해 과감한 정책을 도입했다.

표3 · 2023/24 시즌 국가별 활동 심판 현황

순	국가	남	여
1	미국	2명	3명
2	캐나다	4명	2명
3	체코	2명	-
4	핀란드	2명	-
5	영국	1명	1명
6	이탈리아	3명	-
7	네덜란드	1명	-
8	노르웨이	4명	-
9	폴란드	1명	-
10	세르비아	2명	-
11	슬로바키아	1명	-
12	스웨덴	3명	-

출처: WPIH

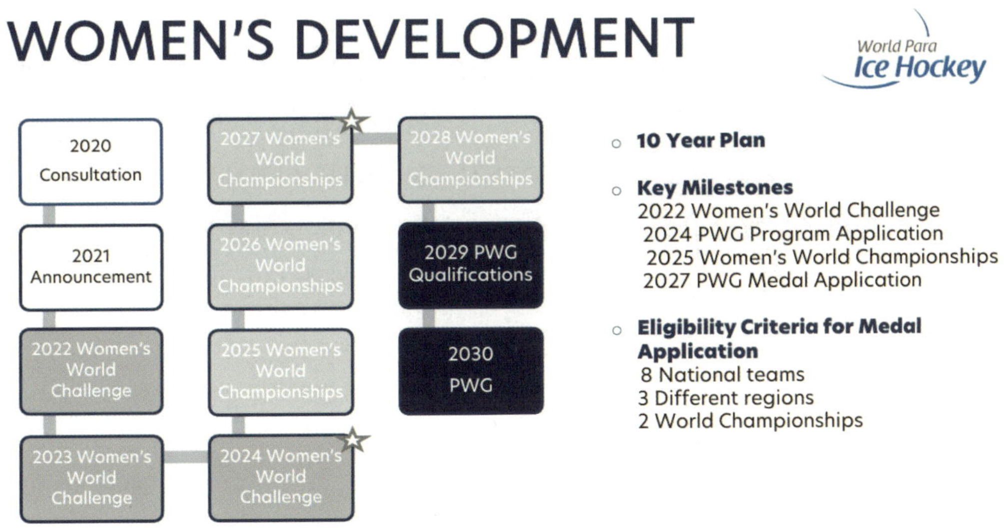

출처: WPIH

그림13 · WPIH 여성부 개발 10년 계획

출처: IPC

그림14 · 2024 시엔 우먼스 월드 챌린지 단체사진

WPIH는 우선 '스킬 개발 캠프' 참가 조건에 여성 선수 최소 2명 포함을 의무화하여 각국 협회가 여성 선수를 발굴하도록 강제했다. 나아가 2022년에는 여성 선수들만을 위한 국제대회인 '우먼스 월드 챌린지(Women's World Challenge)'를 개최했다. 성과는 놀라웠다. 2021년 전 세계적으로 단 3명에 불과했던 등록 여성 선수는 대회가 거듭될수록 급증했다. 2022년 1회 대회에 8개국 61명이 참가하더니, 2024년에는 12개국 72명의 여성 선수가 빙판을 누볐다.[16] 미국, 캐나다처럼 선수층이 두터운 국가는 단일팀으로 선수가 부족한 국가를 위해서는 연합팀을 구성하여 단 한 명의 선수도 소외되지 않도록 배려했다. 이러한 노력은 IPC로부터 '국제여성의날 포용성 부문' 상을 받으며 성평등의 모범 사례로 인정받았다.

16) World Para Ice Hockey. 2024. Women's World Challenge Recap & Statistics. Retrieved from https://www.paralympic.org/news/women-para-ice-hockey-breaking-barriers

4. 거버넌스(Governance): 신뢰받는 조직을 향하여

가. 전략적 투명성과 책임경영

조직의 투명성은 지속가능성의 뿌리다. 불투명한 의사결정 구조는 부패를 낳고, 이는 결국 스포츠의 공정성을 훼손한다. WPIH는 2020년 IPC의 거버넌스 검토 권고를 수용하여 [2020-2022 전략 계획]을 수립하고 발표했다.[17] 이 계획은 소수 임원의 결정에서 시작되는 관료주의 행정이 아닌, 회원국과 선수들의 목소리를 반영한 결과물이었다. WPIH는 '우수한 거버넌스', '투명성 확보', '지식 공유'를 3대 운영 목표로 설정하고 조직을 혁신해 나가고 있다. 투명성 확보를 위한 WPIH의 노력은 구체적이다. 홈페이지를 통해 위원회의 구성, 전략 계획 등을 공개하며 외부 이해관계자들이 조직의 운영 상황을 파악할 수 있도록 돕는다. 하지만 여전히 위원회 회의록 전문이나 세부적인 의사결정 과정, 예산 집행의 상세한 공개는 제한적인 수준에 머물러 있다. 진정한 투명성을 확보하기 위해서는 정보 공개의 범위를 더욱 넓히고, 항목별 성과지표를 명확히 설정하여 달성 여부를 대중에게 공개하는 과감한 조치가 필요하다. 이는 건강한 조직 문화를 만드는 초석이 될 것이다.

나. 참여 기반의 파트너십

WPIH는 독단적인 결정을 지양하고 이해관계자의 참여를 통해 정당성을 확보하고자 한다. 2021년 진행된 대규모 설문조사는 그 단면을 보여주는 중요한 사건이다. WPIH는 선수, 지도자, 등급분류사, 기술 임원 등 전 세계 모든 이해관계자를 대상으로 광범위한 설문을 진행했다. 이 설문조사의 목적은 단순히 만족도를 묻는 것이 아니었다. 수집된 데이터는 향후 WPIH의 핵심 정책인 '고성과 개발 프레임워크(High Performance and Development Framework)'를 구축하는 기초자료로 활용하려는 목적이 있었다.[18] 이는 정책의 수혜자인 선수들이 직접 정책 수립 과정

17) International Paralympic Committee. 2020. World Para Ice Hockey publishes 2020-2022 Strategic Plan. Retrieved from https://www.paralympic.org/news/world-para-ice-hockey-publishes-2020-2022-strategic-plan

에 참여하는 상향식 거버넌스의 실현이다. 과거 위에서 아래로 내려오던 행정에서 벗어나 현장의 수요를 정책에 반영하려는 이러한 시도는 조직의 민주성을 강화한다. 다만 아쉬운 것은 목표했던 고성과 개발 프레임워크가 발표되지 않았다는 점이다. WPIH는 이러한 소통 채널을 일회성 이벤트가 아닌 정례화된 제도로 정착시켜야 한다. 현장의 목소리가 곧바로 정책이 되는 선순환 구조야말로 지속가능한 조직의 핵심 동력이기 때문이다.

5. 결론: '지속가능한' 파라아이스하키를 꿈꾸며

지금까지 WPIH의 ESG경영 현황을 환경, 사회, 거버넌스라는 세 가지 렌즈를 통해 들여다보았다. WPIH는 장애인 스포츠가 가진 본연의 가치인 사회적 포용(S)과 투명한 거버넌스(G) 측면에서 훌륭한 성과를 거두고 있었다. 중도 장애인에게 다시 삶의 희망을 불어넣고 여성과 유소년에게 평등한 기회의 문을 열어주는 WPIH의 활동은 전 세계 스포츠 단체가 본받아야 할 모범 사례임이 분명하다. 그러나 환경(E) 부문은 여전히 미개척지로 남아 있다. 기후위기는 누구에게나 평등하지 않다. 오히려 취약계층에 더욱 가혹하게 다가오며 장애인스포츠 선수들에게는 훈련 장소의 소멸이라는 실존적 위협이 될 수 있다. 따라서 WPIH는 이제 '환경'을 선택이 아닌 필수 생존전략으로 인식해야 한다. 탄소중립 없는 스포츠의 미래는 존재할 수 없기 때문이다. 우리는 IIHF의 사례에서 희망을 보았다. 폐현수막을 가방으로 만드는 작은 아이디어부터, 경기장의 물 한 방울을 아끼고 선수들의 식단을 바꾸는 과감한 시도까지 WPIH가 벤치마킹할 수 있는 요소는 무궁무진하다. 물론 장애인스포츠계는 비장애인 스포츠계에 비해 인력, 자원, 선수, 인프라 등 모든 부분에서 열악하며 WPIH는 IPC 내부의 조직으로 적극적인 경영 활동을 펼치기엔 여러 제약이 있다는 것은 사실이다. 하지만 중요한 것은 거창한 설비 투자가 아니라 지속가능성을 향한 의지와 실천이다. WPIH가 가

18) International Paralympic Committee. 2021. WPIH launches survey to support High Performance and Development Framework. Retrieved from https://www.paralympic.org/news/wpih-launches-survey-support-high-performance-and-development-framework

진 강력한 사회적 가치라는 엔진에 환경적 책임이라는 바퀴를 달 때 파라아이스하키는 비로소 멈추지 않고 달리는 지속가능한 스포츠로 완성될 것이다. 얼음 위에서 땀 흘리는 선수들의 뜨거운 열정이 녹아내리는 빙하와 함께 사라지지 않도록 지금은 WPIH가 담대한 행동에 나서야 할 때다. 행동하지 않는다면 그 시간은 얼마 남지 않았을지도 모른다.

대한봅슬레이스켈레톤경기연맹의 ESG경영: 지속가능한 트랙을 향한 첫걸음

서 영 우 (2018 평창올림픽 은메달리스트)

1. 서론
2. 환경(E)
3. 사회(S)
4. 지배구조(G)
5. 결론 및 제언

1. 서론

대한봅슬레이스켈레톤경기연맹(KBSF)은 한국의 동계스포츠를 대표하는 기관으로, 국제무대에서 경쟁력과 지속가능성을 동시에 확보해야 하는 시대적 요구에 직면해 있다. 봅슬레이스켈레톤 경기는 트랙 건설, 냉각시스템, 유지보수 과정에서 막대한 에너지와 자원을 소비하는 종목이다. 이러한 구조적 특성 때문에 환경오염, 탄소배출, 생태 훼손 등 환경적 부담이 발생할 가능성이 크며, 이는 단순한 경기 운영의 문제가 아닌 지속가능한 스포츠의 본질적 과제로 연결된다. 하지만 현실적으로 KBSF의 ESG경영은 아직 초기 단계에 머물러 있다. 환경적 부담과 선수 은퇴 이후의 경력 단절, 그리고 투명한 의사결정 구조의 한계 등이 대표적이다. 이러한 문제는 단순히 행정적 과실이 아니라, 기존의 경기력 중심 사고에서 벗어나 지속가능한 시스템 중심으로 전환하지 못한 데서 비롯된다. 따라선 본 연구는 선수로서의 현장 경험과 ESG경영의 이론적 틀을 결합하여, KBSF의 현재 ESG 현황을 객관적으로 진단하고, 개선 방안을 제시하는 것을 목적으로 한다. 이를 위해 규범적 기준 - 기술적 접근(현황 분석) - 처방적 접근(개선 제안)의 세 단계 접근법을 적용하였다. 이 글을 통해 KBSF가 추구해야 할 ESG경영의 방향성과 실천 전략을 구체화함으로써, 단순히 빠르고 강한 종목을 넘어 환경을 지키는 스포츠, 사회를 잇는 스포츠, 투명하게 성장하는 스포츠로 발전하기를 기대한다.

2. 환경(E)

가. Normative 단계 - 규범적 접근

이 단계에서는 KBSF가 지향해야 할 이상적인 ESG경영 모델을 제시한다. 국제기준과 IOC 가이드라인을 토대로 다음과 같은 목표를 설정할 수 있다.

표1 · 환경 규범적 기준

규범 요소	이상적 기준	핵심 의의/평가 기준
냉매 선택	자연 냉매 + 고효율 구조	기후 영향 최소화
에너지 사용	재생에너지 기반 운영	지속가능 도시 기여
폐열 회수, 순환	냉동 플랜트 폐열 재활용	에너지 순환, 지역사회 기여
트랙 설계, 운영	일사, 풍하중을 억제하는 패시브 설계	냉각부하 감소로 에너지 절감
환경 정보 공개	연간 지표 투명 공개	ESG 투명성, 이해관계자 신뢰 확보
자연, 지역 연계성	자연환경 보전 + 생태관광 연계 운영	지역경제, 환경, 관광 균형

1) 냉매 선택의 규범적 기준

현대 동계스포츠 시설의 규범적 기준은 GWP가 거의 '0'이며 에너지 효율까지 우수한 자연 냉매를 사용하는 것이다. 스위스 생모리츠의 자연 얼음 트랙은 냉동 플랜트 없이 눈, 물, 자연 기온만으로 운영되는 저탄소 모델로, 규범적 기준에서 강조하는 '저에너지, 저탄소 설계'를 선도적으로 구현한 사례이다.

2) 재생에너지 기반 운영

규범적 기준에서는 "경기장 운영 전력의 100%를 재생에너지로 공급"을 강조한다. 베이징 2022는 풍력, 태양광, 전력을 경기장에 공급하며 올림픽 역사상 최초로 전 경기장 100% 재생에너지 전력을 달성하였다고 보고했다.

3) 폐열 회수, 순환

릴레함메르 트랙은 암모니아 냉동 시스템의 폐열을 연간 4.5GWh 수준의 지역난방으로 공급해 스포츠 시설과 지역사회가 에너지를 순환하는 모델을 제시했다. 이는 환경적 규범뿐 아니라 사회적 기여까지 포함하는 모범 사례이다.

4) 트랙 설계의 패시브 전략

휘슬러는 트랙 상부 그늘 구조, 밝은색 도색, 숲을 보존해 바람을 차단하는 등 패시브 설계를 통해 냉각부하를 근본적으로 감소시켰다. 이런 설계 방식은 규범적으로 요구되는 "추가 에너지 투입 없이 효율을 향상한" 모델이다.

5) 환경 정보의 투명한 공개

국제 기준은 에너지 사용량, 냉매 누출률, 탄소 배출량의 지속적 공개와 모니터링을 강조한다. 휘슬러, 베이징은 해당 정보를 지속가능성 보고서로 공개했다.

6) 자연환경, 생태관광 연계

생모리츠와 엥가딘 지역처럼 스포츠 인프라 + 자연 체험 + 문화・환경 보전의 세

출처: olympia-bobrun

그림1 · 스위스 생모리츠 자연 얼음 트랙

가지 요소를 결합하는 것은 지속가능 관광의 규범적 모델이다.

나. Descriptive 단계 – 기술적 접근

평창 슬라이딩센터의 실제 기술적 현황을 국제 사례와 비교 진단해본다.

1) 냉매 선택 – "같은 암모니아라도 쓰는 방식이 다르다"

평창 슬라이딩센터의 냉각시스템은 공개 자료가 제한적이지만, 일반적으로 암모니아를 1차 냉매로 쓰는 간접냉각 구조로 추정된다. 즉 냉동 플랜트에서 암모니아가 브라인을 차갑게 만들고, 이 브라인이 트랙 콘크리트 내부 배관을 순환하며 빙질을 유지하는 방식이다. 이 구조는 전 세계 슬라이딩 트랙에서 널리 쓰이는 전통적인 1세대 인공 빙 시스템으로, 자연 냉매를 사용한다는 점에서는 친환경적이지만 열교환 손실이 크고 효율이 제한적이라는 기술적 한계가 있다.

반면, 노르웨이 릴레함메르나 캐나다 휘슬러 등의 사례는 같은 암모니아를 쓰더라도 시스템 설계가 한 단계 더 진화해 있다. 예를 들어, 릴레함메르는 암모니아 시

표2 · 기술적 접근 진단표

항목	평창 슬라이딩센터 현황	해외 선진 사례
냉매 선택	NH3 암모니아	NH3 암모니아 + 폐열 회수
에너지 사용	재생에너지 운영 여부 확인 불가	· 베이징: 풍력, 태양광 100% 전력 공급 · 휘슬러: 지역에너지 계획 운영
폐열 회수, 활용	공식적 폐열 회수 시스템 없음.	· 릴레함메르: 연 4.5GWh 지역난방 공급 · 휘슬러: 건물 난방, 온수 재활용
트랙 설계, 운영 효율	표면색-단열-그늘-바람차단 구조 최적화 부족	· 숲 보존, 바람 차단, 화이트 코팅 · 라플라뉴: 1.5km 덮개 설치
환경 정보공개	냉매 누출률, 연간 전력 사용량, CO_2 배출량 등 공시 없음.	· 커뮤니티 지속가능성 보고서 공개, 제출 및 에너지 데이터 정기 공개
자연,지역 연계성	생태관광, 지역 협력 프로그램 부족	· 습지 복원 프로그램 등 관광, 리조트, 스포츠 생태 연계모델

스템을 기반으로 하되 폐열 회수, 부하 최적화 운전, 고효율 열교환기를 결합해 에너지 효율을 높였고, 휘슬러 역시 암모니아-브라인 구조이지만 폐열 회수 + 설계 최적화를 통해 같은 냉각 효과를 더 적은 에너지로 달성하는 방향으로 개선되어 있다.

2) 에너지 사용 - “얼마나 쓰는지, 어떻게 쓰는지 모르는 상태”

평창 슬라이딩센터의 경우 공식적으로 연간 에너지 사용량에 관한 지표가 공개되어 있지 않다. 또한 트랙 운영 전력 중 몇 %를 재생에너지로 조달하는지, 자동화 제어를 통한 부하 최적화가 어느 수준인지에 대한 공개 자료도 없다. 따라서 에너지 사용을 평가하려 해도 정량적 진단이 어려운 상태다.

반대로 베이징 2022 조직위원회는 풍력, 태양광에서 생산한 전력을 전용 송전망을 통해 경기장에 공급했다고 밝히며 대회 기간 경기장 전력 100% 재생에너지 사용이라는 목표를 공식적으로 제시했다. 휘슬러 또한 지역 지속가능 계획을 통해, 리조트 스키장 슬라이딩센터를 포함한 커뮤니티 전체 에너지 배출 목표를 세우고 장기적으로 관리하고 있다. 이런 사례들은 얼마나 쓰는지 + 무엇으로 돌리는지를 명확히 인식하고 관리하는 구조다.

3) 폐열 회수 활용 – "그냥 버리는 열 vs 지역에 돌려주는 열"

냉동 시스템은 한쪽에서는 냉기를 만들지만, 반대쪽에서는 어마어마한 양의 열을 내보낸다. 이 열을 어떻게 처리하느냐가 기술적 환경적 수준을 가르는 핵심이다. 평창의 경우, 현재까지 공개된 정보만 놓고 보면 냉동 플랜트에서 발생하는 폐열을 체계적으로 회수해 사용하는 시스템은 없는 것으로 보인다. 건물 내부 일부 난방에 소규모로 쓰이는 경우는 있을 수 있지만, 설계된 에너지 순환 시스템이라고 부를 정도의 규모나 구조는 확인되지 않는다.

반면 릴레함메르는 대표적인 에너지 순환형 사례다. 암모니아 냉동 시스템에서 발생하는 폐열을 회수해 연간 수 GWh 수준으로 지역난방 망에 공급함으로써, 트랙이 곧 "지역난방 보일러" 역할까지 겸하도록 설계했다. 휘슬러 역시 냉동 플랜트의 폐열을 트랙 주변 건물 난방, 온수 공급에 활용하며 일부 시설은 하수처리장의 폐열까지 활용하는 저온 에너지 시스템과 연결돼 있다.

따라서 기술적 관점에서 평창은, 에너지를 많이 쓰면서도 그 에너지가 만들어 내는 '열 자산'을 제대로 활용하지 못하고 있는 시설로 평가할 수 있다. 여기에는 에너지 비용 측면, 탄소배출 측면, 지역사회 기여 측면의 손실이 모두 겹쳐있다.

4) 트랙 설계, 운영 효율 – "에너지를 덜 쓰게 만드는 설계"

냉동 설비를 아무리 잘 만들어도, 트랙이 햇빛을 정면으로 받고 바람에 그대로 노출되어 있으면 냉방 부하는 많이 늘어난다. 기술적 접근에서 패시브 설계는 에너지를 쓰기 전에 먼저 줄이는 방법을 의미한다. 색깔, 그늘, 바람, 눈 쌓임, 지형 등을 이용한 설계가 여기에 포함된다.

평창 슬라이딩센터에는 일부 차양 구조와 방풍 시설이 존재하지만, 일사 차단, 트랙 표면 색상 최적화 같은 적극적인 패시브 설계 요소는 상대적으로 약한 편이다. 그 결과, 같은 빙질을 유지하기 위해 더 많은 냉동 부하와 전력이 필요해질 가능성이 크다.

반면 휘슬러는 설계 당시부터 주변 숲을 최대한 보존해 자연 바람막이 + 그늘 효과를 얻고, 트랙 표면을 밝은색으로 색칠해 일사 흡수율을 낮췄다. 프랑스 라플라뉴는 2018년 이후 트랙의 상당 구간을 덮개로 씌어 태양 복사를 감소시키고 독일 빈터베르크는 지붕과 태양광 패널로 덮어 동시에 그늘과 전력을 확보하는 방식을 택했다.

5) 환경 정보 공개 - "데이터가 있어야 진단도, 개선도 가능하다"

기술적 접근에서 매우 중요한 요소 중 하나가 데이터 공개와 투명성이다. 아무리 좋은 설비를 갖추고 있어도 연간 전력 사용량, 냉매 누출량, 온실가스 배출량, 폐열 회수량 등이 공개되지 않으면 외부에서는 그 시설의 환경 성능을 객관적으로 평가할 수 없다.
베이징 2022 조직위는 대회 전후로 지속가능성 보고서를 발간해, 재생에너지 사용, 탄소배출, 자원 사용 등을 종합적으로 공개했다. 휘슬러는 지역 커뮤니티 차원의 지속가능성 계획 등을 통해 관광, 에너지, 폐기물, 자연보전 정보까지 묶어서 공개하고 있다. 물론 이 데이터가 완벽하게 세분화된 것은 아니지만, 우리가 어디까지 와 있고, 무엇을 줄였는지를 사회와 공유하려는 의지가 명확하다.

반대로 평창 슬라이딩센터의 경우, 현재까지는 트랙 단위의 환경 데이터나 지속가능성 보고서가 공개된 사례를 찾기 어렵다. 이는 기술적으로 설비를 개선하고 싶어도, 출발선을 정확히 알기 어려운 상태라는 뜻이기도 하다. 결국, 기술적 접근의 출발점인 "현황 진단"을 위해서도 데이터 공개와 모니터링 체계 구축이 선행되어야 한다.

6) 자연, 지역 연계성 - "트랙이 자연과 지역사회에 어떻게 녹아 있는가"

기술적 접근은 단순히 기계 설비만 보는 것이 아니라, 그 시설이 놓여 있는 자연,

출처: whistlerslidingcentre

그림2 · 슬라이딩스쿨 참여 학생들

지역 시스템과의 연결 방식도 함께 본다. 같은 에너지를 써도 지역 생태, 관광, 교육과 엮어 운영하면 "에너지 효율 + 환경 교육 + 지역경제" 세 가지 효과를 동시에 낼 수 있기 때문이다.

해외 사례를 보면, 스위스 생모리츠의 자연 얼음 트랙은 단순 경기장을 넘어 겨울 생태 문화 체험 코스로 활용된다. 일반인 탑승 체험, 트랙 워킹 투어, 주변 산 호수 마을과 연계된 패키지 관광이 결합되면서 에너지를 적게 쓰는 자연 얼음 트랙 자체가 지역의 정체성과 브랜드 역할까지 한다. 휘슬러 역시 슬라이딩센터를 스키, MTB, 하이킹, 야생동물 관찰 프로그램과 연계해 하나의 4계절 산악 생태관광 허브로 운영한다.

평창은 대관령 숲, 올림픽 숲, 양떼 목장, 산림 치유 자원 등 주변 자연환경이 매우 풍부함에도 불구하고, 슬라이딩센터를 생태관광 - 환경교육 - 지역경제와 묶는 구조가 아직 미약한 편이다. 기술적 접근 관점에서는 이것이 단순히 프로그램 부족의 문제가 아니라 "트랙을 어떻게 정의하고 활용하느냐"라는 시스템 설계의 문제라고 볼 수 있다. 즉, 트랙을 "에너지 많이 먹는 시설"로만 둘 것인지, "자연, 지역과 연결된 친환경 인프라"로 재설계할 것인지의 차이이다.

다. Prescriptive 단계 - 처방적 접근

규범적 기준과 현황 진단을 토대로 KBSF가 현실적 제약 속에서도 실행할 수 있는 개선 전략을 제시하는 단계이다.

1) 냉매 선택 - 1세대 NH_3 간접 냉각 → '고효율 구조로 전환'

단기(1 ~ 2년)

- 기존 NH_3 간접냉각 구조의 효율 최적화 기술 적용
- 암모니아 누출 대비 긴급 대응 프로토콜 강화

중기(3 ~ 5년)

- 고효율 열교환기, 펌프, 냉동기 단계적 교체
- 냉매 부하 운영 모드 자동화

장기(5 ~ 10년)

- 트랙 콘크리트 배관 교체 주기에 맞춰 에너지회수 시스템을 통합 개편

한국 썰매 트랙이 현재 사용하고 있는 암모니아 기반 냉매 시스템은 관리 경험 측면에서는 안정적 강점이 있으나, 장기적으로는 개선의 여지가 있다. 따라서 냉동 설비의 효율을 극대화하기 위한 폐열 회수 시스템 도입, 냉각 배관 최적화가 선행되어야 하며 이를 통해 냉매 전환 과정에서 발생할 수 있는 에너지 비용 급증을 최소화해야 한다.

2) 에너지 사용 - '전력 효율화 + 재생에너지 연계'

단기(1 ~ 2년)

- 트랙 전력 사용량 계측 시스템 설치
- 운영 시간대별 부하 분석

중기(3 ~ 5년)

- 트랙 구간 단열 강화 + 열 손실 줄이는 설계 개편
- 지열 시스템 + 폐열 재활용 연계

장기(5 ~ 10년)

- 슬라이딩센터 전체 전력의 재생에너지 60~80% 조달 목표
- 알펜시아 단지 기반 "지역 독립 전력망" 구축

3) 폐열 회수 – '버려지는 열을 에너지 자원으로 전환'

단기(1 ~ 2년)

- 냉동 플랜트의 폐열을 건물 난방, 온수 설비로 재활용
- 트랙 내 사무동, 선수 대기동 바닥난방 예열 기능 구축

중기(3 ~ 5년)

- 릴레함메르 모델처럼 폐열을 인근 시설 난방 공급 파일럿

장기(5 ~ 10년)

- 대관령 지역난방 망 연계 검토

트랙 운영은 동계스포츠 시설 중에서도 가장 많은 에너지를 사용하는 시설로 평가되는 만큼, 운영 효율성을 높이는 것이 환경성과 비용 절감 측면에서 핵심적이다. 냉각 사이클 자동화, 에너지 수요 예측 시스템, 시간대별 부하 조절을 통해 전력 사용량을 낮출 수 있다. 특히 트랙 냉각 과정에서 발생하는 열을 회수하여 시설 난방에 활용하는 폐열 회수 기술 도입은 실행 가능성이 크며 해외에서도 이미 효과가 입증된 방식이다. 장기적으로는 재생에너지원을 트랙 운영에 통합해 에너지 자립도를 높이는 것이 중요하다.

4) 트랙 설계 - 에너지 쓰기 전에 줄여라

단기(1 ~ 2년)

- 트랙 표면 화이트 코팅 적용, 일사 흡수 감소
- 고일사 구간 차양막 설치

중기(3 ~ 5년)

- 바람 유입 구간에 방풍벽 보강
- 트랙 바깥 숲 보전 + 식생 복원으로 자연풍 감소

장기(5 ~ 10년)

- 전 구간 덮개 구조물 단계적 확장

트랙의 환경적 지속가능성을 확보하기 위해서는 설비 자체의 노후도 개선뿐 아니라 운영 방식부터 전반적인 시스템 최적화가 필요하다. 트랙 외벽 및 상부 구조에 대한 단열 성능 강화, 일사 차단 구조물 설치, 설비 노후 구간 개보수를 통해 냉각 부하 자체를 줄여야 한다.

5) 환경 정보 공개 - '데이터 기반 관리 시스템' 구축

단기(1 ~ 2년)

- 연간 에너지 사용량, 냉매 누출량, 폐열 방출량 측정
- 월별 운영데이터 공개 페이지 구축

중기(3 ~ 5년)

- 슬라이딩센터 지속가능성 보고서 발간

장기(5 ~ 10년)

- ISO 20121 인증 추진
- IOC 그린 벨류 프로그램과 연계

6) 자연, 지역 연계성 – '트랙을 지역 생태관광 허브로 전환'

단기(1 ~ 2년)

- 슬라이딩센터 주변 숲길을 활용한 환경 교육 워킹 투어
- 경기장 생태모니터링 프로그램 운영

중기(3 ~ 5년)

- 생모리츠 모델 적용 → 트랙 + 자연 + 체험 통합 관광 상품
- 지역 목장, 산림 치유센터와 연계한 체류형 패키지 구성

장기(5 ~ 10년)

- 슬라이딩센터를 중심으로 한 대관령 4계절 생태관광 허브 구축
- 국제 선수단, 관광객 대상 지속 가능 관광 코스 운영

평창 슬라이딩센터의 지속가능성을 높이기 위해서는 냉매 시스템 고효율화, 에너지 관리 최적화, 폐열 회수 체계 구축, 패시브 설계 확충, 환경 정보 공개 체계화, 자연 지역 연계 모델 구축의 6대 분야에서 단계적 체계적 투자가 필요하다. 이는 해외 선진 사례의 장점을 결합한 한국형 지속가능 트랙 모델로 발전할 수 있는 방향이다.

3. 사회(S)

가. Normative 단계 - 규범적 접근

동계 썰매 종목의 특성과 글로벌 기준을 고려한 이상적으로 갖추어야 할 사회적 가치 기준을 제시해 본다.

1) 선수 안전: 국제표준 기반의 최우선 원칙

- 모든 의사결정에서 선수 안전이 최우선
- 트랙, 장비, 운영 기준의 국제표준 준수 및 주기적 인증
- 과학 기반의 부상 예방 시스템 구축

선수 안전은 모든 동계 썰매 종목에서 최우선으로 보장되어야 할 사회적 가치이다. 사고 예방과 부상 방지를 위한 데이터 기반 관리 체계가 필수적이다. 독립적인 안전관리 기관의 존재, 투명한 사고 조사 공개, 예측 정비 시스템 구축이 국제적 규범 기준으로 자리 잡고 있다.

2) 선수 복지: 지속적 커리어 보호 체계

- 장기 커리어 경로 마련: 은퇴 후 재취업 교육, 코칭 교육 부여
- 여성 청소년 선수를 위한 차별 없는 프로그램 운영
- 심리적 안정 기반 문화 형성

선수 복지는 단순한 생활 지원을 넘어 '인간 중심 스포츠'를 구현하기 위한 핵심 기준이다. 의료, 심리 상담, 영양 등 기본 복지와 더불어 경력개발과 은퇴 후 재취업 지원까지 포함하는 장기적 커리어 보호 체계가 마련되어야 한다. 여성 선수와 청소년 선수 등 취약계층을 위한 맞춤형 보호 장치 역시 필수적이다.

3) 지역사회 기여: 지역이 성장하는 스포츠

- 트랙이 지역사회에 열린 공간으로 운영

- 지역 청소년 대상 종목 체험 프로그램 상시 구축
- 지역 대학, 고교와 협업하는 스포츠 아카데미 모델 구축

스포츠 시설은 지역사회와 상생하는 공공재라는 인식에 기반해 운영되어야 한다. 트랙은 단순히 국가대표가 사용하는 전문 시설을 넘어, 지역 주민, 청소년, 관광객이 함께 체험하고 배우는 열린 공간이어야 한다. 지역경제 기여를 측정하고 공개하는 투명한 관리 체계 역시 규범적 기준에 포함된다.

4) 청렴, 인권 보호: 안전한 스포츠 환경

- 폭력, 학대, 성희롱, 가혹행위 무관용 정책
- 독립된 인권 보호 위원회 설치 및 익명 신고 시스템 운영
- 지도자의 권한 남용 방지를 위한 윤리교육 의무화
- 모든 훈련, 선발 과정의 인권 침해 감시 체계 구축

모든 선수는 폭력, 학대, 성희롱, 가혹행위로부터 보호받아야 하며, 스포츠 내에서는 인권 침해가 절대 용납되지 않는다는 무관용 원칙이 적용되어야 한다. 익명 신고 시스템, 독립된 조사 절차, 지도자 윤리교육 등은 국제적 규범 기준에 해당한다.

안전한 환경에서, 차별 없이, 지역과 상생하며, 인권 기반을 갖추고, 누구나 참여 가능하며, 국제적으로 개방된 스포츠 시스템을 구축해야 한다.

나. Descriptive 단계 - 기술적 접근

KBSF의 현황을 해외 강국과 비교하며 문제를 객관적으로 진단해 본다.

1) 선수 안전

- 평창 트랙의 안전 관련 정기 점검은 존재하지만, 데이터 기반 예측 정비 시스템이 미흡
- 부상 데이터 축적, 공개가 체계적으로 이루어지지 않음

출처: BBC NEWS

그림3 · 캐나다 봅슬레이팀의 전복사고

• 사고 시 독립된 조사가 아닌 내부 조사 중심

고위험 종목임에도 불구하고 KBSF는 현재 다층적 안전관리 매뉴얼이나 사고 데이터 기반 위험분석 시스템이 미흡한 상태다. 반면 캐나다 BCS는 'track risk matrix'를 구축해 낙상, 장비 결함, 빙질 위험을 50개 지표로 관리하고 있으며, 매 시즌 시작 전 선수 안전교육 3단계를 의무화하고 있다.

2) 선수 복지

• 심리 상담, 장기 커리어 지원이 매우 부족

• 은퇴 선수의 경력관리 시스템 부재

• 여성 선수 대상으로 한 별도 지원, 보호 체계 부족

한국은 기본적인 숙소, 식사, 의료 지원체계는 존재하지만, 심리상담이나 정서 관리는 일회성에 그치는 경우가 많다.

미국 USOPC는 국가대표에게 연중 심리 상담, PTSD 예방 교육, 원정 기간 심리

전담 스태프 동행을 제공한다. 동계 슬라이딩 종목 특성상 장기간 해외 합숙이 반복되므로 국내 선수들은 멘탈 소진과 이탈 위험이 크다. 최소 월 1회 정기 심리 지원 프로그램을 체계화할 필요가 있다.

3) 지역사회 기여

- 평창 트랙이 지역사회와 연계된 프로그램이 없음
- 지역 관광, 교육, 체험 프로그램 부족
- 트랙 운영과 지역경제 기여도를 측정하는 데이터도 없음

평창 트랙은 국제대회 개최 경험은 풍부하지만, 지역사회 체험 프로그램, 학교 연계 교육, 관광 상품화 등은 매우 제한적이다. 트랙 운영과 지역경제 간의 연계 구조가 약하며, 경제적 사회적 기여도를 측정하는 데이터 시스템도 부재하다. 반면 독일 오스트리아 등은 트랙을 지역 관광의 핵심 거점으로 삼고, 청소년 스포츠 교육, 지역 축제, 관광 연계 프로그램을 상시 운영하며 지역사회와 활발히 연계하고 있다.

4) 인권, 안전 보호

- 전반적 인권 규정은 존재하나 사전에 예방하는 설계가 부족
- 익명 신고 시스템은 존재하나 활용률이 낮고 접근성이 떨어짐
- 지도자 윤리교육, 폭력 예방 교육이 형식적
- 성희롱, 가혹행위 발생 시 독립된 조사위원회 부재

한국은 형식적인 인권 규정과 예방 교육은 존재하지만 실제로 작동되는 구조는 제한적이다. 익명 신고 시스템은 실효성이 낮고, 지도자 윤리교육도 형식적으로 시행되는 경우가 많다. 성희롱 폭력 사건 발생 시 독립된 조사 체계가 부재해 투명성이 떨어진다는 문제점이 있다. 해외의 경우, 독립 인권센터 운영, 지도자 윤리교육 의무화, 청소년 선수 보호정책 강화 등을 시행하고 있다.

나. Prescriptive 단계 - 처방적 접근

1) 선수 안전

중기 목표(2 ~ 4년)

- 부상, 사고 데이터베이스 구축
- 독립 안전 위원회 설치
- 국제 전문가의 트랙 정기 검증 제도화

장기 목표(5 ~ 10년)

- IBSF와 공동으로 국제 안전 표준 개발에 참여
- 아시아 썰매 종목 국가들에 안전 컨설팅 제공하는 리더 역할

중기적으로는 부상, 사고 데이터를 체계적으로 수집, 공개하고 독립 안전 위원회를 설치해 사고 조사 결과의 신뢰성을 확보해야 한다. 장기적으로는 아시아 국가들을 대상으로 안전 관리 컨설팅을 제공하는 선도적 역할을 수행함으로써 국제 수준의 안전 선진국 모델을 구축하는 것이 바람직하다.

2) 선수 복지

중기 목표(2 ~ 4년)

- 국가대표 선수 대상 심리 상담, 정서 관리 의무화
- 은퇴 선수 대상 재취업, 코칭 교육 지원
- 여성 지도자 목표치 상향

장기 목표 (5 ~ 10년)

- KBSF 자체 선수복지센터 운영

- 국제기구와 연계한 아시아 선수 커리어 아카데미 운영

중기적으로는 심리 상담, 정서 관리 의무화, 여성 선수 보호 체계 구축 등이 우선 추진되어야 하며 은퇴 선수 경력 프로그램을 확대해야 한다. 장기적으로는 KBSF 내에 전담 선수복지센터를 설립하고 국제기구와 협력해 한국이 아시아 선수 복지의 중심 국가로 자리매김할 수 있도록 해야 한다.

3) 지역사회 기여

중기 목표(2 ~ 4년)

- 평창 트랙의 지역 체험 프로그램 상설화
- 청소년 동계스포츠 아카데미 개설
- 지역경제 효과 측정 및 매년 보고

장기 목표(5 ~ 10년)

- 평창을 아시아 동계스포츠 허브로 브랜딩
- 지역 투어, 교육, 체험이 결합한 스포츠 관광 산업화
- 지역사회와 함께 운영하는 공동 거버넌스 모델 구축

중기적으로는 트랙 체험 프로그램과 상설 운영, 지역 학교와의 스포츠 교육 협력 체계를 구축하고 지역경제 효과를 수치화하여 매년 공개하는 시스템을 마련해야 한다. 장기적으로는 평창을 아시아 동계스포츠 허브로 브랜딩하고 체험, 교육, 투어리즘을 결합한 스포츠 관광산업으로 발전시켜 지역사회 중심의 지속가능 모델을 구축해야 한다.

4) 인권-안전 보호

중기 목표(2 ~ 4년)

- 익명 신고 시스템 개선
- 여성 보호 담당관 의무 배치

- 지도자 권한 축소, 위원회 평가 시스템 구축
- 성희롱, 폭력 발생 시 독립 조사 체계 도입
- 청소년 인권 교육 강화

장기 목표(5 ~ 10년)

- 외부 전문가 주도 독립 인권센터 설립
- 국제연맹과 공동 인권 캠페인 실시

중기적으로는 모바일 기반 익명 신고 시스템을 고도화하고 지도자 윤리교육 강화, 외부 전문가 중심의 독립 조사 체계 도입이 필요하다. 장기적으로는 독립 인권센터 설립을 통해 한국 스포츠가 국제 기준 이상의 인권 보호 체계를 확보하는 것이 바람직하다.

한국 썰매 종목은 안전, 복지, 지역 기여, 인권의 축을 중심으로 한 중장기 로드맵을 구축하여 아시아 동계스포츠의 사회적 가치 허브로 도약해야 한다.

4. 지배구조(G)

가. Normative 단계 - 규범적 접근

1) 의사결정의 개방성과 다양성 강화

스포츠 단체의 의사결정 체계는 개방성과 다양성을 기반으로 운영될 때 가장 안정적인 구조를 형성하게 된다. 특히 규모가 제한적인 종목일수록 다양한 관점이 유입되는 의사결정 구조가 장기적 경쟁력 확보에 도움이 된다. 외부 전문가, 전직 선수, 행정 전문가 등 다양한 배경의 참여는 조직의 판단력을 높이는 데 중요한 기준이 된다.

2) 독립적 감시 및 건전한 운영 지원체계

조직의 신뢰도와 투명성을 강화하기 위해서는 내부의 노력과 더불어 외부의 객관적인 시각이 자연스럽게 유입될 수 있는 감시 및 지원 장치가 매우 중요하다. 이는 비판 중심이 아닌 조직 운영의 건강성을 높이는 보완적 기능으로 이해하는 것이 바람직하다.

3) 예산 운영의 투명성 및 목적성 강화

예산은 조직의 발전 방향을 보여주는 핵심 수단이기 때문에, 예산 편성-집행-평가 과정에서 투명성과 목적성이 확보되는 것이 중요하다. 이는 외부에 대한 공개보다는 내부 구성원과의 소통 강화를 위한 제도적 기준으로 봐야 한다.

나. Descriptive 단계 - 기술적 접근

1) 의사결정의 개방성과 다양성 강화

국내 동계 비인기 종목의 특성상, 조직 규모가 크지 않고 구성원이 제한적이기 때문에 자연스럽게 의사결정 과정이 내부 중심으로 운영되어 온 측면이 있다. 이는 필연적으로 다양한 의견이 충분히 반영되기 어려운 구조를 만들 수 있다. 이러한 구조적 요인 때문에 의사결정이 폭넓게 논의되기보다는 제한된 인력 또는 축적된 관행에 의존해 운영되는 경우가 발생할 수 있다.

2) 독립적 감시 및 건전한 운영 지원체계

현재 동계 소규모 종목 대부분은 인력, 예산 구조 자체가 협소하므로 내부에 전담 감시 조직을 두기 어렵고, 외부 견제 시스템 또한 충분히 구축되어 있지 않은 편이다. 이러한 여건은 운영 효율성에는 도움이 되지만, 동시에 의사결정의 객관성과 감시 기능이 상대적으로 약해질 가능성을 내포하고 있다.

3) 예산 운영의 투명성 및 목적성 강화

비인기 종목 특성상 예산 규모 자체가 크지 않기 때문에 사업, 운영비 중심으로 예산이 집중되거나 예산 배분 기준이 구체적으로 공개되지 않는 경우가 상대적으로 많다. 이는 조직 운영의 의도나 우선순위를 구성원 모두가 동일하게 이해하기 어렵게 만드는 요인이 될 수 있다.

다. Prescriptive 단계 - 처방적 접근

1) 의사결정의 개방성과 다양성 강화

이를 보완하기 위해, 향후 의사결정 단계에서 외부 전문가가 일정 비율 참여하는 개방형 위원회 모델을 도입하는 방안을 고려해볼 수 있다. 지도자, 임원 등 주요 직책은 일정한 기준에 따라 공개적으로 지원, 평가가 이루어지는 공개경쟁 기반 선발 방식을 도입하면 조직 역량이 한층 강화될 것이다. 또한 선수 대표나 전 선수 출신 인사가 의사결정 과정에 참여하는 구조를 마련하면 현장성과 전문성이 더해져 조직의 판단이 더욱 균형 잡힌 방향으로 나아갈 수 있다.

2) 독립적 감시 및 건전한 운영 지원체계

이를 개선하기 위해 독립된 감사, 자문 역할을 수행할 외부 전문가 그룹을 구성해 정기적으로 운영 전반을 점검하고 조언을 제공하는 방식이 효과적이다. 또한 익명 기반의 신고-소통 창구를 마련해 구성원들이 편안하게 의견을 제시하고 개선 아이디어를 공유할 수 있도록 하는 것이 필요하다. 나아가 연례적으로 조직 운영을 점검하는 거버넌스 진단 보고서를 발행하면 투명성과 신뢰도를 높이는 데 큰 도움이 된다.

3) 예산 운영의 투명성 및 목적성 강화

예산을 보다 목적 중심으로 운영하기 위해서는 연간 사업계획서마다 예산 배정 기준을 명확히 제시하고, 예산 집행 내역을 구성원들이 이해하기 쉬운 형태로 정리한 월별, 분기별 예산 리포트를 공유하며 예산이 사용된 사업의 결과를 성과 평가 방식으로 정기 점검하는 체계가 필요하다.

또한 일부 예산을 공모형 사업으로 편성하여, 지도자, 팀, 선수, 지역 프로그램 등이 제안서를 제출하고 평가를 통해 선정되는 방식도 종목 발전에 도움이 된다. 이를 통해 예산 운영이 자연스럽게 목적 중심, 성과 중심으로 전환될 수 있다.

동계 비인기 종목의 구조적 특성을 고려할 때, 의사결정의 개방성 - 외부 전문가의 지원, 감시 기능 - 예산 운영의 투명성과 목적성 강화는 조직의 지속적 성장과 신뢰도 제고를 위한 핵심적 거버넌스 방향이다.

5. 결론 및 제언

한국의 봅슬레이스켈레톤 종목은 국제대회 경험, 우수한 인재, 올림픽 유산이라는 중요한 기반을 갖추고 있음에도 환경-사회-거버넌스 측면에서 한 단계 더 도약할 수 있는 여지가 여전히 크다. 본 연구에서는 지속가능한 발전을 위한 ESG의 세 영역을 중심으로 기술적 현황을 진단하고, 바람직한 규범적 기준을 토대로 중장기적 개선 방향을 제시하였다. 전체 분석을 종합해 보면, 한국형 동계스포츠의 지속가능성은 친환경 기술 전환, 선수 중심의 사회적 가치 강화, 개방적이고 신뢰받는 거버넌스 구축이라는 세 축이 조화롭게 작동할 때 비로소 실질적인 변화가 가능함을 확인할 수 있다.

환경(E) 분야에서는 트랙 운영의 고에너지, 고부하 구조를 고려할 때 중장기적 친환경 전환과 에너지 효율 향상이 핵심 과제로 도출되었다. 폐열 회수, 냉각 효율 최적화, 단열 강화, 일사 차단 등 현실적으로 실행 가능한 운영 최적화 전략을 우선 적용함으로써 에너지 사용량을 구조적으로 낮출 수 있다. 장기적으로는 재생에너지, 친환경 설계, 자연환경과의 조화를 고려한 운영체계 구축을 통해 트랙이 '기후 친화형 동계스포츠 시설'로 자리매김하는 것이 바람직하다.

사회(E) 분야에서는 선수 안전과 복지, 지역사회 기여, 인권 보호 등 다층적 요소가 종목의 지속가능성을 좌우하는 중요한 요소로 확인되었다. 선수 안전은 모든 의사결정의 최우선 요소로 자리 잡아야 하며, 과학 기반의 데이터 관리, 독립적 안전 시스템 구축, 사고-부상 예방 체계 강화가 요구된다. 선수 복지 측면에서는 심리-의료-재활-경력개발 등 선수의 생애 전주기를 고려한 정책 설계가 필요하며, 은퇴 이후에도 재교육-재취업-지도자 경력 설계 등이 유기적으로 연결되는 구조가 요구된다. 또한 트랙을 지역사회와 상생하는 개방형 자산으로 재정의하고, 체험-교육-관광 프로그램을 활성화함으로써 지역 주민과 청소년들이 스포츠를 통해 성장할 수 있는 기회를 제공해야 한다. 인권, 안전 보호 측면에서는 단순한 규정 마련을 넘어 외부 전문가 기반의 독립적 조사 체계, 고위험 환경에 대응하는 특화 보호정책, 심리 안전 환경 조성 등 실효성 있는 제도적 기반 마련이 요구된다.

거버넌스(G) 분야에서는 구성원이 제한된 비인기 종목 특성상 자연스럽게 형성될 수 있는 폐쇄적 운영 구조를 개선하고, 개방성과 다양성을 높이는 방향이 중요하게 나타났다. 의사결정 과정에 다양한 외부 전문가, 전현직 선수, 행정 인력을 참여시키는 개방형 거버넌스 모델은 조직의 전문성과 안정성을 동시에 강화할 수 있다. 또한 객관적이고 지속적인 지원을 제공할 수 있는 외부 감시 체계와 상담-자문 시스템은 종목 운영의 투명성과 신뢰도를 높이는 데 기여한다. 예산 분야에서는 연간 사업계획과 연결된 기준을 명확히 하고, 예산 사용 내용과 성과 평가를 구성원 전체와 공유함으로써 목적성과 책임성을 강화할 수 있다. 공모형 예산, 성과 기반 평가 체계 등은 비인기 종목 특유의 제한된 자원을 더욱 효과적으로 활용할 수 있는 전략적 도구가 된다.

종합적으로, 본 연구에서 제시한 환경-사회-거버넌스 개선 방향은 특정 기관에 대한 비판적 접근이 아니라, 한국 동계스포츠 전체의 미래 경쟁력을 강화하기 위한 발전 지향적 제안으로 이해될 필요가 있다. 평창 트랙이라는 귀중한 동계스포츠 자산을 효과적으로 활용하고, 선수-지도자-지역사회-행정조직이 함께 성장하는 구조를 만들기 위해서는 단기적 대응보다 중장기적 안목에서 체계적인 로드맵을 마련해야 한다.

사례 3

배드민턴과 지속가능성: 세계배드민턴연맹의 ESG경영

김 소 영 (2020 도쿄올림픽 배드민턴여자복식 동메달리스트)

1. BWF의 ESG경영
2. 환경(Environment)
3. 사회(Social)
4. 거버넌스(Governance)
5. 결론 및 제언: 지속가능한 배드민턴을 위하여

1. BWF의 ESG경영

배드민턴 세계연맹(BWF)은 전 세계 배드민턴을 관리하는 국제기관이다. 이 기관은 배드민턴만 단순히 관리하는 조직은 아니고 대회를 여는 과정과 규칙 및 규정을 만들고 감독하기도 한다. 배드민턴이라는 스포츠가 우리 사회에 어떤 긍정적 영향을 줄 수 있는지, 또 긍정적인 영향을 주기 위해서는 어떤 노력을 해야 하는지에 대해 많은 고민을 하고 있고, 배드민턴이 앞으로도 더 많이 발전하기 위해 여러가지 노력을 하고 있다.

이때까지 BWF가 계속 견지하고 있는 원칙 중의 하나는 배드민턴은 누구나 쉽게 다가갈 수 있는 스포츠여야 한다는 점이다. 이런 생각을 가지고 BWF가 옛날부터 많은 프로그램을 만드는 시도를 계속해 왔기 때문에 지금 배드민턴이라는 스포츠를 누구나 경험할 수 있게 된 거 같다.

이러한 노력 덕분에 BWF가 중요하게 생각하는 포용이라는 가치 있는 활동도 지금 계속해서 실천하고 있다고 생각한다. 이 말은 다양한 배경을 가진 사람들이 배드민턴 때문에 한 공간에서 함께 어울리고 편견이 없는 문화를 만드는 것이 BWF에서 계속 추구하고 있는 방향이라는 것이다.

배드민턴이 경쟁 스포츠나 단순한 취미생활이 아닌 사회에서의 의미를 지닌 활동으로 자리를 잡아야지 사람들이 접근할 수 있는 접근성이나 특정 인물이 아닌 누구나 다 할 수 있는 포용성이 확대될 수 있다고 생각한다. 다시 말해, 배드민턴이 많은 사람들이 할 수 있는 스포츠라는 점을 인식시켜 우리 사회에서 좋은 영향을 끼칠 수 있는 중간역할로 자리매김을 해 주어야 한다.

BWF는 향후에도 배드민턴이 전보다 더 정확하고 공정하고 많은 사람들을 포용해서 계속 꾸준하게 발전해야 하는 스포츠가 되어야 한다고 생각하고 있다. 경기력만 단순하게 업그레이드시켜야 한다고 생각하지 않고, 배드민턴이 ESG인 환경적, 사회적, 거버넌스적으로도 모든 것을 담아내야 한다는 걸 계속 강조하고 있는 것이다.

이렇게 내세우고 있는 정책을 이뤄내기 위해서 두 가지 문서를 대표적으로 제시했다. 먼저 〈지속가능성 정책〉은 연맹이 무엇을 우선순위라 생각하고 기준점을 내고 있는지 얼마큼의 지속가능성을 바라보는지 배드민턴이라는 스포츠가 어떤 방향으로 나아가야 하는지, 그리고 그 과정에서 연맹이 어떠한 역할을 해나가야 하는지에 대한 큰 그림을 제시하는 문서다.

또 다른 하나의 문서인 〈지속가능성 실행계획〉의 초점은 그 원칙을 실제 사업과 운영 과정에 어떻게 적용할 것인지에 맞춘다. 각 분야에서 어떤 것에 목표를 두고 달성해야 하는지, 또 그 목표를 구체적으로 어떤 방식으로 측정하고 평가할 것인지를 단계별로 정리해 놓은 일종의 실행 로드맵이다. 다시 말해, 정책이 철학과 기준을 나타내고 있는 기본 틀이라면, 실행계획은 그 기본 틀에 내용들을 덧붙여 실제로 움직이게 만드는 실천 메뉴얼에 가깝다.

BWF는 이 두 문서를 통해 지속가능성을 그저 말로만 하고 끝내는 개념이 아니라, 실제로 조직의 운영이나 의사결정 안에서, 즉 거버넌스 안에 자연스럽게 포함되는 구조를 만들려는 듯하다. 다시 설명하자면, 큰 기본 틀만 세워놓고 멈추는 게 아니라, 그 방향을 조직 전체에 실제로 적용할 수 있도록 정확한 기준과 측정을 할 수 있는 목표들을 하나하나 마련하는데 더 집중하고 있다고 볼 수 있다.

지금 이 실행계획은 거의 마무리하는 단계에 와 있고, 각종 사업이나 BWF에서 하고 있는 운영 활동이 환경이나 사회에 어떠한 영향을 주는지를 자세히 하나씩 살펴보는 작업을 하는 상황이다. 연맹은 현실적으로 이룰 수 있는 목표를 세우고, 무리하지 않으면서도 실행할 수 있는 균형 잡힌 방안을 만들어서 배드민턴사회 전체에 긍정적인 변화와 움직임이 퍼지도록 하겠다는 의지를 보여주고 있다.

BWF는 이런 과정을 거쳐 지속가능성을 그냥 말로만 하는 주장이 아니라, 실제 조직을 이끌어가는 데 중요한 원칙처럼 자리 잡게 하려는 것 같다. 그리고 앞으로는 구체적인 방향이나 목적을 바탕으로 성과를 어떻게 평가하고 보고할지까지 정리된 체계를 마련하려는 움직임도 보인다.

하지만 모든 게 생각처럼 완벽하게 흘러가는 것은 아니었다. BWF가 아직 ESG 중 환경에 속한 부분인 국제적인 기후대응 협약이나 네트워크에 공식적으로 참여하고 있지 않다는 점이다. 유엔 기후변화협약(UNFCCC)에서 운영하는 스포츠 기후행동 프레임워크에는 많은 국제스포츠 단체들이 탄소중립을 향한 공동 실천을 약속하며 이름을 올리고 있지만, 그 목록 안에서 BWF는 찾아볼 수 없다. 공식 홈페이지나 보도자료를 살펴봐도 해당 협약에 가입했다는 내용은 전혀 언급되지 않고 있다. 이런 상황을 놓고 보면, BWF는 당분간 외부 활동보다는 내부 활동에서 정책을 다듬고 기본 틀을 세우는 데 더 무게를 두고 있는 것으로 해석이 가능하다.

하지만 2025년 이후에 이 실행계획이 잘 진행되어서 내부 운영이 잘 돌아가게 되고, 어느 정도 성과를 관리하는 시스템이 자리를 잘 잡게 되면 BWF가 지금 참여하고 있지 않은 국제 협약에 관심을 보이고 다른 글로벌 스포츠 단체들과 손을 잡을 가능성도 충분히 있어 보인다. 현재는 내부 규정이나 구조를 먼저 정비하는 데 집중하고 있는 상황이지만, 앞으로는 기후나 환경과 관련된 더 큰 범위의 활동에도 참여할 여지가 충분히 열려 있다고 생각된다.

결국 배드민턴의 경기력 향상만 신경 쓰는 게 아니라 사회적 책임이나 환경적인 부분에서도 의미 있는 역할을 할 수 있는 형태로 발전하는 것이 BWF가 원하는 방향인 듯하다.

앞으로의 세대를 생각한 균형 있는 발전이나, 누구나 쉽게 참여할 수 있는 환경, 그리고 조직이 책임 있게 운영되는 구조 등을 중요한 가치로 두고, BWF가 계속 추진하는 것은 배드민턴이 단순한 스포츠를 넘어서 지속가능한 국제 종목으로 자리 잡을 수 있도록 노력하는 것과 우리 후세대를 생각한 발전이나 누구나 쉽게 참여할 수 있는 환경을 만드는 것, 그리고 조직이 책임 있게 운영되는 구조를 중요한 가치로 두는 것이라고 보면 될 것 같다.

2. 환경(Environment)

가. 지속가능한 대회의 현실적 모델: 그린 배드민턴 이니셔티브

BWF가 추진하고 있는 그린 배드민턴 이니셔티브는 단순한 캠페인이 아니라, 연맹의 효율적인 시스템과 전 세계에서 열리는 국제 배드민턴 대회에서 나오는 환경적 부담을 최대한 줄이기 위한 종합적인 지침이자 실행 프로그램에 가깝다. 이 이니셔티브는 각 대회를 주관하는 나라에게 폐기물을 관리하는 방식이나 순환 경제 도입, 탄소배출을 줄이는 것과 같은 구체적인 환경 목표를 제시하면서, 지속가능한 형태의 대회를 규정이나 제도적으로 받아들이게 하는 것에 초점을 두고 있다.

대표적인 사례로 국제 배드민턴 대회 중 하나인 스위스오픈을 지속가능한 스포츠 대회의 운영 모델로 볼 수 있다. 이 대회는 선수단의 이동 거리를 최소화시키기 위해 경기장과 숙소를 도보 이동이 가능할 만큼 가까이 배치해 두었다.

스위스 바젤 내에서 경기를 보고 싶으면 트램과 버스 같은 대중교통을 이용하면 쉽게 보러올 수 있는 구조를 갖추고 있어서, 버스를 대절할 필요 없이 교통 부문에서 나오는 탄소배출을 자연스럽게 줄이고 있다.

또 방학 기간에 스위스오픈 대회를 열어 학교 체육관을 경기장으로 활용하고 있었

출처: https://baselundregion.ch/

그림1 · 스위스오픈 경기장에서 경기하는 선수들의 모습

고, 학생 기숙사를 선수단 숙소로 제공하며 운영했는데, 이는 경기장 밖의 호텔을 숙소로 사용하지 않아 짧은 이동 거리로 탄소배출 절감, 기존 인프라의 재활용 운영 방식이 지속가능한 스포츠 이벤트의 모범적 모델로 평가되었다.

또 바젤市는 도시 방문객에게 호텔 체크인 시 Basel Card를 나누어 주어 바젤에 있

출처: https://stjakobshalle.ch/

그림2 · 대중교통을 이용해 바젤시 경기장 오는 방법을 설명하는 지도

는 동안 시내의 대중교통을 무료로 이용할 수 있도록 하였다. 바젤시에서 열리는 다른 국제 행사들도 티켓 소지자에게 무료 이용 혜택을 제공하고 이동 편을 늘리는 등 바젤시 전체가 대중교통 사용 운영을 잘하고 있는 도시임을 확인할 수 있었다. 이러한 정책적 환경 속에서 스위스오픈도 자연스럽게 대중교통 중심의 대회 구조를 유지하고 있었다.

스위스에서 경험한 학교 체육관과 기숙사를 활용한 사례는 다른 나라에서 열린 국제 배드민턴 대회에서도 찾아볼 수 있었다. 라트비아에서 열린 Liepaja U17 국제대회는 경기장으로 사용되는 스포츠홀과 1km 이내에 위치한 학교 기숙사를 선수단 숙소로 제공했다. 기숙사 비용도 호텔을 사용했을 때 보다 비교적 낮은 금액으로 책정되어 있어서 운영 비용을 줄이고, 경기장과 숙소 사이의 이동 거리를 최소화하여 교통에 따른 에너지 소비를 크게 줄이는 방법을 사용하고 있었다. 이는 지역사회의 공공 교육시설을 활용한 지속가능한 스포츠 이벤트 운영의 대표적인 예시라 할 수 있다.

뉴질랜드에서도 비슷한 사례가 확인되었다. 오클랜드의 AUT Millennium 스포츠 단지는 스위스오픈과 같이 경기 시설과 숙소가 한 캠퍼스 안에 있어 학생·청소년 배드민턴 대회 참가자들이 차량 없이 이동할 수 있는 환경을 제공하였다. 숙소에서 경기장까지 걸어서 이동하는 것은 선수들의 동선을 편하게 하기도 했고 대회 운영에서 교통자원을 최소화한 효과를 가져오게 된다.

유럽에서 많이 보이는 이 운영체제들은 규모와는 상관없이 지속가능한 스포츠 이벤트 운영에 걸맞은 전략으로 평가된다.

나. 2025 수원 코리아오픈의 'ESG Campaign'

그린 배드민턴 이니셔티브 사례는 한국에서도 찾아볼 수 있다. 스포츠 대회 현장에서 가장 흔하게 보이는 모습이 선수들이 땀을 흘린 후 물을 마시는 장면이다. 수많은 국제대회에서 선수와 관계자들의 편의를 위해 무제한으로 제공되던 일회용 생수병은 스포츠계에서 오랫동안 흔하게 찾아볼 수 있는 것 중 하나였다. 그런데 2025

출처: 대한배드민턴협회 인스타그램

그림3 • 코리아오픈 ESG 캠페인 포스터(2025 수원 대회에 공급된 다회용 물병)

년 9월 수원체육관에서 열린 '2025 수원 빅터 코리아오픈 배드민턴선수권대회'에서는 일회용 생수병을 줄이기 위해 새로운 방법을 하나 꺼내 들었다. 바로 다회용 물병을 나눠준 것이다. 이번 대회의 핵심적인 환경 경영 사례로, 플라스틱 사용량을 줄이기 위한 행동에 나선 것이다. 조직위원회는 대회 기간 동안 선수단과 임원진에게 일회용 페트병 생수를 지급하던 기존 방식을 전면 중단했다. 이것은 바로 국제대회 기간 중 수천, 수만 개의 플라스틱 생수병이 발생시키는 탄소배출과 폐기물 문제를 더 이상 못 본 척하지 않겠다는 의지가 담긴 활동이었다. 이 행동은 그냥 쓰레기를 잘 치우고 분리수거를 잘하자는 지침을 넘어 폐기물 발생 원인을 아예 차단해보자는 감축 전략을 적극적으로 채택했음을 의미한다.

다회용 물병과 급수 시스템인 정수기를 설치하고 생수병을 나눠 주지 않는 등 조직위원회는 지속가능한 대안을 제시했다. 이것은 순수하게 플라스틱 생수병을 줄이고 탄소배출을 줄이기 위한 목표이자 지속가능한 환경적 움직임이었다. 2025 수원 코리아오픈의 사례는 대규모 국제스포츠 행사에서도 플라스틱 Free가 충분히 실현될 수 있다는 것을 증명했다. 이번 사례는 앞으로 개최될 다양한 스포츠 대회가 실행해야 할 친환경 운영의 모범적 사례였다는 것에 있어 의미가 컸다.

다. 에어배드민턴(AirBadminton): 혁신을 통한 환경적·사회적 솔루션

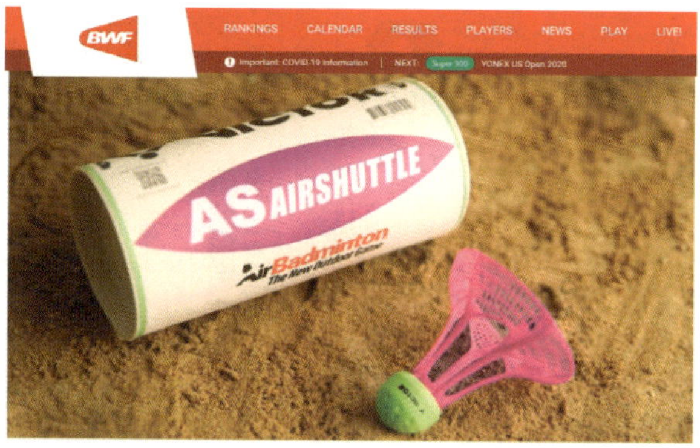

출처: BWF

그림4·에어셔틀

BWF가 거의 5년 동안 연구한 결과 야외형 배드민턴 종목인 에어배드민턴을 완성했다. 에어배드민턴은 배드민턴이 환경적으로 지속가능성을 높이는 데 중요한 역할을 하고 있다. 왜냐하면 온도나 습도, 또 가벼운 셔틀콕 때문에 에어컨 바람 같은 요소들의 영향을 많이 받기 때문에 기존 배드민턴은 그 영향을 좀 덜 받는 실내체육관이 필요하다. 그래서 BWF는 오랜 연구·개발을 통해 특수한 야외용 셔틀콕인 에어셔틀을 완성했다.

에어셔틀은 야외에서 플레이할 수 있게 만들어졌다. 모래, 잔디 등 다양한 야외에서 플레이가 가능하고 야외에서 부는 바람의 영향을 최소한으로 받는 구조와 내구성 향상의 특징을 가지고 있다. 실외 공간인 공원, 해변, 학교 운동장 등 기존에 존재하는 야외 장소들에서 쉽게 접할 수 있게 되고, 체육관을 지을 때 들어가는 높은 비용, 환경 훼손 등이 많이 줄며, 실내체육관 운영에 필요한 냉난방, 조명, 환기 등 많은 에너지 의존도를 크게 줄이게 된다. 이는 환경적으로 스포츠 활동을 확장 시키는 기반을 형성해, 개발도상국과 같은 나라에서도 공공장소만 있다면, 큰 부담 없이 배드민턴을 즐길 수 있는 접근성이 많이 개선되는 좋은 효과를 얻기도 했다.

이 기술의 등장으로 배드민턴이 실내 환경에서만 할 수 있다는 편견을 넘어 야외에서도 즐길 수 있는 스포츠로 거듭나며 환경적 지속가능성으로 이어질 수 있는 발판을 마련한 셈이다. 더 나아가 환경과 사회의 문제를 한 번에 해결할 수 있다는 가능성도 엿볼 수 있었던 대표적 사례이기도 하다.

라. BadmintONEarth: 환경을 위한 선수들의 움직임

BWF의 활동과 더불어 배드민턴계에서는 다양한 기후행동이 이뤄지고 있다. 독일의 배드민턴 국가대표 선수였던 Kai Schafer, Miranda Wilson 등이 설립한 'Badmint ONEarth'라는 단체는 배드민턴 스포츠를 통해 기후변화대응 및 지속가능한 발전을 추구하는 다양한 프로젝트를 진행하고 있다. 이들은 배드민턴이 단지 경기 스포츠에 그치지 않고, 환경·사회적 영향력을 가진 플랫폼이 될 수 있다고 인식한다. 이 단체는 "One Sport-One Earth"라는 슬로건을 내세우며, 배드민턴 커뮤니티가 기후위기 시대에 함께 행동할 수 있도록 촉구한다. BadmintONEarth는 2021년경 독일에서 사회적·지속가능한 기후 프로젝트로 창립되었다.

출처: BadmintONEarth 인스타그램

그림5 · BadmintONEarth 로고

이 단체에서 실천했던 대표적 사례로는 2021년에 시작한 뱅카나 프로젝트가 있다. 콩고지역의 뱅카나는 전기, 식수 등 기본 자원이 부족하고 교육 환경 또한 열악한 지역이었다. 여기서 이뤄진 뱅카나 프로젝트는 배드민턴 선수들과 팬, 그리고 여러 파트너 기관이 함께 참여한 기후행동 캠페인으로, 스포츠 활동에서 생기는 탄소배출을 없애고 그 지역사회에 긍정적인 영향을 끼치겠다는 목표로 시작되었다. 그곳에서 BadmintONEarth는 나무 심기 활동을 먼저 시작하였는데, 나무를 심음으로써 미래의 기후변화에 대응하고 산림을 만들어 탄소 흡수를 확대하는 등 지속가능성의 개념을 생활 속에서 느낄 수 있게 만들었다.

그 지역의 학생과 주민들이 직접 참여하도록 했고, 지역 교사와 학생들은 함께 나무를 가꿔 그 과정을 하나의 교육 활동으로 만들었으며, 주민 중 일부를 나무를 관리하는 사람으로 교육해 지속적으로 관리가 이뤄지게 했다. 이는 환경을 보호하는 활동을 곧 교육, 학습의 기회를 경험할 수 있게 해주는 좋은 교육과정으로 발전했다. 또한 뱅카나 학교 건물의 벽과 지붕이 제대로 갖춰져 있지 않아서 건물 건축과 교실 건축을 지원했고, 전기가 없는 곳에서도 조명을 사용할 수 있게 태양광 시스템을 설치해 학생들이 공부를 할 수 있는 환경을 만들어 교육 프로젝트로도 발전시켰다.

더불어 앞선 프로젝트를 더 발전시켜 나무 심는 것 외에도 두 개의 우물을 설치하였다. 이 우물은 태양광 에너지를 사용해 작동되도록 만들어서 지속적인 물 공급을 가능하게 하여, 학교와 지역 주민 모두가 안정적으로 식수와 생활용수를 사용할 수 있게 되었다. BadmintONEarth는 배드민턴을 매개로 환경과 교육, 복지의 가치를 연결했고, 지속가능성을 구호가 아닌 실천으로 구현했다.

이 사업의 성공적인 성과는 수치만 들여다봐도 알 수 있다. 2022년 1월까지는 약 939그루의 나무가 뱅카나에 심어졌으며 이후 2023년 5월까지 약 3,400그루 이상의 나무가 심어지게 되는데 면적으로 따지면 이는 배드민턴 경기장 약 170면에 해당하는 크기였다. 또 선수들의 기부금과 독일 비영리단체 'Sports for Future'의 매칭 펀드를 통해 사업 자금이 마련되었는데 모금된 금액은 총 5만 유로 이상으로, 이 자금들은 태양광 장비와 식수 공급 시스템 설치에 사용되기도 했다.

출처: BadmintONEarth 공식홈페이지

그림6 · 뱅카나 지역 아이들이 나무를 심는 모습

이 기관에서 시작한 뱅카나 프로젝트는 나무를 심는 활동 자체가 기후변화 대응의 상징적인 행동이 되기도 했고, 학생들이 직접 참여하면서 기후행동이 어떤 의미인지 몸으로 느껴볼 수 있었다.

또 태양광 발전을 통한 식수 제공은 지역 주민에게 큰 도움이 된 것도 이 프로젝트의 중요성을 느끼게 해 주었다. 이는 단지 환경보호 캠페인이라기보다는 스포츠가 지역사회와 함께 지속가능한 변화를 만들어 낼 수 있다는 걸 보여주는 사례로 생각된다.

결국 이 프로젝트는 스포츠가 사회적 책임을 다하는 방법을 보여주는 모범적인 예라고 할 수 있다. BadmintONEarth는 배드민턴을 매개로 환경과 교육, 복지의 가치를 연결했고, 지속가능성을 구호가 아닌 실천으로 구현했다. 이러한 시도는 앞으로 국제스포츠 조직들이 ESG와 지속가능성을 실현하는 데 참고할 만한 구체적 모델로 평가되고 있다.

BadmintONEarth는 스포츠가 만들어내는 폐기물 문제를 실질적으로 해결하기 위해 재활용 및 자원 순환 프로젝트라는 환경 캠페인을 시작했다. 배드민턴 경기에서 사용되는 장비들은 대부분 플라스틱, 합성섬유, 탄소 소재 등으로 재활용이 어려운 소재들을 사용한다는 점에 주목하면서 이 프로젝트를 시작했다. BadmintONEarth는 배드민턴 장비가 폐기물로 버려지는 것을 막기 위해 새로운 자원으로 순환시키는 구조를 만드는 것을 문제해결의 목표로 삼았다. 독일과 유럽을 중심으로 2022년부터 배드민턴 장비의 폐기량을 조사하고 효율적으로 재활용하고 수거할 수 있는 체계를 구축하기 위한 실험적 단계인 'Recycling Pilot Project'를 추진했다. 약 35톤의 셔틀콕과 약 11,500킬로미터 길이의 스트링이 독일 내에서만 매년 폐기되는 것으로 추산된다고 BadmintONEarth 공식 홈페이지는 전한다. 배드민턴은 겉보기에는 친환경적인 실내 스포츠로 보이지만 실제로는 방대한 양의 플라스틱 폐기물을 배출하고 있다는 것을 보여준다. BadmintONEarth는 이 폐기물 문제를 해결하기 위해 지역 배드민턴 클럽과 협력하여 폐장비를 수거할 수 있는 수거 시스템을 만들었다. 각 클럽에 전용 수거함을 배치하고 라켓, 끊어진 스트링, 낡은 셔틀콕 등을 모아서 재활용 전문 파트너에게 전달했다. 독일에서는 환경 스타트업 Relix가 파트너로 참여했고, 부러진 라켓을 재가공해 팔찌, 키링, 인테리어 소품 등 업사이클링 제품을 만들었다.

Compo'Plume라는 프랑스의 친환경 스타트업은 폐기물이 된 셔틀콕의 깃털과 플

출처: BadmintONEarth 인스타그램

그림7 • 배드민턴 관련 장비를 액세사리로 만든 업사이클링 제품

라스틱 부분을 분리하여 가구용 복합 소재인 방음 패널로 활용하는 연구를 진행했다. 이러한 노력은 스포츠 장비 폐기물을 쓰레기로 처리하는 것이 아니라 새로운 형태로 만들어 사회에 환원하는 선순환 구조를 만들어냈다. 또한 배드민턴 클럽과 팬들의 참여를 유도하기 위해 "Trash Talk" 캠페인을 시작했다. 이 캠페인의 목적은 "라켓을 버리지 말고, 다시 생명을 주자(Don't Trash Your Racket, Give It a Second Life)"라는 메시지를 내세워 동호인과 선수들이 사용하지 못하는 라켓과 장비를 자발적으로 기부하게 유도하는 것이다. 이 캠페인은 SNS를 통해 진행되었고 팬들과 클럽의 참여를 중심으로 확산시키고 재활용품을 기부하면 명예 참여자 리스트에 이름이 오르는 방식을 통해 동기를 유발했다. 이 실험적인 프로젝트의 성과는 수치로도 확인된다. 2023년 5월 기준 90개 이상의 클럽이 참여했으며 기부금도 약 25,696유로가 모였다고 BadmintONEarth가 보고했다. 여기에 모인 금액과 같은

액수를 환경단체인 Sports for Future e.V.가 매칭 펀드로 지원하여 51,392유로의 예산이 조성되었고, 이 기금은 지역 커뮤니티 홍보 활동과 수거 시스템 확장, 재활용 파트너 협력 등에 사용되었다. 파일럿 단계 종료 이후 이 프로젝트는 BadmintONEarth가 직접 운영하는 중앙 집중형 구조에서 벗어나 자율적 확산 단계로 진입하였다. 클럽과 협회 차원에서 운영하는 방식으로 바뀌었고 각 지역 클럽이 수거 및 재활용을 자체적으로 할 수 있도록 네트워크 유지를 지원한다. 이 자원 순환 프로젝트는 환경 문제해결에 머무르지 않고 스포츠 산업 전반에 지속가능한 생산 및 소비 체계를 확립하는데 기여한다는 의미가 있다. Badmint ONEarth는 배드민턴 공동체가 소비자 역할을 넘어 생산적 참여자로 변화해야 한다고 주장하며 장비의 장기 사용과 수리, 재활용 문화가 책임있는 스포츠 미래를 만드는 첫 단계라고 말한다. 이들은 리사이클링을 기술적 절차에 그치지 않는 인식 전환의 과정으로 이해하며, 배드민턴이 더는 폐기물의 원인이 아니라 문제해결의 주체가 될 수 있음을 현실로 보여주고 있다. 결과적으로 BadmintONEarth의 재활용 프로젝트는 환경적 책임을 실천 가능한 조치로 발전시킬 수 있음을 잘 드러내는 모범적인 사례이다. 스포츠를 경기장 안팎으로 확장해 지속가능성을 실천한 이들의 접근은 앞으로 국제스포츠 연맹들이 참고할 만한 실질적 모델로 평가될 수 있다.

3. 사회(Social)

가. BWF, 스포츠의 포용적 가치를 실현하다

BWF는 다양한 사회공헌 활동 프로그램을 진행하고 있다. 그중 가장 핵심적인 프로그램은 셔틀 타임(Shuttle Time)으로 배드민턴을 어린아이부터 노인들까지 건강하게 즐길 수 있는 평생 스포츠로 인식하도록 유도하기 위해서 만들어졌다. BWF는 배드민턴을 전 세계 학교 교육의 체육 커리큘럼에 통합시키는 것을 목표로 셔틀 타임을 통해 교사의 역량 강화와 무료 학습자료 배포 및 장비 지원 등을 시행하고 있다. 셔틀 타임 프로그램은 구조적이고 확장 가능한 설계로 2024년 기준 140개국

출처: BWF 홈페이지

그림8 · 셔틀 타임 교육 사진

이상의 지역에서 성공적으로 적용되었다. BWF는 '티칭 더 티처(Teaching the Teacher)' 모델을 채택하여 막대한 자본을 투자하기보다는 현지 교사들의 역량을 강화시키는데 집중했다.

BWF는 2024년 7월 말레이시아 쿠알라룸푸르에 있는 한 학교에서 저소득층 아동을 대상으로 사회공헌형 배드민턴 코칭 클리닉을 진행했다는 내용을 발표했다. 이 프로그램은 BWF가 현지 파트너 기관과 함께 마련한 사회공헌 활동으로 참여 아동 수는 약 70명이다. 참여 아동의 대부분이 배드민턴을 처음 접하는 아동들이었지만 이번 활동을 통해 스포츠가 주는 자신감과 성취감을 느껴볼 수 있도록 하는 데 중점을 두었다고 한다.

아동들의 지도는 BWF의 인증을 받은 코치와 셔틀 타임 교사 10명이 투입되어 가장 기초적인 기본기부터 지도했다. 참가자들은 전문가에게 단계적으로 기초를 배우며 배드민턴에 대한 흥미도를 높였고. 지도자들은 라켓을 올바르게 잡는 방법과 셔틀콕을 정확하게 타격하는 감각을 익히는 방법을 지도하며 배움의 즐거움을 체험하게 했다. 단순히 배드민턴 기술 교육을 넘어 협동심과 존중, 그리고 규칙을 지키고 배려하는 태도의 중요성을 함께 강조하여 스포츠의 사회적 가치를 배드민턴 지도를 통해 전달했다. 이 행사를 통해 BWF는 배드민턴이 단순한 경쟁 스포츠를 넘어 교육적이고 사회적인 역할을 수행하는 포용적 플랫폼으로 확장될 수 있음을 입증하는 계기가 되었다. BWF의 핵심 비전인 "모든 어린이에게 평생 배드민턴을 즐길 수 있는 기회를 주자"를 바탕으로 경제적·환경적으로 어려움을 겪는 아이들에게 배드민턴을 통해 자신을 표현하는 자신감을 키우고 나아가 성취를 경험할 수 있는 기회를 제공했다. 이 행사는 일회성이 아니라 지속가능한 참여 기반을 만드는 데 초점을 두었다. BWF는 아이들이 행사가 끝난 뒤에도 꾸준히 배드민턴을 할 수 있도록 각 학교에 배드민턴 스쿨 키트를 전달했다. 이 키트 안에는 배드민턴을 즐길 수 있는 용품인 라켓 20자루, 나일론 셔틀콕 6통, 배드민턴 네트 2개, 그리고 라켓 가방 1개가 포함되어 있었다. 이 키트를 가지고 학교가 자체적으로 배드민턴 수업과 방과 후 활동을 이어갈 수 있도록 지원했다. 이 프로그램은 단순히 스포츠를 체험하는 데서 그치는 것이 아니라 배드민턴을 통해 지역사회 아동들의 사회적 통합과 건강 증진에 기여했다는 점에서 큰 의미가 있다. 또한 이번 활동은 BWF가 지속가능성과 사회적 책임을 조직 운영의 핵심 가치로 삼고 있다는 사실을 잘 보여주는 사례이기도 했다.

나. 스포츠 동반자 프로그램: 대한배드민턴협회의 개발도상국 역량강화 지원

BWF 셔틀 타임 프로그램과 더불어 대한배드민턴협회도 다양한 프로그램을 진행하고 있다. 대한배드민턴협회는 스포츠 개발도상국과의 우호 증진 및 스포츠 저개발 국가의 역량 강화를 지원하기 위해 캄보디아에 지도자 파견 및 경기용품 지원 사업을 추진했다. 이 사업은 대한체육회의 국제교류협력사업인 '스포츠동반자 프로그램'의 일환으로 진행되었으며, 대한배드민턴협회는 캄보디아 국가대표 선수단을 지도하기 위해 한국의 우수 지도자를 현지에 파견하고 배드민턴 용품을 지원했다.[1] 파견된 지도자는 2022년 10월부터 캄보디아 선수들을 지도해 왔으며 우수한 지도자의 지도를 받은 캄보디아 선수단은 기술·체력·정신력 부문에서 눈에 띄는 향상을

1) https://www.maniareport.com/

출처: 저자 촬영

그림9 · 대한민국 지도자가 캄보디아 선수들 훈련시키는 모습

보였다고 평가되었다.[2] 캄보디아 협회는 “한국 지도자의 지도로 선수들이 급성장했다”라는 감사의 뜻을 표했으며, 실제 캄보디아가 자국 배드민턴 역사상 처음으로 2023년 동남아시안게임 혼합단체전에서 금메달을 획득했다는 성과가 이 사업의 긍정적 결과로 언급되었다. 경기용품 지원도 함께 이루어졌는데, 이번 지원에는 대한배드민턴협회가 문화체육관광부, 국민체육진흥공단 등 후원 기관과 함께 ‘최상급 라켓 44자루’ 등의 용품이 포함됐다. 해당 사업은 지역 선수를 직접 지도·지원함으로써 단순 원조가 아니라 역량 강화를 목표로 한 ‘파트너십형 스포츠외교 프로젝트’로 볼 수 있으며, 캄보디아 선수단의 성과 향상을 통해 그 효과성이 일정 부분 입증된 것으로 평가된다.

2) https://www.nocutnews.co.kr/news/

4. 거버넌스(Governance)

가. BWF의 공정 운영: 신뢰를 구축하는 내부 시스템

BWF는 국제스포츠 기구로서 투명하고 공정한 거버넌스를 실현하기 위체 체계적인 의사결정 구조를 만들어왔다. BWF의 최고 의사결정 기구는 연례총회(Annual General Meeting, AGM)로서, 각 회원국 대표들이 모여 예산, 이사회 선거 등 BWF의 주요 사안을 논의하고 결정한다. BWF의 의사결정 과정이 폐쇄적인 내부 절차가 아닌 공개적이고 책임 있는 방식으로 이뤄지는 것을 목표로 총회를 통과한 규정들은 'BWF Statutes'로 공개되고 누구나 찾아볼 수 있다. 이는 BWF가 국제연맹으로 투명성을 확보하고 모든 이해관계자에게 신뢰할 수 있는 연맹임을 인지할 수 있게 한다.

BWF의 집행기관인 이사회는 연맹의 전략과 정책을 결정하는 중심축이다. 회원국이 선출한 대표들로 구성된 이사회는 2020년 이후 남녀 각각 최소 30%의 비율을 의무화함으로써 성평등과 대표성의 균형을 제도적으로 확보했다.[3] 또한 공정한 선거를 위해 모든 후보자는 선거 후보자 행동강령을 따라야 하며, 이해충돌 발생 시 이를 신고하도록 규정되어 있다. 이러한 장치는 단순한 형식적 규범을 넘어 의사결정의 정당성과 공정성을 실제로 담보하는 제도적 기반으로 작동한다. BWF는 배드민턴 윤리 강령(Badminton Code of Ethics), 경쟁 조작 방지 규정(Code on the Prevention of the Manipulation of Competitions), 성평등 및 다양성 정책(Gender Equity and Diversity Policy), 안전보호 정책(Safeguarding Policy) 등 다양한 규정과 정책을 통해 BWF의 지속가능성 전략을 이행하는 기반을 마련하고 투명성, 정직성, 책임성을 보장하기 위해 힘쓰고 있다.

또한 과도기적 트랜스젠더 정책(Interim Transgender Policy)을 통해 성전환 선수의 대회 참여에 대한 가이드라인을 제시하여 포용적인 스포츠 환경을 조성하기 위해 노력하고 있다. 이와 더불어 선수의 참여를 보장하기 위해 선수위원회

3) Transgender Interim Policy approved by BWF Council, BWF Corporate, 2023.11.17.

Position	Candidates	Votes Received
1	Iris Wang (USA)	136
2	Greysia Polii (Indonesia)	126
3	Kim Soyeong (Korea)	120
3	Pusarla V. Sindhu (India)	120
5	Robin Tabeling (Netherland)	113
6	Zheng Siwei (China)	111

출처: BWF 홈페이지

그림10 · 2021-2025까지 활동하게 된 선수 위원회 명단

(Athletes' Commission)를 운영하고 있다. 선수위원회는 선수들의 직접 투표로 구성되며, 위원장은 자격심사를 거쳐 이사회 정식 구성원으로 참여한다. 이 구조를 통해 선수들은 단순히 의견을 전달하는 수준을 넘어 정책 결정 과정에 실질적으로 관여하고 투표권을 행사한다. 이는 "스포츠의 주체인 선수가 직접 목소리를 낼 수 있는 구조"라는 점에서 BWF 거버넌스의 포용성과 민주성을 상징적으로 보여준다.

BWF는 조직의 공정성과 독립성을 확보하기 위해 외부 감시 체계도 운영한다.[4] '독립 자격심사위원회(Independent Vetting Panel)'는 모든 주요 보직 후보의 적격성을 심사하고 독립 청문 패널은 윤리 및 규정 위반 사안을 심리하며 필요한 경우 국제스포츠중재재판소에 항소할 수 있도록 절차를 마련했다. 이와 더불어 BWF는 회의 결과와 주요 결정 사항을 'Key Decisions'로 공개하며, 모든 규정과 윤리 강령을 온라인에서 상시 열람할 수 있도록 하고 있다.[5] 이러한 체계는 BWF의 의사결정이 내부적 이해관계나 정치적 영향력에 좌우되지 않도록 방지하며, 투명성 · 참

4) Badminton World Federation(BWF), "Independent Vetting Panel & Independent Hearing Panel," BWF Corporate Website, accessed December 10, 2025.

5) Badminton World Federation(BWF), "Key Decisions," BWF Corporate Website, accessed December 10, 2025.

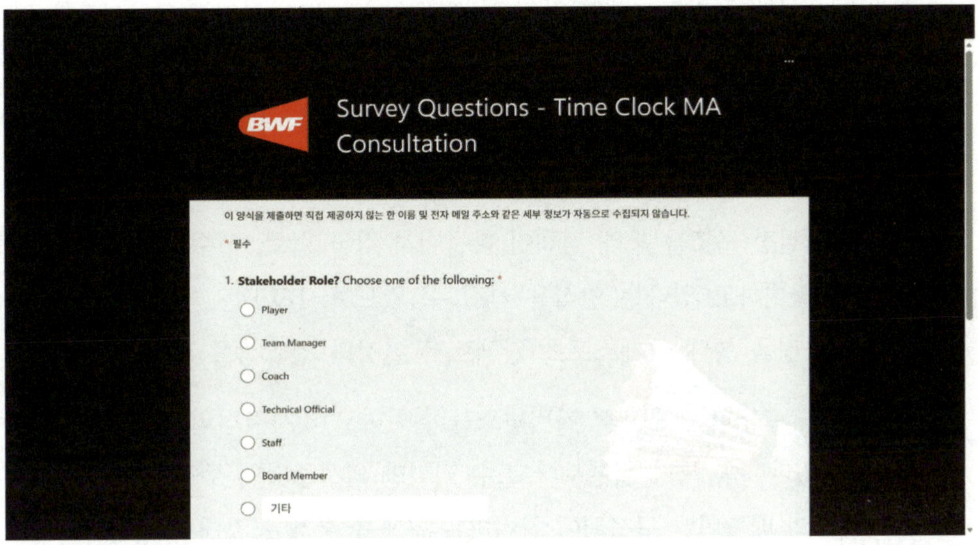

출처: 저자 캡쳐 사진

그림11 · 이해관계자에게 의견을 수립하기 위해 만든 설문조사의 링크 일부

여 · 독립성이라는 세 가지 원칙을 기반으로 한 공정한 거버넌스의 모델을 제시하고 있다.

나. 정책 변화의 동력: 이해관계자 의견수렴 절차

BWF는 경기 규정, 선수 복지, 개발 지원, 그리고 제도 개편과 같은 주요 정책을 수립할 때마다 선수, 코치, 회원국 협회, 대륙연맹, 그리고 이벤트 운영 관계자 등 다양한 이해관계자의 의견을 수집하고 정책 설계 시 이를 반영한다. 특히 경기 운영 방식이나 지원금 배분 체계와 같이 회원국 전체에 영향을 미치는 사안에서는 회원협회 대상 설문조사를 실시하고, 새로운 경기 규정의 시범 도입을 검토할 때는 선수 · 코치 · 심판 등 현장의 의견을 반영하는 방식을 진행한다. 정책 수립과 규정의 개정을 내부 절차만으로 결정하지 않고 이해관계자들의 다양한 의견을 수렴하는 절차를 체계적으로 운영하고 있다. 이런 의사결정 절차는 많은 이해관계자가 의사결정에 참여하고 투명성을 실현하는 BWF의 거버넌스를 구축하는 데 중요한 역할을 한다. 주요 제도 변경이나 새로운 경기 규칙 도입을 앞두고 이해관계자 컨설테이션이라는 공식 절차를 공지하고 설문조사나 온라인 의견 제출 등을 통해 다양한 의견을 받는다. 이런 의견수렴 과정은 단순한 의견 청취가 아니라 제도 시행 전후로 반복적인 피드백이 진행된다는 점에서 실질적인 참여형 의사결정 구조로 평가할 수 있다.

상향식 의사결정 구조를 통해 정책이 다듬어져 각국 협회, 선수들이 스스로 의사결정 과정에 참여하고 있다는 인식을 가질 수 있으며, BWF는 이해관계자의 의견을 수렴하는 과정을 통해 국제스포츠 단체로서 결정의 정당성을 확보한다.

이는 BWF가 추구하는 포용적 거버넌스를 실현하고 의사결정의 공정성과 투명성을 확보할 수 있다. 즉, 특정 집행부나 소수 리더만 의사결정의 주체가 되는 것이 아니라, 전 세계의 배드민턴 구성원이 참여하는 구조를 통해 공감대를 형성하는 것이다. 설문조사, 토론, 피드백 수집 등 다양한 형태의 참여가 실제 의사결정에 영향을 미치는 공정하고 투명한 의사결정 문화를 정착시키는 발판이 될 수 있으며, BWF의 의견수렴 절차는 국제연맹으로서의 신뢰성 강화와 함께 정책의 질적 완성도를 높이는 수단의 역할을 한다.

5. 결론 및 제언: 지속가능한 배드민턴을 위하여

지금까지 BWF의 ESG경영과 전 세계의 배드민턴 이해관계자들이 ESG경영을 위해 실천해 온 여러 활동들을 살펴보았다. 배드민턴은 단순한 스포츠를 넘어 환경을 보호하고 사회적 포용을 실천하며 투명하고 공정한 거버넌스를 구축하기 위한 구체적인 활동들을 시작했다. 친환경 대회 운영을 위한 '그린 배드민턴 이니셔티브', '셔틀 타임'을 통해 모두에게 제공되는 교육 기회, 공정성과 투명성을 보장하는 이사회 구성 등을 통해 배드민턴계가 지속가능성을 필수로 받아들이고 있음을 알 수 있다. 그러나 이러한 성과들이 진정한 지속가능한 변화로 안착하기 위해서는 몇 가지 과제와 나아가야 할 방향이 분명히 존재한다.

먼저 환경 분야에서 지속가능성을 위해 수립된 정책과 실행계획을 신속하게 전 세계로 확산시켜야 한다. 앞서 살펴본 사례와 같이, BWF는 기후행동을 위한 정책적 기반을 마련하고 구체적인 목표를 담은 '지속가능성 실행계획(Sustainability Action Plan)'을 만들어가는 과정에 있다. 중요한 것은 계획을 수립하는 것 자체가 아니라, 그 내용이 현장에 얼마나 빠르고 효율적으로 적용되는가이다. 이를 위해서 BWF는 구체적인 실행계획을 신속하게 공개하고 BWF 회원국들과 각 국제대회 조직위원회에 적극적으로 홍보해야 한다. 또한 구체적인 실행계획들이 실제 경기장과 훈련장에 적용할 수 있는 탄소배출 감축 가이드라인으로 작동할 때 기후위기에 대응하는 실질적인 주체가 될 수 있다.

다음으로 'BadmintONEarth' 등 민간단체가 주도적인 기후행동과 자원 순환 프로젝트 등 창의적이고 실천적인 프로젝트들을 진행하고 있다. BWF는 민간 차원에서 진행되고 있는 혁신적인 환경 프로젝트들을 적극적으로 벤치마킹하고 세계적인 영역으로 확장해야 한다. BWF는 민간에서 진행되는 다양한 프로젝트들이 소규모 캠페인에 머무르지 않고 전 세계적으로 영향력을 만들어낼 수 있는 대규모 프로젝트로 확장할 수 있는 플랫폼이 되어야 한다. 전 세계의 배드민턴을 관장하는 기관인 만큼 BWF가 가진 행정력과 네트워크가 민간의 아이디어와 결합한다면 폐기물 재활용이나 탄소 상쇄 숲 조성과 같은 프로젝트 등은 더 큰 효과를 낳을 수 있을 것이다. 따라서 BWF는 민간단체들과 파트너십을 강화하고 민간에서 검증된 프로젝트들을 공식적이고 세계적인 캠페인으로 확대하는 방안을 적극적으로 검토하고 추진해야 한다.

거버넌스 측면에서는 이해관계자와의 소통을 경청을 넘어 설명의 단계로 발전시켜야 한다. BWF는 다양한 이해관계자의 의견을 수렴하는 절차를 갖추고 있다. 이해관계자들로부터 수렴된 의견이 실제 정책 결정 과정에서 어떻게 다루어지고 어떤 논의가 있었는지 확인할 수 있는 피드백 절차가 필요하다. 이해관계자들이 낸 의견이 정책에 반영되었다면 어떤 과정을 통해 반영되었는지, 반영되지 않았다면 그 이유가 무엇인지, 이와 관련해 어떤 대안이 논의되었는지 등을 확인할 수 있는 창구를 마련해야 한다. 이런 창구가 마련된다면 BWF의 의사결정에 대한 신뢰도를 높이고 배드민턴 구성원들이 단순한 참관인이 아니라 실행되는 정책의 공동 생산자라는 인식을 심어주는 중요한 요소가 될 것이다.

마지막으로 '지속성'을 강조하고자 한다. 위에서 소개한 2025 수원 코리아오픈의 플라스틱 감축 활동이나 캄보디아 지원 사업 등 현재 진행되고 있는 활동들이 일회성 이벤트로 끝나서는 안 된다. BWF와 배드민턴계가 실천하고 있는 모든 활동을 보여주기식 행사로 끝날 것이 아니라 계속해서 이어지는 문화로 만들어야 한다. 지속가능한 배드민턴이라는 목표를 향한 배드민턴계의 노력도 계속되어야 한다. 환경적 책임, 사회적 포용, 투명한 운영이 어우러진 셔틀콕의 비행이 미래 세대에게 희망이라는 득점을 안겨주기를 기대해 본다.

사례 4

지속가능한 빙상스포츠를 향한 전환: 빙상계의 ESG 생존전략

이 정 수 (2010 밴쿠버 동계올림픽 금메달리스트)

1. 서론: 기후위기와 빙상스포츠의 존재론적 도전
2. 현황(Descriptive): 빙상스포츠가 직면한 현실과 위기
3. 성과(Normative): ESG 각 분야의 혁신과 가치 창출
4. 한계(Limitations): 이상과 현실의 간극
5. 개선 방향(Prescriptive): 지속가능한 미래를 위한 제언
6. 결론: 얼음은 기술로, 종목은 책임으로 유지된다.

1. 서론: 기후위기와 빙상스포츠의 존재론적 도전

가. 역설의 스포츠, 빙상

빙상(Ice Skating)은 태생적으로 '추위'라는 자연환경에 빚을 지고 있는 스포츠다. 얼어붙은 호수와 강 위에서 스케이트를 지치던 초기 형태에서 출발한 이 종목은, 계절과 기후의 제약을 극복하기 위해 실내로 들어왔다. 그러나 역설적이게도 실내 아이스링크는 현대 스포츠 시설 중 가장 많은 에너지를 소비하는 '에너지 하마'가 되었다.

거대한 빙판을 유지하기 위해 24시간 냉동기가 돌아가야 하고, 동시에 관중석은 난방을 해야 하며, 얼음의 품질을 위해 습도를 낮추는 제습 공조 시스템과 대형 조명

출처: 이해를 돕기 위한 연출 이미지

그림1 • 기후위기의 역설: 녹아내리는 자연의 빙하(좌)와 막대한 에너지를 소비하는 인공 아이스링크(우)의 대비

이 쉴 새 없이 가동된다. 이러한 에너지 다소비 구조는 탄소중립을 요구하는 현대 사회에서 빙상 종목에 무거운 책임을 묻고 있다.

나. 빙상계가 직면한 이중의 위기

오늘날 기후변화는 빙상스포츠에 이중의 위기를 가져왔다.

첫째는 '자연적 위기'다. 야외 스케이트를 즐길 수 있는 천연 얼음과 빙하가 빠른 속도로 줄어들고 있다. 이는 단순한 환경 변화가 아니라, 스케이팅의 역사적 • 문화적 뿌리가 흔들리는 일이다.

둘째는 '경제적 위기'다. 전 세계적인 에너지 가격 상승과 냉매 규제 강화는 고에너지 소비 시설인 아이스링크의 운영 비용을 감당하기 어려운 수준으로 급격히 상승시켰다.

이제 '지속가능성(Sustainability)'은 빙상계에서 단순한 윤리적 캠페인이 아닌, 종목의 생존을 위한 필수 전략이자 전제 조건이 되었다. 이 글에서는 국제빙상연맹(ISU)과 선진 사례를 중심으로 빙상스포츠의 ESG(환경・사회・지배구조) 현황을 진단하고, 그 성과와 한계를 규범적・기술적 차원에서 분석한 뒤, 한국 빙상계가 나아가야 할 구체적인 개선 방향을 제시하고자 한다.

2. 현황(Descriptive): 빙상스포츠가 직면한 현실과 위기

가. 에너지 다소비 구조와 환경적 부하

빙상장은 일반적인 체육관이나 수영장에 비해 에너지 소비 강도가 월등히 높다. 이는 물을 얼리고 그 상태를 유지하는 과정이 복합적인 열역학 과정을 필요로 하기 때문이다. 빙상장의 에너지 소비 구조는 크게 다음 다섯가지 영역에서 발생하며, 이를 정확히 이해하는 것이 문제해결의 출발점이다.

표1・빙상장의 주요 에너지 소비 영역 및 목적

시스템	핵심 기능 및 운영 목적	에너지 소비 특성
냉동 (Refrigeration)	빙질 유지 및 얼음 형성	전체 소비의 40~50% 차지, 24시간 가동 필수
제습 (Dehumidification)	결로 방지, 쾌적 환경 및 빙질 보호	습기 제거 후 공기를 다시 데우는 재열 과정에서 다량의 에너지 소모
난방・공조 (HVAC)	관람객/선수 체온 보호, 공기질 관리	냉방(빙판)과 난방(관람석)이 공존하는 '열적 모순' 해결에 에너지 투입
조명 (Lighting)	경기 및 훈련 시 시인성 확보	고조도 조명이 필요하며, 조명의 열기가 빙판 부하를 가중시킴
정빙 (Resurfacing)	빙질 복원 및 평탄화	기존 내연기관 정빙기의 배기가스 배출 및 연료 소비 발생

출처: 저자 재구성

출처: 이해를 돕기 위한 연출 이미지

그림2 • 빙상장의 숨겨진 심장, 기계실. 거대한 냉동 설비와 복잡한 배관은 이곳이 대표적인 에너지 다소비 시설임을 보여준다.

이러한 구조적 특성으로 인해 빙상장은 도시 내 탄소배출의 주요 원인으로 지목받고 있으며, 에너지 효율 개선은 곧 직접적인 탄소 감축과 운영비용 절감으로 직결되는 상황이다.

나. 국제적 규제 강화: 몬트리올 의정서와 냉매 규제

빙상장의 생존을 위협하는 가장 직접적인 외부 요인은 '냉매(Refrigerant)'에 대한 국제적 규제다. 2016년 발효된 몬트리올 의정서 키갈리 개정안(Kigali Amendment)은 지구온난화지수(GWP)가 높은 HFC(수소불화탄소) 계열 냉매를 단계적으로 감축하도록 강제하고 있다.

- 규제의 본질: 이는 단순한 환경보호 권고가 아니라, 기존 프레온 가스 기반의 냉동 시스템을 더 이상 사용할 수 없게 만드는 강력한 국제법적 강제 조항이다.
- 파급 효과: 규제 대상 냉매의 생산이 줄어들면서 가격이 폭등하고 있으며, 노후화

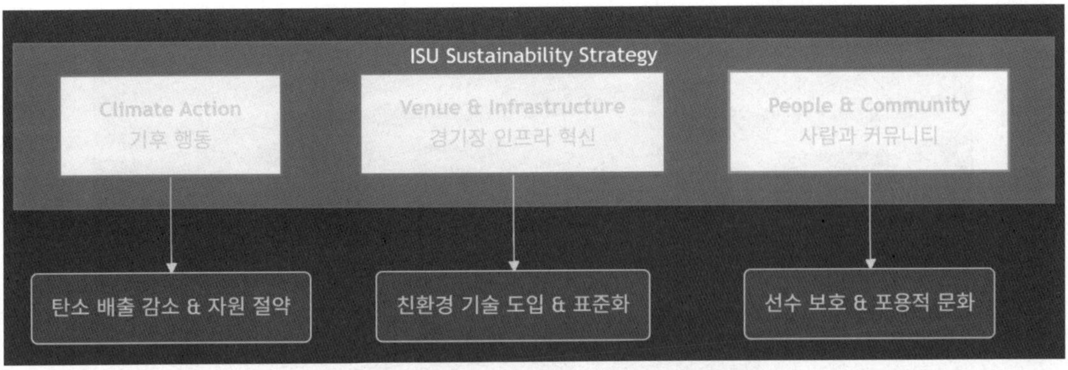

출처: ISU Sustainability Strategy 기반 저자 재구성

그림3 · ISU 지속가능성 전략의 3대 핵심 축(Pillars of Sustainability)

된 설비를 가진 빙상장은 부품 수급과 유지보수 비용 감당이 불가능한 수준에 이르고 있다. 따라서 냉매 전환은 이제 선택이 아닌 필수 생존전략이다.

다. ISU의 대응 현황: Vision 2030

국제빙상연맹(ISU)은 이러한 위기를 직시하고, 『Sustainability Strategy 2023-2030』과 『ISU Vision 2030』을 통해 체계적인 대응에 나섰다. ISU는 지속가능성을 환경(E), 사회(S), 거버넌스(G) 전 영역에 걸쳐 확장하고 있으며, 특히 기후변화 대응을 최우선 과제로 설정했다.

3. 성과(Normative): ESG 각 분야의 혁신과 가치 창출

단순한 현황 파악을 넘어, 현재 글로벌 빙상계가 달성하고 있는 성과를 규범적(Normative) 관점에서 평가해 보면, E-S-G 각 영역에서 실질적인 진전이 확인된다.

가. 환경(Environment): 기술적 혁신을 통한 탄소중립 실현

환경 분야의 성과는 '기술(Technology)'이 주도하고 있다. 막연한 에너지 절약 캠페인이 아니라, 구체적인 공학적 솔루션이 도입되고 있다.

출처: 이해를 돕기 위한 연출 이미지

그림4 · 충전 중인 최신형 전기 정빙기. 배기가스 배출이 전혀 없어 실내 공기질 개선과 선수 건강 보호에 기여한다.

1) 자연 냉매(CO_2)로의 전환과 에너지 효율화

미국 알래스카의 'Harry J. McDonald Ice Rink' 사례는 대표적인 성공 모델이다. 이 경기장은 기존 프레온(HCFC-22) 냉매 시스템을 폐기하고, 지구온난화지수(GWP)가 1에 불과한 이산화탄소(CO_2) 냉매 시스템으로 전면 교체했다. 그 결과 전력 사용량을 25~40% 절감했으며, 냉매 누출 리스크를 제거했다. 이는 친환경 투자가 운영비 절감이라는 경제적 이익으로 회수됨을 증명한 모범 사례다.

2) 전기식 정빙기(Electric Ice Resurfacer) 도입

디젤이나 프로판 가스를 사용하는 내연기관 정빙기를 전기 구동 방식으로 교체하는 움직임이 가속화되고 있다. 이를 통해 운영비를 30~60% 절감하는 동시에 실내 배기가스 배출 'Zero'를 달성했다. 이는 환경(E)적 조치가 선수들의 호흡기 건강을 보호하는 사회(S)적 가치로 이어지는 선순환 구조를 보여준다.

출처: 근접 촬영 컨셉 이미지

그림5 • 물과 전기가 필요없는 고밀도 합성 얼음 패널의 표면. 최근 기술 발전으로 실제 얼음과 유사한 활주력을 구현하며 차세대 대안으로 주목받고 있다.

3) 합성 얼음(Synthetic Ice) 기술의 비약적 발전

물과 전기가 필요 없는 고밀도 폴리머 패널인 합성 얼음은 '냉매 제로' 운영을 가능하게 하는 혁신 기술이다. 특히 고무적인 것은 최근의 기술 발전 속도다. 2025년 9월, 독일 프라운호퍼(Fraunhofer) 연구소의 실험 결과에 따르면, 최신 합성 얼음 기술은 실제 얼음과 거의 유사한 활주력(glide)을 구현하는 데 성공했다는 평가를 받았다. 이는 향후 이벤트용 링크를 넘어 정식 훈련장 도입의 가능성을 앞당기는 신호탄이라 할 수 있다.

4) 자연 보존을 위한 글로벌 캠페인 동참

ISU는 UN이 지정한 2025년 '세계 빙하 보존의 해(International Year of Glaciers' Preservation)'에 발맞추어, 3월 21일을 '세계 빙하의 날'로 기념하고 기후위기의 심각성을 알리는 글로벌 캠페인에 동참하고 있다. 이는 빙상 스포츠의 뿌리인 자연을 지키기 위한 상징적인 노력이다.

나. 사회(Social): 선수 보호와 포용성 확대

ISU는 ESG의 사회(S) 영역에서 '선수 보호(Safeguarding)'와 '다양성(DEI)'을 핵심 가치로 내세우고 있다.

1) 심리적 안정 지원(Calm Zone 운영)

2025 세계선수권대회에서 ISU는 선수들의 정신 건강을 위해 경기장 내에 테라피 도그(Therapy Dog)를 배치하고 소음을 차단한 휴식 공간인 'Calm Zone'을 운영했다. 참가 선수의 약 65%가 이를 이용하며 높은 만족도를 보였으며, 이는 성적 지상주의에서 벗어나 '인권'과 '복지' 중심의 스포츠 문화를 조성하는 중요한 계기가 되었다.

2) 지역사회 연계와 공공성 강화

국내의 '선학국제빙상경기장' 사례는 빙상장이 지역사회의 거점이 될 수 있음을 보여준다. 투명한 비용 구조 공개 및 지역 주민 대상 프로그램을 통해 2024 대한민국 ESG 지속가능 스포츠 대상을 수상했다. 이는 빙상장이 엘리트 선수만의 전유물이 아니라, 지역민의 복지와 건강을 위한 공공재로서의 가치를 입증한 사례다.

다. 거버넌스(Governance): 표준화와 투명성 확보

1) ISO 20121 도입 및 2024 가이드라인 발표

ISU는 런던 올림픽 이후 글로벌 표준이 된 ISO 20121(지속가능 이벤트 관리시스템)을 도입하여, 이벤트 개최의 전 과정을 시스템화했다. 특히 2024년 11월에는 조직위원회와 개최 도시가 실질적으로 활용할 수 있는 '이벤트 지속가능성 가이드라인(Sustainability Guidelines for ISU Events)'을 새롭게 발표했다. 이 가이드라인은 기획부터 폐기물 관리까지 단계별 체크리스트를 제공하여 실행력을 높이고 있다.

출처: 이해를 돕기 위한 연출 이미지

그림6 · 2025 세계선수권대회 'Calm Zone' 사례 예시. 성적 중심에서 벗어나 선수의 정서적 안정을 지원하는 변화의 움직임이다.

2) 투명한 데이터 공개

ISU는 탄소 배출량, 에너지 소비량 등의 데이터를 핵심성과지표(KPI)로 설정하고 보고서를 통해 투명하게 공개하고 있다. 이는 조직 운영의 투명성을 높이고, 외부 이해관계자들로부터 신뢰를 얻는 기반이 된다.

4. 한계(Limitations): 이상과 현실의 간극

앞서 살펴본 성과에도 불구하고, 현장에는 여전히 극복해야 할 한계와 장벽이 존재한다.

가. 초기 투자 비용의 장벽과 ROI 인식 부재

가장 큰 한계는 '비용'이다. 친환경 설비(CO_2 냉동기, 전기 정빙기 등)는 기존 설비 대비 초기 투자 비용이 높다. 많은 빙상장 운영 주체들이 장기적인 운영비 절감 효과(ROI)보다는 당장의 예산 부족을 이유로 투자를 망설이고 있다. "친환경은 돈이 든다"는 고정관념이 여전히 현장을 지배하고 있다.

나. 국내 인프라의 노후화와 데이터 부재

선진국과 달리, 국내 빙상장은 여전히 노후화된 설비에 의존하고 있다. 더 심각한 문제는 '데이터의 부재'다. 우리 빙상장이 에너지를 얼마나 쓰고 있는지, 탄소 배출량이 얼마인지 정확히 측정하고 관리하는 시스템이 미비하다. 데이터가 없으면 개선의 목표도 세울 수 없다.

다. 정책적 · 전문적 지원의 부족

국내 스포츠 시설 관련 정책은 주로 '신규 건립'에 초점이 맞춰져 있어, 노후 시설의 '친환경 리모델링'이나 '에너지 효율화'를 위한 예산 지원은 턱없이 부족하다. 또한,

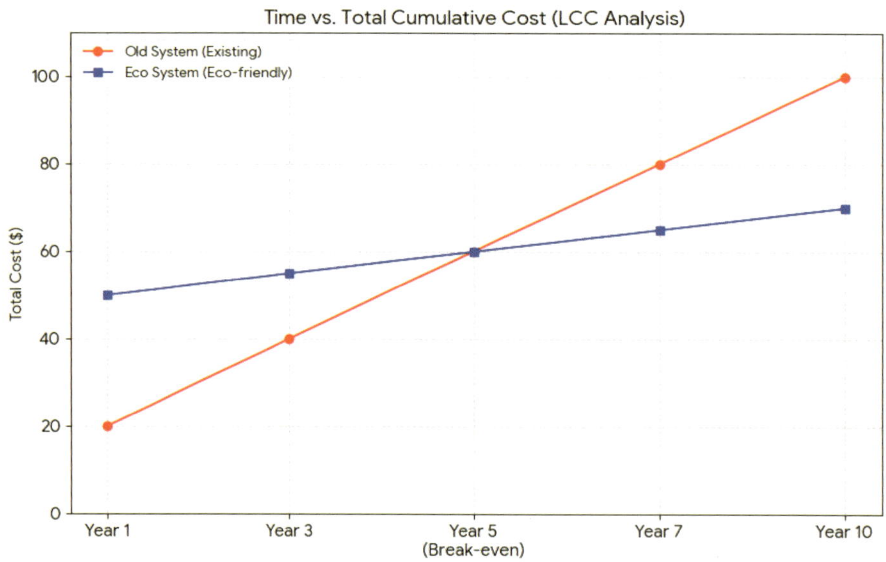

출처: 저자 작성

그림7 · 생애주기 비용(LCC) 관점에서의 비용 역전 그래프
(초기 투자비는 친환경 설비(Eco System)가 높지만, 운영 효율이 좋아 약 5년 시점부터는 누적 총비용에서 기존 설비(Old System)보다 경제적임을 보여준다.)

표2 • 빙상장 운영 기술별 경제성 및 지속가능성 비교 분석

기술 구분	초기 투자 비용	운영비용 (에너지+유지보수)	예상 투자회수기간 (ROI)	환경적 지속가능성
기존 방식 (디젤 정빙기+프레온)	낮음	매우 높음 (연료비, 냉매 보충, 탄소세)	없음 (지속적 비용 발생)	매우 낮음 (규제 대상, 퇴출 위기)
친환경 전환 (전기 정빙기+CO_2)	높음	낮음 (고효율, 폐열 회수 활용)	3~6년	높음 (규제 준수, 탄소중립)
대안 기술 (합성 얼음 부분 도입)	중간	매우 낮음 (냉동 • 전기 미사용)	1~3년	최상 (탄소 배출 Zero)

출처: ISU 및 ENGO 리포트 데이터 기반 저자 재구성

빙상 시설 관리자가 에너지 및 환경 전문가가 아니기에 구체적인 ESG 실행 방법을 모르는 경우가 많다.

5. 개선 방향(Prescriptive): 지속가능한 미래를 위한 제언

지금까지의 분석을 바탕으로, 빙상스포츠의 지속가능성을 확보하기 위한 구체적인 개선 방향과 제언을 제시한다.

가. 인식의 전환: 비용에서 투자로

가장 시급한 것은 ESG를 '규제 대응 비용'이 아닌 '미래를 위한 투자'로 바라보는 관점의 전환이다. 그림7 생애주기 비용(LCC) 분석은 친환경 전환이 경제적으로도 타당함을 명확히 보여준다.

나. 한국형 빙상장 ESG 체크리스트의 도입 및 제도화

추상적인 선언을 넘어, 현장에서 즉시 적용 가능한 체크리스트를 보급해야 한다. 표3은 ISU 가이드를 기반으로 국내 실정에 맞게 재구성한 체크리스트 제안이다.

표3 • 실무자를 위한 한국형 빙상장 ESG 실천 체크리스트(요약)

구분 (ESG)	점검 항목 (Check Item)	실천 가이드 및 점검 질문
E(환경)	설비 효율 진단	냉동기/조명의 노후도를 진단하고 고효율 인버터/LED로 교체 계획이 있는가?
	폐열 회수	냉동기에서 발생하는 열을 온수(샤워)나 난방에 재사용하고 있는가?
	냉매 관리	사용 중인 냉매의 GWP를 파악하고, 친환경 냉매 전환 로드맵을 보유했는가?
S(사회)	접근성	장애인 관람석 및 이동 경사로가 법적 기준 이상으로 확보되어 있는가?
	선수 보호	선수 대상 폭력 예방 교육 및 익명 신고 채널이 실질적으로 운영되는가?
G (거버넌스)	전담 조직	시설 내 ESG 또는 안전/환경을 담당하는 지정 관리자나 TF가 있는가?
	성과 공개	연간 에너지 사용량, 폐기물 배출량 등을 측정하여 투명하게 공개하는가?

출처: ISU 'Sustainable Ice Rinks Guide'를 바탕으로 저자 재구성

다. 거버넌스 협력: 국제 공조와 정책 지원

- 협의체 구성: ISU와 IIHF의 협력 모델처럼, 국내에서도 빙상연맹-아이스하키협회-지자체가 공동으로 에너지 솔루션을 모색해야 한다. 종목은 달라도 사용하는 '얼음'은 같기 때문이다.

출처: 컨셉 이미지

그림8 • 고사리 같은 손으로 스케이트 끈을 묶는 아이. 지속가능한 빙상 환경을 만드는 것은 다음 세대에게 겨울을 선물하기 위한 우리의 책임이다.

- 정책적 인센티브: 정부는 친환경 설비를 도입하는 빙상장에 대해 개・보수 예산 우선 지원이나 보조금 지급 등의 정책적 인센티브를 마련하여 초기 비용 장벽을 낮춰주어야 한다.

6. 결론: 얼음은 기술로, 종목은 책임으로 유지된다

빙상스포츠의 지속가능성은 단순히 북극곰을 살리는 환경보호의 차원을 넘어선다. 그것은 에너지 비용 급등과 기후변화 속에서 우리 아이들이 계속해서 스케이트를 탈 수 있게 하기 위한 '존속 조건'이다.

분석 결과, 기술(technology)과 정책(policy), 그리고 거버넌스(governance)가 결합될 때 빙상장은 더 이상 '에너지 하마'가 아닌 지역사회의 지속가능한 거점으로 거듭날 수 있음이 확인되었다.

"얼음은 기술로 유지되고, 종목은 책임으로 유지된다."

이제 한국 빙상계도 성적 지상주의를 넘어, 어떻게 운영하고 어떻게 책임을 다할 것인가를 고민해야 할 때다. 본고에서 제시한 분석과 제언들이 그 변화의 시작점이 되기를 기대한다.

저자 소개

이정수 – 대한민국 쇼트트랙의 살아있는 역사이자, 멈추지 않는 도전자

2010 밴쿠버 동계올림픽 2관왕, 세계선수권 단체전 금메달, 삿포로 동계아시안게임 메달리스트 등 숱한 영광을 안았다. 현실에 안주하지 않고 끊임없이 도전하여 37세의 나이에 국가대표 선발전 500m 우승(종합 5위)을 차지, 2025 하얼빈 동계아시안게임 대표로 발탁되었고 베이징 세계선수권 계주 동메달을 획득하며 건재함을 증명했다. 2018 평창, 2022 베이징 동계올림픽에서는 KBS 해설위원으로 활약하며 전문적인 식견으로 국민과 소통하기도 했다.

현재는 서울시청 소속 현역 선수로 얼음 위를 달리면서도, 국민대학교 OCA(아시아올림픽평의회) 대학원에서 더 넓은 스포츠 세계를 연구하고 있다. 그의 시선은 이제 '메달'을 넘어 '사람'과 '미래'를 향한다. 동계 스포츠 신흥국의 올림픽 참여 확대와 E-스포츠와의 융합을 통한 대회의 지속적인 발전, 그리고 저소득층・청소년・고령층 누구나 공정하게 스포츠를 누리는 세상을 꿈꾼다. 나아가 은퇴 선수들이 사회에서 새로운 미래 가치를 창출할 수 있는 건강한 생태계를 만드는 것이 그의 최종 목표다. 이 글은 그 거대한 비전을 향해 내딛는 첫걸음이자, 빙상 스포츠의 지속가능한 미래를 위한 뜨거운 제언이다.

참고문헌

- 바른교육, 2024 대한민국 ESG 지속가능 스포츠 대상 보도자료, 2024.
- ENGO, *Electric Ice Re-Surfacing: Efficiency Report*, 2023.

- Fraunhofer Institute, *Synthetic Ice Performance Analysis Report*, 2025.
- Hillphoenix, *CO_2 Installation Case Study - Harry J. McDonald Ice Rink*, 2020.
- International Ice Hockey Federation (IIHF), *Sustainable Ice Rink Guide*, 2023.
- International Skating Union (ISU), *Vision 2030: Sustainability Strategy 2023-2030*, 2023.
- United Nations Environment Programme (UNEP), *Kigali Amendment to the Montreal Protocol*, 2016.

그림 및 도표 출처

- 본문에 삽입된 통계 및 도표는 상기 문헌의 데이터를 바탕으로 저자가 재구성하였음. 이해를 돕기 위해 삽입된 일부 이미지는 생성형 AI를 활용하여 연출된 컨셉 이미지임.

사례 5

필드하키 경기장의 ESG 혁신: 탄소중립에서 포용성까지

이 남 용(전 필드하키 국가대표)

1. 서론: 필드하키 경기장에 ESG가 필요한 이유
2. 필드하키 경기장의 환경 문제는 무엇인가?
3. 필드하키 경기장의 ESG 활동
4. 필드하키 경기장의 개선 방향
5. 필드하키 경기장의 거버넌스(G) 강화 방안
6. 결론

1. 서론: 필드하키 경기장에 ESG가 필요한 이유

필드하키는 오랜 역사와 전통을 지닌 국제스포츠로서 올림픽과 아시안게임 등 세계적인 무대에서 중요한 위치를 차지해 왔다. 그러나 급변하는 글로벌 스포츠 환경 속에서 필드하키가 지속적으로 발전하고 생존하기 위해서는 단순한 경기력 중심 운영만으로는 부족하다.

오늘날의 스포츠는 기후위기와 사회적 책임이라는 시대적 요구에 직면해 있으며, 그 중심에는 지속가능성(Sustainability)과 이를 구체적으로 실천하는 ESG(환경, 사회, 거버넌스)가 자리하고 있다. 특히 필드하키 경기장은 선수들의 우수한 경기력과 선수 안전을 보장하는 동시에 탄소배출 저감, 친환경 인프라 구축과 같은 ESG 가치를 실현해야 하는 핵심 무대다.

필드하키 경기장의 잔디는 선수에게 단순한 경기 표면이 아니라 몸과 감각이 자연스럽게 적응해야 하는 공간이다. 발끝이 스치는 질감, 공의 움직임, 잔디에 남은 물기의 차이는 모두 경기력에 직결되며, 작은 변화조차 선수의 몸이 가장 먼저 느낀다. 저자는 항저우 아시안게임을 앞두고 새로운 잔디 테스트 대회에 참가했을 때, 기존과 전혀 다른 마찰과 움직임 속에서 발목 인대 두 개가 끊어지는 큰 부상을 경험한 바 있다. 그 순간의 충격과 허무함은 이루 말할 수가 없었던 경험이었다. 기술적 변화가 선수의 안전보다 앞설 때 어떤 위험이 초래되는지, 그리고 경기장이라는 공간에서 ESG 가치가 왜 반드시 고려되어야 하는지를 깊이 깨닫게 했다.

필드하키 특성상 인조 잔디 유지, 막대한 물 사용, 높은 에너지 소비, 대규모 시설 인프라 등 환경적 부담이 매우 크다. 기존의 워터 베이스 인조 잔디[1]는 경기당 1~2만 리터의 물을 필요로 했고, 이는 물 부족 국가에서 경기장 운영 자체를 어렵게 만들었다. 단순히 환경의 문제가 아니라, 물과 에너지 자원의 격차가 곧 누가 필드하키를 할 수 있는가를 결정짓는 포용성(S)의 문제로 이어진다는 점에서 더욱 중요하다.

국제필드하키연맹(Fédération Internationale de Hockey, 이하 FIH)가 물을 뿌리지 않고도 이전 성능을 구현이 가능한 제로 워터 베이스 인조 잔디(Zero-Water Turf) 개발을 최우선 과제로 두는 이유 역시, 탄소중립과 물 절감이 단지 환경 개선을 넘어 종목 접근성 자체를 지키는 전략이기 때문이다.

사회적 측면에서도 필드하키 경기장은 중요한 의미를 가진다. 안전하고 접근 가능한 경기장 환경, 아동・여성・노년층을 위한 참여 기회 확대, 지역사회와의 연계 프로그램은 필드하키가 지속가능한 글로벌 스포츠로 남기 위해 반드시 구축해야 할 기반이다. 경기장이야말로 스포츠 공간를 넘어서 지역 공동체가 모이고 교육과 건강, 포용의 가치를 실천하는 사회적 플랫폼으로 기능해야 한다. FIH의 Start Hockey[2]와 장비 지원 프로그램과 같은 사회 기여 활동 역시 이러한 방향성을 잘 보여주고 있다. 또한 경기장 건설, 잔디 교체, 국제대회 운영 과정은 막대한 자금과 자원이 투입되는 영역

---

1) 워터베이스 잔디(water-based turf)는 경기 전・중에 의도적으로 많은 양의 물을 살수해서 사용하는 필드하키용 인조잔디 시스템을 가르킴.

2) FIH가 필드하키 입문자를 위해 고안한 '필드하키의 대중 확산 프로그램'으로 누구나 필드하키를 쉽게 시작하고 즐길 수 있도록 하는 것을 목표로 하고 있음.

이기에 투명한 지배구조(Governance)와 윤리적 의사결정은 필드하키의 미래 경쟁력을 결정하는 핵심 요소다. ESG 기반의 운영원칙은 종목의 신뢰성과 국제적 위상을 높이는 필수 요건이 되었다.

필드하키 경기장에서의 탄소중립은 단순히 환경부담을 줄이는 기술적 목표가 아니라, 전 세계 누구나 안전하고 동등하게 스포츠를 즐길 수 있도록 만드는 포용성의 토대가 되어야 한다. 탄소배출 저감, 물·에너지 절감, 친환경 잔디 전환, 폐기물 재활용 등의 변화는 종목 생존에 있어 필수조건이면서 동시에 접근성, 참여기회, 공정성을 높이는 사회적 실천이다.

그래서 저자는 필드하키 경기장이 직면한 환경적·사회적·운영적 과제를 살펴보고, FIH가 추진하는 ESG 전략과 실제 사례를 살펴보고 탄소중립을 통해 더 포용적인 필드하키 생태계로 나아갈 방안을 탐구해 보았다.

2. 필드하키 경기장의 환경 문제는 무엇인가?

가. 인조잔디의 플라스틱 오염

필드하키 경기장의 인조잔디는 장기간 사용 과정에서 표면을 구성하는 섬유가 마모되고, 일부 시스템에서는 충전재로 사용되는 고무칩(러버 인필)이 지속적으로 떨어져 나와 외부 환경으로 유출된다. 바람에 의해 주변 지역으로 날리거나 빗물에 섞여 배수로를 통해 하천과 토양으로 이동하면서, 미세한 고무 입자들은 자연 생태계에 장기적인 오염원을 남긴다. 이러한 미세 플라스틱은 분해되기까지 수십 년이 걸리며, 토양, 수질, 해양 환경에 영향을 미치는 문제로 지적되고 있다.

또한 인조잔디는 수명이 평균 6~10년에 불과하기 때문에 일정 기간이 지나면 반드시 교체해야 한다. 이 과정에서 발생하는 대량의 폐기물 역시 심각한 환경 문제를 일으킨다. 필드하키 경기장의 인조잔디는 대부분 플라스틱 기반 소재와 충전재가 복합적으로 결합된 구조라서 재활용이 매우 어렵고, 대부분 매립 방식으로 처리된다. 이렇게 매립된 잔디는 시간이 지나면서 미세 플라스틱을 계속적으로 방출하며, 토양 오염과 지하수 오염을 유발할 가능성이 높다.

출처: Amanda Farber/FairWarning

그림1 · 버려지는 필드하키 경기장의 잔디 폐기물

특히 교체 과정에서 떼어낸 잔디 롤 한 개의 무게는 상당히 무겁고 부피도 큰 편이기 때문에, 처리 과정에서도 추가적인 탄소배출과 환경부담을 발생시킨다. 결과적으로 인조잔디는 설치에서 운영, 마모, 폐기까지 전 과정에서 지속해서 환경오염을 유발하는 구조적 문제를 가지고 있으며, 이는 필드하키 경기장의 주요 환경 이슈로 지속적으로 논의되고 있다.

나. 과도한 물의 사용

전통적인 워터베이스 인조잔디는 경기력 향상을 위해 잔디 표면에 일정량의 물을 뿌려 마찰을 줄이고 공의 속도와 안정성을 확보해야 한다. 그러나 이 과정에서 경기 한 번에 1만에서 많게는 2만 리터 이상의 물이 사용되며, 대회가 여러 경기로 이어질 경우 그 양은 하루 수십만 리터에 이르게 된다. 기후변화로 물 부족 현상이 심화되는 시대에 이러한 물 사용 구조는 지속가능하다고 보기 어렵다.

특히 물 자원이 제한적인 개발도상국이나 건조 지역에서는 이러한 양의 물을 안정적으로 공급하는 것 자체가 현실적으로 불가능해진다. 결국 국제 규격에 맞는 경기장을 설치하거나 유지하는 데 심각한 제약이 생기고, 이는 해당 지역의 선수 · 청소

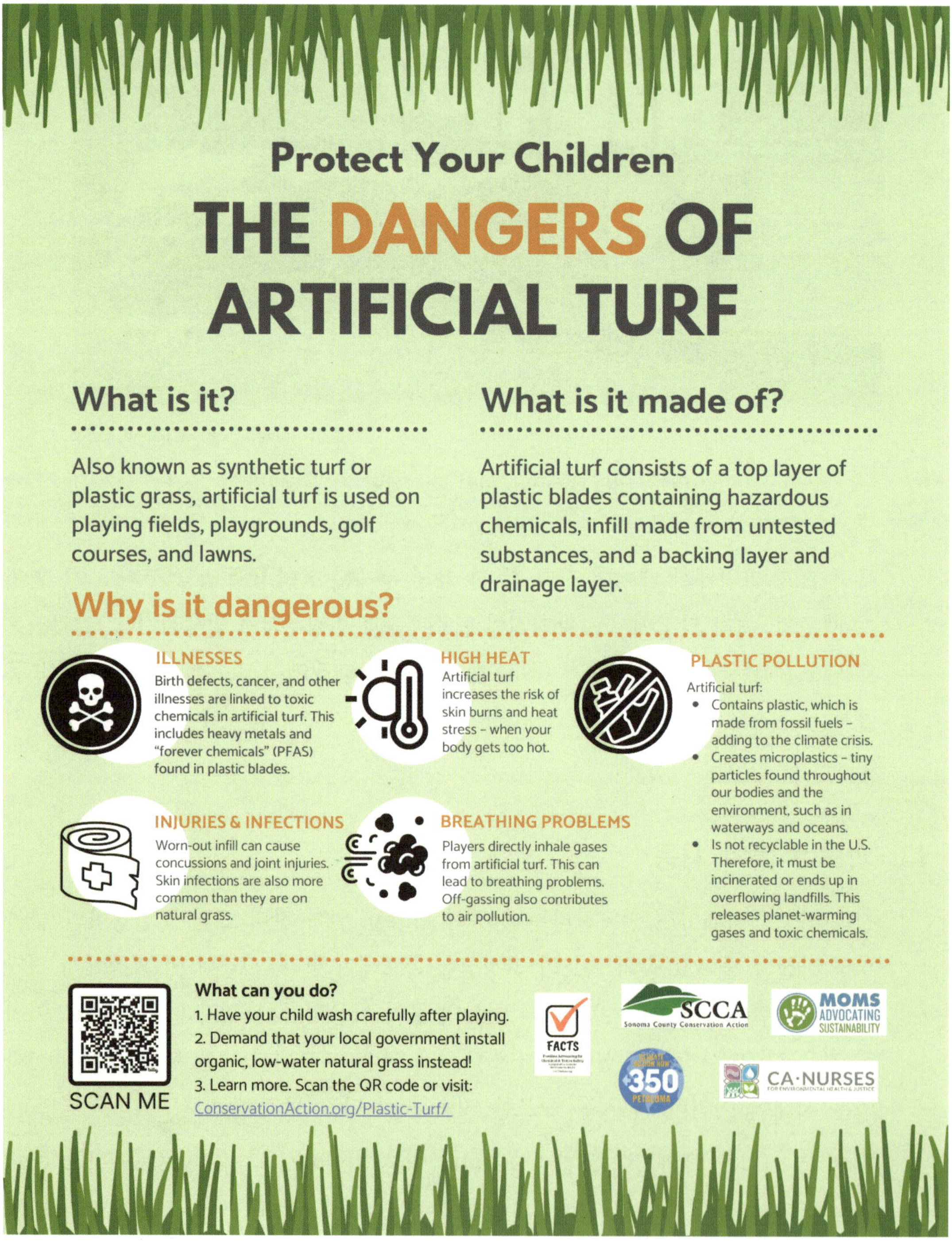

출처: Plastic Turf-Conservation Action

그림2 • 인조잔디가 건강과 환경에 미치는 위험을 경고하는 인포그래픽

출처: 저자 촬영

그림3 · 필드하키 경기 전 경기장에 물을 뿌리는 사진

년 · 동호인들이 필드하키에 접근할 기회 자체를 잃게 되는 결과로 이어진다. 즉, 물 사용 문제는 단지 환경부담을 넘어, 필드하키 종목을 누가 할 수 있고 누가 참여할 수 없는지를 가르는 포용성의 문제로 확장된다.

다. 필드하키 경기장의 탄소배출

필드하키 경기장은 인조잔디 특성상 조명, 관수 장치, 펌프, 냉난방 장비, 경기장 주변 시설 등 다양한 장비를 동시에 운영해야 한다. 특히 국제 규격 경기장에서 시행되는 야간 경기가 많아지면서 조명 전력 사용량은 자연스럽게 증가하고, 이는 경기장 운영의 가장 큰 에너지 소비 요인 중 하나가 된다. 조명뿐 아니라 잔디의 수분을 유지하기 위한 관수 · 펌프 시스템, 선수 지원 시설의 냉난방 장치, 안전 · 운영 관련 전자장비들까지 포함하면 한 경기장이 소비하는 에너지는 상당한 규모에 이른다.

이러한 높은 에너지 사용은 곧 탄소배출 증가로 이어지며, 기후위기 시대에 필드하키가 환경적으로 지속가능한 종목으로 남기 위해 반드시 해결해야 할 구조적 문제로 지적되고 있다. 문제는 에너지 소비량이 많은 경기장은 운영비 또한 급격히 증가한다는 점이다. 특히 전기 요금이 높은 국가, 재생에너지 인프라가 부족한 지역, 기술 투자의 여력이 없는 저개발국에서는 국제 규격의 경기장을 안정적으로 유지하는 것이 점점 더 어려워지고 있다.

출처: FIH PHOTO GALLERY

그림4 • 경기 도중 물이 튀는 모습

이 상황은 단순한 운영비 부담을 넘어 "어떤 나라와 지역이 필드하키를 지속할 수 있는가"라는 더 근본적인 질문으로 이어진다. 운영비가 높아질수록 필드하키 경기장을 유지할 수 있는 국가는 제한되고, 이는 자연스럽게 종목의 접근성과 참여의 폭을 좁히는 결과로 이어진다. 탄소중립을 위해 도입되는 친환경 기술—예를 들어 LED 조명, 고효율 펌프, 재생에너지 기반 시스템 등—은 장기적으로 환경적 이익을 제공하지만, 초기 설치 비용이 높아 모든 국가가 쉽게 도입하기 어렵다는 현실적 문제가 존재한다.

3. 필드하키 경기장의 ESG 활동

가. 제로워터 베이스 인조잔디(Zero-Water Turf) 프로젝트

제로워터베이스 인조잔디(Zero-Water Turf)는 기존 필드하키 경기장의 구조적 한계를 근본적으로 바꿔 놓은 기술적 전환점이다. 워터베이스 인조잔디가 오랫동안 경기 품질을 보장하는 표준으로 사용되어 왔으나, 경기당 1만~2만 리터의 물을 필요로 하는 방식은 더 이상 지속 가능한 시스템이라고 보기 어려웠다. 물은 마찰을 줄이고 공의 움직임을 일정하게 유지하며 선수의 피부 손상을 방지하는 핵심 요소였지만, 기후위기와 물 부족이 심화되는 시대에는 반드시 해결해야 할 문제였다.

출처: 저자 촬영

그림5 • 인도 부바네스와르 칼링가 스타디움 필드하키 전용 구장(15,000 수용)

특히 물 자원이 제한된 국가에서는 국제 규격의 필드하키 경기장을 건설하거나 유지하는 것 자체가 불가능한 경우가 많았다. 이는 단순한 시설 문제가 아니라, 특정 지역이나 국가가 종목 발전에서 뒤처질 수밖에 없는 구조적인 불평등으로 이어졌다. 국제대회 개최가 제한되고, 선수들이 적절한 환경에서 훈련할 기회를 얻지 못하는 상황이 반복되면서 경기력 격차도 확대되었다. 이러한 배경에서 FIH가 집중한 기술 혁신이 바로 제로워터베이스 인조잔디이다. 이 표면은 물을 사용하지 않고도 기존 워터베이스 잔디가 제공하던 경기 특성을 구현하도록 설계되었다.

잔디 섬유의 미세 구조를 정교하게 조정해 '수막' 효과를 재현하고, 공의 회전, 가속, 제동 성능을 균일하게 유지한다. 동시에 마찰계수를 낮춰 피부 화상 위험을 줄였고, 탄성층을 개선해 충격 흡수와 부상 예방 기능도 향상시켰다. 결과적으로 제로워터베이스 인조잔디는 선수의 안전성과 경기력을 모두 충족하는 차세대 경기장 표면으로 자리잡아가고 있다.

출처: www.polytan.com

그림7 · FIH 공식 인증된 폴리탄사의 폴리그라스 인조잔디(탄소중립 잔디)

나. 에너지 절감

필드하키 경기장은 다양한 설비와 기술이 동시에 작동하는 복합 시설이기 때문에 에너지 사용량이 매우 크다. 조명, 냉난방, 환기, 관수, 공조 시스템이 모두 상시 운영되며, 경기 일정과 관중 수에 따라 전력 부하가 크게 변한다. 이러한 특성 때문에 에너지 절감은 단순한 비용 문제가 아니라, 경기장의 지속가능성을 결정하는 핵심 요소가 되었다. 최근에는 기술 기반의 운영 체계를 도입해 에너지 효율을 극대화하는 방향으로 변화가 이루어지고 있다.

출처: FIH PHOTO GALLERY

그림6 · FIH 공식 공급 인증마크

가장 큰 변화는 조명 시스템의 고효율화이다. 기존 메탈할라이드나 할로겐 조명은 많은 전력을 소모하고 발열량이 높아 유지비가 많이 들었지만, 최신 경기장은 거의 모든 시설을 LED 기반으로 전환하여 전력 사용량을 획기적으로 줄이고 있다. 여기에 조도 자동 조절 기술이 결합되면서 경기 상황, 관중 규모, 일조량에 맞추어 밝기가 자동으로 조정된다. 이 방식은 경기 운영 품질은 유지하면서도 불필요한 조명 사용을 최소화해 야간 경기가 많은 필드하키 경기장의 에너지 절감 효과를 높인다.

에너지 절감 흐름을 더욱 정교하게 만드는 장치는 AI 기반 에너지 관리 시스템(EMS)이다. 냉난방, 환기, 공조, 조명을 하나의 통합된 플랫폼에서 제어하여 시설 사용량을 실시간으로 분석하고 최적화한다. 관람객의 흐름, 외부 기온, 습도, 경기 시간 등 다양한 요소가 자동으로 반영되며, 과도한 냉난방이나 조명 가동을 막아 운영 단계에서 낭비되는 에너지를 크게 줄인다. 또한 탄소배출과 전력 사용량을 실시간으로 기록해 경기장 운영의 환경적 영향을 수치화할 수 있다는 점에서 지속가능성 평가에도 효과적이다.

에너지 절감은 경기장 운영뿐 아니라 설계 단계에서도 중요한 기준이 되고 있다. 신축·개보수 경기장에서는 고효율 단열재와 친환경 자재를 사용해 열 손실을 최소화하고, 자연채광과 자연환기 설계를 적극적으로 적용해 실내조명 및 공조 장비 의존도를 낮추고 있다. 일부 경기장은 건물 지붕과 외벽에 태양광 패널을 설치해 자체 전력을 생산하며, 이를 경기장 운영에 활용해 탄소배출과 비용을 동시에 절감한다.

필드하키 경기장의 또 다른 에너지 절감 요소는 고효율 관수 시스템이다. 워터베이스 잔디를 유지해야 하는 경기장의 경우, 관수량·시간·압력을 자동으로 조절해 물 사용을 최소화하고 펌프의 전력 소비를 줄이는 스마트 관수 기술이 도입되고 있다. 필요 구역만 선택적으로 물을 공급하는 방식은 물 절약뿐 아니라 관수 장비의 작동 횟수를 줄여 전력 절감 효과까지 얻을 수 있다. 이는 제로워터베이스 인조잔디 도입 전과 후 모두 적용 가능한 시스템으로, 잔디 상태 유지에도 긍정적인 결과를 가져오는 것으로 알려졌다.

다. 잔디 개발에 따른 안전성

FIH는 인조잔디가 경기력과 선수 안전에 미치는 영향을 매우 중요하게 여기며, 이

출처: CGTN.com

그림8 · 친환경 설비가 적용된 항저우 아시안게임 필드하키 경기장

를 개선하기 위한 다양한 활동을 지속적으로 시행하고 있다.

먼저 잔디 표면이 선수에게 어떤 신체적 부담을 주는지 체계적으로 분석하는 연구를 진행한다. 잔디의 마찰력, 충격 흡수력, 표면 경도, 공의 움직임과 반발력 같은 요소들이 실제 경기에서 어떤 위험을 만들 수 있는지를 과학적으로 측정하고, 그 결과를 바탕으로 잔디 품질 기준을 정기적으로 보완한다.

이 과정에서 인조잔디 기술이 지나치게 경기력 향상만을 추구해 선수 안전이 후순위로 밀리는 일이 발생하지 않도록 규제 장치를 마련해오고 있다. 예를 들어, 잔디의 마찰이 너무 높거나 낮을 때 발생할 수 있는 미끄러짐이나 화상, 관절 부상 같은 문제를 최소화하기 위해 기준값을 명확히 설정하고, 국제대회에서 사용할 잔디는 반드시 이 기준을 충족하도록 요구한다.

새로운 기술이 도입될 때도 FIH는 경기력과 안전성의 균형을 철저히 검토한다. 제로워터베이스 인조잔디와 같은 혁신적인 표면 역시 환경적 장점을 갖추는 동시에 선수 부상 위험을 줄일 수 있어야만 인증을 받을 수 있다. 이는 기술적 진보가 선수 보호보다 앞서지 않도록 하려는 FIH의 원칙이기도 하다.

이러한 활동은 단순히 잔디의 품질을 관리하는 수준을 넘어, 종목 전체의 지속가능성을 높이는 데 중요한 역할을 한다. 안전한 경기장은 선수의 커리어를 보호하고, 장기적으로 경기 수준을 안정적으로 유지하며, 전 세계 더 많은 국가와 선수들이 부담 없이 필드하키를 즐길 수 있는 기반을 마련한다. 결국 FIH의 잔디 안전성 활동은 필드하키의 미래를 지키는 핵심적인 노력이자, 경기장 환경을 지속가능하게 만드는 중요한 ESG 실천으로 평가될 수 있다.

4. 필드하키 경기장의 개선 방향

필드하키 경기장은 인조잔디・물 사용・에너지 소비라는 세 가지 구조적 요인을 통해 지속적으로 환경적 부담을 만들어 왔으며, 이러한 환경적 변화는 곧 선수의 안전 문제로 이어졌다. 따라서 개선 방향은 단순한 설비 변경이 아니라, 환경(E)을 개선함으로써 안전(S)을 확보하는 통합적 ESG 전략으로 설계될 필요가 있다.

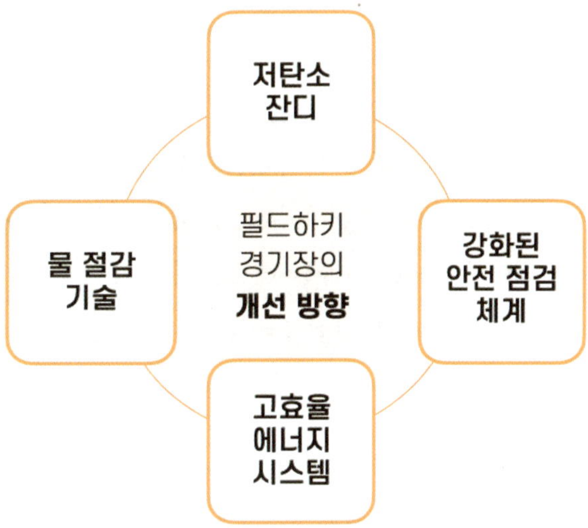

출처: 저자 작성

그림9・필드하키의 개선방향 도출(안)

첫 번째 개선 방향은 잔디의 전 생애주기를 저탄소 구조로 전환하는 것이다. 인조잔디의 제조부터 폐기까지 이어지는 과정에서 가장 많은 탄소가 배출되기 때문에, 플라스틱 기반 소재를 대체할 수 있는 저탄소 섬유 개발과 재활용이 가능한 백킹(backing) 구조 도입이 필수적이다.

또한 경기장 교체 주기가 끝난 잔디가 무분별하게 매립되지 않도록, 재활용・재사용 체계를 정착시키는 것이 필요하다. 이 변화는 환경부담을 줄이는 동시에 경기장 유지 비용을 낮추어, 전 세계 국가가 더 쉽게 하키 인프라를 구축할 수 있도록 돕는 포용성의 기반이 된다.

두 번째 개선 방향은 물 사용 구조의 혁신이다. 워터베이스 인조잔디는 경기당 엄청난 물을 필요로 하며, 이는 물 부족 국가나 건조 기후 지역에서 하키를 확산시키는 데 큰 장벽이 되어 왔다.

이를 해결하기 위한 핵심 전략은 제로워터베이스 인조잔디의 도입과 그 보급 확대이다. 물 없는 경기장은 탄소 감축과 운영비 절감 효과를 동시에 가져오며, 지역・국가 간 경기장 접근성을 향상시키는 중요한 해결책이 될 수 있다. 물 재순환 시스템이나 스마트 관수 기술 역시 과도한 물 사용과 에너지 소비를 줄이는 실질적 대안이 된다.

세 번째 개선 방향은 경기장의 에너지 효율화를 강화하는 것이다. 하키 경기장은 야간 경기 비율이 높고 조명・냉난방・환기 시스템이 큰 비중을 차지하기 때문에, LED 조명 전환과 AI 기반 에너지관리시스템 도입이 필수적이다.

경기 시간・관중 밀도・외부 기온에 따라 자동으로 조도와 냉난방이 조절되는 시스템은 전력 소비를 획기적으로 줄이며, 이는 곧 탄소배출 감소와 운영비 절감으로 이어진다. 태양광, 재생전력 사용 확대는 장기적으로 경기장을 '탄소중립형 인프라'로 전환하는 데 중요한 역할을 한다.

마지막으로, 이러한 환경적 개선은 반드시 선수 안전성 강화와 연결되어야 한다. 잔디의 마찰, 탄성, 표면 온도는 환경 요인에 따라 크게 달라지며, 이는 선수의 움직임・부상 위험과 직결된다. 새로운 잔디 기술이 도입될 때는 안전성 검증 과정이 더욱 강화되어야 하고, 과학적 테스트와 선수 피드백을 함께 반영한 인증 체계가 필요하다. 환경적 부담을 낮추는 과정은 단순한 친환경 외침이 아니라, 선수의 부상 위험을 줄이고 경기 품질을 유지하기 위한 핵심 전략이라는 점을 명확히 인식해야 한다.

결국 하키 경기장의 개선 방향은 저탄소 잔디 → 물 절감 기술 → 고효율 에너지 시스템 → 강화된 안전 검증 체계로 이어지는 하나의 통합된 흐름을 따라야 한다. 이러한 변화가 구현될 때 필드하키는 탄소중립뿐 아니라 포용성과 안전을 갖춘 미래형 스포츠로 재도약할 수 있을 것이다.

5. 필드하키 경기장의 거버넌스(G) 강화 방안

필드하키 경기장의 ESG 혁신은 환경(E)과 사회(S)의 개선만으로 완성될 수 없다. 경기장 설계, 잔디 기술 개발, 안전기준, 대회 운영 방식 등은 모두 조직의 의사결정 구조에 따라 달라지기 때문에 지속가능한 발전을 위해서 체계적이고 투명한 거버넌스(G)의 구축이 반드시 필요하다.

특히 필드하키는 국제연맹(FIH), 대륙연맹, 각국 협회, 지자체, 경기장 운영기관 등 다양한 이해관계자의 조정이 필요한 종목이기 때문에, 효율적이고 책임 있는 운영 체계가 ESG 전략의 성패를 좌우한다.

아래에 하키 경기장의 지속가능발전을 위한 거버넌스(G) 강화 방안을 위한 내용을 살펴보도록 하자.

가. ESG 전담 조직 체계 구축

현재의 경기장 운영 및 정책 집행 구조는 환경・사회 분야의 문제를 실시간으로 반영하기 어렵다는 한계를 가진다. 이를 해결하기 위해 FIH와 각국 하키협회는 ESG 전략을 기획・운영・평가하는 전담 조직을 구성해 지속적인 추진력을 확보해야 한다.

이 조직은 잔디 인증 제도, 경기장 설계 기준, 선수 안전 프로토콜 등에서 환경적, 사회적 요소를 통합하여 정책의 일관성 및 책임성을 높이는 역할을 수행해야 한다.

나. 데이터 기반 의사결정 체계의 도입

지속가능성을 실질적으로 평가하기 위해서는 탄소배출량, 물 사용량, 에너지 소비량, 선수 부상 데이터 등 핵심 지표를 정량적으로 수집하고 공개하는 투명한 운영체계가 필요하다.

데이터 기반 거버넌스 정책의 효과를 객관적으로 측정할 수 있게 하며, 각 경기장이 어떤 수준의 지속가능성을 유지하고 있는지를 비교・평가하는 기준을 제공한다. 이는 정책 개선과 투자 우선순위를 결정하는 데 중요한 근거가 된다.

다. 정책의 투명성 및 책임성 강화

경기장 건설과 잔디 교체, 국제대회 운영에는 막대한 자금이 투입된다. 그러나 의사결정 과정이 폐쇄적이거나 투명성이 부족할 경우, 정책의 신뢰성과 종목의 국제적 위상은 크게 흔들릴 수 있다.

예산 집행의 공개, 잔디 인증 절차의 투명성 확보, 외부 감사 및 감시 기구의 도입은 필수적이며, 이는 필드하키가 공공적 가치를 지닌 스포츠로서 책임을 다하기 위한 기본 조건이다.

라. 선수 · 코치 · 전문가가 참여하는 의사결정 구조 구축

기술 변화가 선수 안전보다 앞서가는 문제는 필드하키에서 반복적으로 나타나고 있다. 본인이 겪었던 부상 사례처럼 잔디 기술이나 경기장 시설의 변화가 선수에게 직접적 영향을 미치기 때문에, 정책 수립 단계에서 선수 · 코치 · 의무 트레이너 등 현장 전문가들의 의견을 반영하는 구조가 필요하다. 이는 정책성과 안정성을 동시에 확보하는 가장 효과적인 방식이다.

마. 국제 협력 체계 강화

FIH, 아시아하키연맹, 각국 협회, 연구기관, 자재 기업 등이 협력하여 공통의 ESG 기준을 마련하고 글로벌 스탠더드를 구축해야 한다. 기술 개발, 잔디 성능 점검, 환경, 안전기준 설정 등을 협력체계 안에서 추진하면, 국가 간 경기장 격차를 줄일 수 있고 종목의 접근성과 포용성도 강화된다. 특히 제로워터베이스 잔디 인증, 스마트 에너지 시스템 적용 기준, 경기장 안전성 평가 시스템 등은 국제적 협력이 필수적인 분야가 되었다.

표1 · Governance(G) 영역 KPI 연동표

Governance분야	KPI 목표 수치 · 기준	설명(정량 · 정성 기준)	근거 · 연동 요소
의사결정 투명성 (Transparency)	외부 감사 실시율 100%	탄소배출 · 물 사용 · 부상률 · 예산 집행내역 공개	FIH Annual Report, IOC Governance Principles
책임성 (Accountability)	외부 감사 실시율 100%	경기장 건설 · 잔디 교체 · 대회 운영 예산 감사	IOC-ASOIF Governance Assessment Model
데이터 기반 운영 (Data Governance)	ESG 핵심지표 공개율 90% 이상	탄소, 물, 에너지, 부상 데이터의 정기적 수집 · 공개	FIH Turf & Facility Guidelines
이해관계자 참여 (Stakeholder Participation)	정책 수립 참여 비율 – 선수 · 코치 30% 반영	잔디 인증 · 경기장 운영정책 결정 시 현장 의견 포함	Safe Sport Framework / FIH Athletes Committee
윤리 · 준법경영 (Ethics & Compliance)	윤리 · 반부패 규정 교육 이수율 100%	지도자 · 심판 · 운영자 대상 연 1회 의무교육	스포츠 윤리 강령(IOC)
재정 투명성 (Financial Integrity)	예산 집행 공개 항목 100%	경기장 건설 · 대회 운영 · 인프라 유지비 공개	글로벌 스포츠 재정투명성 기준
정책 실행력 (Policy Implementation)	ESG 전략 실행률 80% 이상	제로워터 적용률, LED 전환률 등 실현율 평가	FIH Sustainability Strategy
국제협력 (International Alignment)	국제 기준 부합률 90%	FIH-Turf 인증, ESG 국제표준(ISO 20121) 충족	국제 메가스포츠 이벤트 기준
안전 거버넌스 (Safety Governance)	잔디 성능 · 안전성 테스트 100% 통과	마찰, 충격흡수, 공 반발력 등 정기평가	FIH Quality Programme for Hockey Turf

6. 결론

필드하키에 나타나는 ESG 문제는 특정 부문에 국한된 현상이 아니라, 환경(E), 사회(S), 거버넌스(G)의 세 축이 서로 긴밀히 연결되어 작용한 결과이다. 환경 영역에서는 인조잔디 마모와 미세플라스틱 유출, 물 사용 과다, 폐기물 발생, 생태계 교란, 에너지 소비 증가 등 지속가능성을 위협하는 구조적 문제가 확인되었다. 사회 영역에서는 접근성 불평등, 성평등 실현의 지연, 교육·장비 격차, 선수 안전 취약성, 은퇴 선수 지원 부족, 지역사회와의 연계 미흡 등 스포츠가 수행해야 할 사회적 책임이 충족되지 못하는 한계가 발견되었다. 거버넌스 영역에서는 권한 집중, 의사결정의 폐쇄성, 재정 투명성 부족, 정책-현장 간 불일치, 외부 견제 부재, 데이터 기반 운영의 미흡과 같은 조직 운영 구조의 문제들이 복합적으로 작용하고 있다.

이러한 문제들은 모두 단절된 영역이 아닌 서로 영향을 주고받는 상호 연계적 구조에서 발생한다. 환경적 취약성은 사회적 접근성을 제한하고, 사회적 불평등은 다시 거버넌스의 대표성·투명성을 약화시키며, 미흡한 거버넌스는 환경·사회 정책이 현장에서 실질적으로 실행되지 못하게 만든다. 따라서 필드하키의 지속가능성은 단일 영역의 개선만으로는 달성될 수 없으며, E-S-G가 통합적으로 강화되는 구조적 접근이 필요하다.

필드하키의 환경(E) 부문은 제로워터베이스 인조잔디(Zero-Water Turf)와 친환경 인조잔디(Non-Infill Turf)와 같은 친환경 기술 전환, 스마트 관수 및 에너지 효율화, 폐기물 재활용 체계 구축, 생태 보호형 경기장 설계 등 기술적·운영적 혁신이 요구된다.

사회(S) 부문은 접근성 확대, 성평등 강화, 교육·장비 지원 확충, 선수 안전 및 은퇴 지원 체계 강화, 지역사회와의 협력 관계 구축을 통해 스포츠의 공공적 가치를 실현해야 한다.

거버넌스(G) 부문은 의사결정의 민주성, 조직 운영의 투명성, 재정 안정성, 정책 집행력 강화, 외부 감시 체계 도입, 데이터 기반 의사결정 체계를 중심으로 구조적 신뢰를 회복해야 한다.

종합적으로, 필드하키가 지속가능한 종목으로 발전하기 위해 필요한 것은 기술 혁신과 사회적 책임 강화 그리고 지배구조 개혁이 균형 있게 결합된 ESG 통합 전략이다.

이는 필드하키가 국제사회에서 요구하는 공공적 가치, 사회적 책무, 투명한 운영 체계를 갖춘 미래 지향적 스포츠로 성장하는 기반이 된다. 결국 ESG는 필드하키의 의무가 아니라, 종목의 생존과 발전을 좌우하는 핵심 전략이며, 향후 필드하키가 글로벌 스포츠로서 지속가능성을 확보하기 위한 필수 조건으로 자리매김할 것이다.

참고자료

- https://envirotecmagazine.com/2023/10/23/new-guide-to-synthetic-turf-recycling-facilities/
- https://returf.com
- https://whsports.nl/en
- https://www.conservationaction.org
- http://www.fih.ch/

사례 6

크라쉬의 미래를 ESG에서 찾다

정 준 용 (크라쉬 국가대표)

1. 서론: 크라쉬의 현재와 고민
2. 크라쉬는 왜 ESG가 필요한가
3. 다른 종목의 교훈으로 크라쉬의 미래방향 설정
4. 크라쉬의 개선 방향
5. 크라쉬의 미래는 ESG에서 시작된다

1. 서론: 크라쉬의 현재와 고민

크라쉬는 매력적인 종목이다. 약 3,000년의 역사적 배경을 가진 현대 스포츠로서 경기의 박진감, 다양한 기술 체계를 모두 갖추고 있다. 경기 속도가 빠르고 관중이 직관적으로 이해할 수 있으며, 처음 접하는 사람도 신기해 하며 흥미를 느낀다. SNS와 영상 플랫폼을 통해 대회 영상이 노출되면 조회수가 빠르게 증가하며, 종목에 관하여 관심을 받는다. 이러한 요소들은 크라쉬가 가진 강점이자 잠재력을 나타낸다.

하지만 현재 국내에서 이 종목이 뿌리내린 정도는 충분하다고 보기 어렵다. 도장 수가 많지 않고, 지도자를 체계적으로 길러내는 시스템도 초보 단계에 가깝다. 실제로 현장에서 아이들부터 성인 선수까지 직접 지도해 보면, 지도자들 중에도 종목 자체를 완전히 이해하지 못한 채 수업을 진행하는 경우가 적지 않다는 점을 실감하게 된다.

선수 관리 방식, 지도자 교육과정, 장비와 매트의 관리기준, 그리고 대회 운영 절차까지 하나의 표준이 정립되어있지 않아 시합 현장에서는 여러 불확실성이 빈번하게 발생한다. 연맹의 규모 역시 매우 작고, 예산・인력・행정 지원이 충분하지 않아 종목의 발전 속도를 제한하는 또 다른 요인으로 작용한다. 대회 운영, 선수 육성, 지도자 자격제도, 학교 스포츠와의 연계 등은 본래 하나의 시스템으로 유기적으로 움직여야 하지만, 현실에서는 각 요소가 개별적으로 흩어져 운영되고 있어 제도적 기반이 약하다.

특히 대한체육회 정회원 승인 문제는 종목의 '공식성'과 직결되는 핵심 사안이다. 국제대회에서 좋은 성적을 거두더라도 정회원 지위가 확보되지 않으면 종목의 위상은 언제든 불안정한 위치에 머물 수밖에 없다. 이러한 한계와 부족함은 단순한 행정적 문제를 넘어서 종목 참여자와 지도자, 학부모 모두에게 불안감을 주며, 종목의 지속가능성과 확장성에도 직접적인 영향을 미친다.

필자가 현장에서 아이들과 제자들을 지도하면서 느낀 크라쉬의 잠재력과 매력은 분명하지만, 이를 충분히 발휘하고 안전하게 성장시키기 위해서는 연맹 차원의 제도적 기반, 체계적 지원, 교육시스템, 안전관리, 공신력 확보까지 종합적으로 개선되어야 한다는 사실을 확인했다. 결국, 크라쉬의 성장은 단순히 기술과 경기의 흥미만으로 이루어지는 것이 아니다. 제도적 기반과 연맹의 지원, 체계적 관리, 공신력 확보가 함께 맞물려야 가능하며, 이러한 기반이 마련되면, 크라쉬는 잠재력을 실현하고 선수와 지도자가 안심하며 참여할 수 있는 지속가능한 스포츠로 자리 잡을 수 있다.

가. 첫 번째 고민: 매력과 흥행 가능성

크라쉬를 처음 접한 사람들은 "이런 종목도 있구나"라는 호기심을 나타낸다. 그러나 종목의 기반은 충분히 따라오지 못한다. 최근 SNS와 영상 플랫폼에서 크라쉬 영상이 많이 노출되며 사람들의 관심도가 높아지고, 대회 영상 조회수도 쉽게 증가하는 편이다.

하지만 이러한 관심이 늘어나도 실제로 도장에서 배울 수 있는 환경은 충분히 확장되지 않았다. 지도자조차 종목에 생소한 경우가 많고, 학부모들은 "유도랑 뭐가 다른가요?", "안전한가요?"라는 질문을 반복한다. 이는 종목이 주는 첫인상은 매력적이지만, 신뢰와 구조적 체계가 부족함을 나타낸다.

나. 두 번째 고민: 지속성 있는 기반

크라쉬가 직면한 현실적 문제 중 하나는 대한체육회 정회원 승인과 제도적 기반의 부족이다. 선수들이 국제대회에서 뛰어난 성적을 거두거나 종목의 퍼포먼스 매력이 분명하더라도, 정회원 승인이 이루어지지 않으면 종목의 공신력은 항상 잠정적 상태에 머문다.

대회 지원, 선수 관리, 지도자 자격, 학교 스포츠 연계 등 모든 요소가 하나의 패키지로 발전해야 하지만, 현장에서 직접 경험한 저자는 크라쉬 성장에 필요한 제도적 기반이 충분치 않음을 확인했다. 이는 단순한 행정 문제를 넘어, 종목의 안정적 성장과 지속성을 확보하는 데 가장 큰 걸림돌이 된다.

따라서 크라쉬가 신뢰받는 스포츠로 자리 잡고, 선수와 지도자가 안심하고 활동할 수 있도록 연맹 차원에서 정회원 승인 절차와 제도적 기반을 체계적으로 마련하고 관리할 필요가 있다. 이러한 기반이 갖춰질 경우, 크라쉬는 단기적 성과에 머물지 않고 지속가능하고 공신력 있는 종목으로 성장할 수 있다.

다. 세 번째 고민: 모두가 이해하는 기준

크라쉬는 던지기 중심의 종목으로, 유도나 주짓수처럼 관절기・누르기 중심 기술이 많은 종목에 비해 비교적 안전하다. 그러나 "100% 안전하다"라고 단정할 수는 없다. 대회마다 매트 상태, 장비 기준, 경기 규칙 적용이 다르고, 지도자 교육 프로그램과 선수 관리 시스템도 체계적이지 않다. 이러한 미정립 상태가 지속되면 참여자들은 불안감을 느끼고 종목에서 멀어질 수 있다.

현장에서 아이들을 가르치는 지도자 입장에서, 이는 가볍게 넘길 문제가 아니다. 제자들이 안전하게 운동하며 보호받고 성장할 수 있도록 하는 것은 개별 지도자의 바람을 넘어 종목 전체가 지켜야 할 기준이다. 따라서 크라쉬의 지속가능성을 위해 연맹 차원에서 안전기준, 지도자 교육, 장비 규격, 선수 관리 시스템을 체계적으로 정립하고 지속적으로 관리할 필요가 있다. 이러한 책임이 수행될 때, 제자와 지도자는 안심하고 종목에 몰입할 수 있으며, 크라쉬는 신뢰와 안전성을 기반으로 지속가능한 스포츠로 자리 잡는다.

라. 크라쉬의 스포츠로서 미래는?

크라쉬가 한국에서 하나의 스포츠로 자리 잡기 위해서는 단순한 인기나 흥미만으로는 부족하다. 종목이 장기적으로 성장하고 안정성을 확보하려면 다음 세 가지가 동시에 갖춰져야 한다고 본다. ① 종목 고유의 매력을 직접 체험하고 알릴 수 있는 환경이 있는지, ② 선수 관리, 지도자 양성, 연맹의 행정과 지원이 지속가능하도록 제도적 기반이 마련되어 있는지, ③ 안전, 경기 규칙, 장비, 지도자 교육에 관한 기준이 명확하게 정리되어 있고, 이를 모두가 이해하고 신뢰할 수 있는지 여부다. 이 가운데 어느 하나라도 부족하면, 결국 종목의 장기적 생존과 성장에는 한계가 생길 수밖에 없다.

이 관점에서 보면, 크라쉬가 한국에서 하나의 스포츠로서 미래를 갖기 위해 풀어야 할 문제는 다음과 같이 정리할 수 있다. "크라쉬가 매력, 기반, 기준이라는 세 축을 균형 있게 구축하여 안정적이고 신뢰받는 스포츠로 자리 잡기 위해, 지금 무엇을 정비해야 하며, 각 도장과 연맹은 어떻게 운영되어야 하는가?"라는 것이다. 이 문제점에 대하여 대답을 찾는 과정이 곧 크라쉬의 중장기 전략이 된다.

여기서 크라쉬는 ESG경영을 전략적으로 적용할 여지가 있다. 종목 운영과 관리 전반에 ESG 관점을 반영하면, 안전성과 신뢰도를 높이고, 제도적 공신력을 확보하는 데 직접적인 도움이 된다. 결국 위에서 말한 세 가지 조건을 충족시키는 과정과 ESG경영을 정교하게 설계하는 과정은 서로 맞물려 있다. 이 조건들이 충족된다면, 크라쉬는 단기적 유행이나 흥행에 머무르지 않고, 하나의 스포츠로서 장기적인 지속가능성이 매우 확대될 것이다.

2. 크라쉬는 왜 ESG가 필요한가

크라쉬는 잠재력만 놓고 보면 이미 '성장 준비가 끝난 종목'이다. 경기 스타일도 현대 스포츠에 맞고, 관중 몰입도도 높으며, 세계적으로도 빠르게 움직이는 트렌드를 타고 있다.

그런데도 한국에서 크게 확장되지 못하는 이유는 단순히 "홍보 부족"이 아니다. 저자는 지도자, 선수, 도장 운영자의 시선으로 이 문제를 오래 지켜봐 왔다. 결론은 명확하다. 크라쉬는 종목의 매력보다 '종목의 신뢰'를 먼저 만들어야 한다. 그리고 이 신뢰를 만들 수 있는 가장 현실적이고 구체적인 기준이 바로 ESG라고 생각한다. ESG는 현시점에서 종목이 성장하는 데에 갖춰야 할 최소한의 기반 시스템이며, 크라쉬가 장기적으로 안정된 스포츠로 자리 잡기 위해 반드시 점검해야 하는 핵심 요소다.

가. ESG는 종목의 체질을 바꾼다 — '장기 생존'의 기준

크라쉬는 현재 '재미있는 신생 종목'의 단계를 넘어, 한국 스포츠 내에서 어떤 위치를 차지할 것인지를 고민해야 하는 시점에 있다. 선수층이 점점 두꺼워지고, 국제대회 성적도 나오며, 관심도 역시 꾸준히 상승하고 있다.

한국에서 오래 살아남은 종목들을 보면 공통점이 있다. 유도, 태권도, 배드민턴, 축구 등 모두 공통적으로 E(환경)·S(사회)·G(거버넌스) 기준이 일정 수준 이상 갖춰져 있다. E(환경)는 안전한 시설과 일관된 장비 기준, S(사회)는 선수와 지도자를 보호하는 사회적 기준, G(거버넌스)는 투명한 운영과 공정한 심판 시스템을 포함한다.

이 세 가지가 갖추어진 종목은 크게 흔들리지 않는다. 시대가 바뀌어도 시스템이 있으므로 다시 성장할 수 있다. 반면, 시스템 없이 "유행"만 타고 커진 종목은 유행이 꺼지면 같이 사라지는 경우가 많다. 크라쉬는 지금 그 갈림길에 서 있으며, 기준을 어떻게 세우느냐에 따라 '평생 가는 종목'이 될 수도, '잠깐 떠올랐다 사라지는 종목'이 될 수도 있다.

나. ESG는 지도자 · 선수 · 학부모 모두가 같은 표준에서 만날 수 있게 한다

현재 크라쉬는 '빠르게 성장하지만 정확한 방향이 모호한 종목'이라는 평가도 있다. 대회가 활발하고 선수는 늘어나지만, 종목의 철학, 규칙, 안전기준, 장기 계획은 명확히 정해져 있지 않다.

현장 일선에서 가장 크게 와닿는 문제는 '표준의 부재'이다. 어느 대회는 규칙이 조금 다르고, 지도자마다 가르치는 방식이 제각각이며, 대회 안전기준이 고정되지 않고 심판 판정이 우왕좌왕하며 체계가 잡히지 않는 모습을 종종 봐왔다.

이런 상황에서는 선수와 지도자, 학부모 모두 불안감을 느낀다. ESG는 단순히 "환경을 개선하자" "사회적 가치를 지키자"가 아니라, 종목 전체를 하나의 기준으로 묶어주는 틀이다. 신생 종목일수록 ESG가 반드시 필요하다. 기준이 없으면 종목은 버틸 힘이 없다.

이를 갖춰야 크라쉬는 단순히 신기한 종목을 넘어 "아이를 맡기고, 함께 응원하고 싶은 스포츠"로 자리 잡을 수 있다.

다. ESG는 대한체육회 정회원 승인 과정에서도 강력한 무기

정회원 승인은 단순히 실력이나 대회 개최 횟수만으로 되는 것이 아니다. 안전한 환경(E)과 선수 보호 시스템(S) 그리고 연맹 운영의 투명성과 구조적 안정성(G), 이 모든 요소가 평가된다.

따라서 크라쉬가 정회원 승인을 빠르게 받으려면 경기장 확대와 대회 개최만으로는 부족하며, 종목 체질을 ESG 중심으로 재설계해야 한다. 이는 크라쉬가 나아갈 방향의 핵심이다.

3. 다른 종목의 교훈으로 크라쉬의 미래방향 설정

태권도는 참여자 확보의 중요성을 보여준다. 유치원, 초등학교, 지역 센터 등에서 참여자를 먼저 확보하는 전략이 종목의 기반을 튼튼하게 한다는 점을 알 수 있다. 유도는 기준, 철학, 안전성이 필요함을 보여준다. 기술 규칙, 지도자 체계, 안전 시스템 등 종목의 핵심 기준이 확보되어야 장기적 생존이 가능하다. 격투 종목은 콘텐츠와 흥행력이 필요하다. SNS 전략, 영상 콘텐츠, 해설 영상 등은 종목 이미지를 강화하고 관심도를 높이는 중요한 요소다. 전통 무도 종목은 정체성과 브랜드가 필요하다. 종목만의 역사, 기술, 개성을 살리는 작업이 브랜드와 이미지 형성에 핵심 역할을 한다.

크라쉬는 이제 막 성장하는 종목이 아니라, 앞으로도 지속적으로 성장해야하는 종목이다. 앞서간 종목들의 시행착오와 성공 모델은 크라쉬에게 중요한 힌트를 준다. 태권도에게 배우는 표준화와 세계화 전략, 유도에게 배우는 철학・안전성・교육 시스템, 레슬링・주짓수에게 배우는 레벨・체급・경기 구조의 중요성을 적용할 수 있다. 지금은 종목 안에서 스스로 기준을 만들고 체계를 정비해야 할 시점이다.

모든 종목이 공통으로 보여주는 것은 종합적인 체계를 갖추었는가이다. 이는 곧 도장 기반 성장의 필수 조건이기도 하다. 크라쉬도 이제 스포츠로서 '시스템을 갖춘 종목'으로 갈 준비가 되었는가?

4. 크라쉬의 개선방향

지금이야말로 크라쉬의 기준을 만들어야 할 때라고 생각한다. 누군가 밖에서 정해주기를 기다리는 것이 아니라, 종목 안에 있는 사람들이 함께 논의하고 합의해 스스로 만들어가야 한다. 그래야 크라쉬가 원하는 방향으로 성장할 수 있다.

이 상태로 두면 반짝인기로 끝날 가능성이 크다. 반대로, 지금부터 ESG 관점을 바탕으로 현장에서 실질적인 변화를 만들어간다면, 크라쉬는 태권도・유도처럼 오랫동안 이어지는 정식 스포츠가 될 수 있다. 그 출발점이 바로 환경, 사회, 거버넌스에 대한 최소한의 기준을 종목 차원에서 정리하는 일이다.

환경(E)에서는 매트 · 보호장비 · 체급 관리 · 훈련 방식 등 기본 요소에 대해 도장에서 바로 적용할 수 있는 최소 기준을 만드는 것이 중요하다. 어떤 장비를 선택할지, 어떻게 관리하고 설명할지에 대한 현실적인 지침이 있어야 ESG가 실제 현장에서 작동한다.

사회(S)는 지도자 · 선수 · 학부모가 서로 존중하며 성장하는 문화를 만드는 것이다. 폭력과 체벌 없는 지도, 충분한 설명과 소통, 그리고 지역사회와 연결되는 체험 활동 · 재능기부 같은 프로그램이 여기에 포함된다. 이런 문화가 종목의 지속가능성을 강화한다.

거버넌스(G)는 경기 규칙과 심판 기준, 대회 운영 매뉴얼, 지도자 자격과 책임 구조를 확실히 하고, 기준과 절차를 최대한 공개하는 방향으로 가야 한다. 모든 사람이 어떤 기준으로 심판을 보는지, 지도자는 어떤 책임을 지는지, 대회는 어떤 절차로 운영되는지 알 수 있어야 신뢰가 생긴다.

5. 크라쉬의 미래는 ESG에서 시작된다

크라쉬는 빠르게 성장하고 있고, 종목 자체의 매력도 분명하다. 하지만 여기서 '재밌는 신생 운동'으로 소비되고 끝날지, 아니면 '한국에서 오래 남는 정식 스포츠'로 자리매김할지 갈리는 중요한 시점에 서 있다. 선수는 늘고 대회도 열리고 있지만, 종목의 안정화를 받쳐 줄 기초체계와 문화는 아직 부족하다. 특히 대한체육회 정회원이 아니기 때문에 제도적 지원과 공적 기반이 제한적이라는 한계도 있다.

대한체육회 정회원이 되기 위해서도 이런 기준과 실천은 선택이 아니라 필수에 가깝다. 안전하고 존중받는 수련 문화, 투명한 운영 체계가 갖춰져야만 공식 지위와 지원을 확보할 수 있고, 그래야 크라쉬가 한국 스포츠 시스템 안으로 들어갈 수 있다. 세 가지, 즉 안전, 존중, 투명한 운영이 어느 정도 수준까지 올라가야 비로소 크라쉬는 "신기한 격투기"를 넘어서 "아이를 맡기고, 함께 응원하고 싶은 스포츠"가 된다.

이 변화를 실제로 만들어가는 중심에는 현장 지도자들이 있다. 지도자가 안전을 지키고, 사람을 존중하며, 운영을 투명하게 하려는 선택을 반복할 때마다, 종목 전체의 신뢰와 가치가 같이 올라간다. 저자 역시 단순히 크라쉬에 참여하는 수준을 넘어, 앞장서서 움직이고 변화를 만들어야 한다고 생각한다. 이것은 개인적인 욕심이 아니라, 앞으로 크라쉬를 만날 아이들, 선수들, 지도자들의 미래를 위한 과제에 가깝다. 이 모든 과정을 한 번에 싹 다 바꾸기는 어렵지만, 현실적으로 ESG가 할 수 있는 일에서도 우리가 넘어야 할 과정에서도 한계가 있다.

그렇다고 멈춰 있을 이유는 없다. 작은 실천들이 쌓이면, 10년 뒤 누군가는 "그때 당신들이 방향을 잡아줘서 지금 크라쉬가 여기까지 올 수 있었다"고 말할지도 모른다.

결국 크라쉬의 미래를 바꾸는 것은 지금 지도자들이 어떤 선택을 하고, 무엇을 실제로 실천하느냐이다. 안전한 환경, 존중받는 사람, 투명한 운영이라는 ESG의 가치를 도장과 대회 현장에서 하나씩 구현하는 과정 자체가 종목의 신뢰를 쌓고 대한체육회 정회원으로서 공식 지위를 확보하는 길이다. 지금 우리는 그 길의 출발점에 서 있다.

스포츠 공공기관의 ESG경영: 국민체육진흥공단 사례

박 수 민 (2025 국민체육진흥공단 인턴)

1. 서론
2. 국민체육진흥공단과 '환경'
3. 국민체육진흥공단과 '사회'
4. 국민체육진흥공단과 '거버넌스'
5. 결론

1. 서론

가. 국민체육진흥공단의 ESG 실천

국민체육진흥공단은 '스포츠로 함께 만드는 지속가능한 미래'라는 경영 비전으로 2021년 KSPO ESG경영을 도입했다. 또한 공단은 ESG경영을 본격적으로 추진하기 위해 공단형 ESG경영모델을 구축하였다. 이 모델은 스포츠 본연의 업과 ESG경영을 결합해, 스포츠를 통한 지속가능한 미래의 사회적 책임을 실현하는 통합 경영전략이다.

표1 · 국민체육진흥공단형 ESG경영 모델

본연(業)	ESG	추진전략		KSPO형 ESG역할
스포츠 (Sports)	환경(Environment)	스포츠 친환경 경영 선도	➜	• 온실가스 감축 등 탄소중립 체계강화 • 사업장 친환경 인프라 구축 • 범체육계 친환경 실천 확산
	사회(Social)	스포츠를 통한 사회적책임 경영 강화	➜	• 사각지대없이 스포츠로 건강한 삶 실현 • 양질의 스포츠 일자리 창출 및 안전경영 강화 • 동반성장 및 지역사회 기여 확대
	지배구조(Governance)	투명 · 공정한 지배구조 확립	➜	• 윤리경영 실현 및 청렴공정한 조직문화 정착 • 국민이 참여하는 투명한 의사결정 구조 • 대국민 정보공개 확대 및 정확한 정보공시

출처: 국민체육진흥공단 홈페이지

공단은 이러한 모델을 기반으로 3개년 단위의 장기 로드맵 수립을 통해 단계별 실행전략을 마련했다. 또한 로드맵을 현실에서 구현하기 위해 외부 전문가로 구성된 'ESG경영위원회'와 실무 전담 조직인 'ESG경영팀'을 신설하여 수행 체계를 강화했다..

표2 · 국민체육진흥공단의 ESG경영 장기 로드맵

ESG경영 중 장기로드맵	기반구축('21~'23)	성과확산('24~'26)	고도화('27~)
	• KSPO ESG 경영 도입 • ESG 경영 기반확립	• KSPO ESG 경영 도약 • ESG 경영성과 창출	• KSPO ESG 경영 정착 • ESG 경영성과 확산

출처: 국민체육진흥공단 홈페이지

출처: 한스경제

그림1 • 대한민국 환경대상 ESG경영 부문 수상

또한, 공단은 내부적 ESG 가치 실천뿐 아니라 국민 참여를 기반으로 하는 ESG 확산에도 힘쓰고 있다. 대표적으로 2023년부터 매년 시행 중인 '대국민 스포츠 ESG 실천 공모전'을 통해 국민과 스포츠 단체로부터 ESG 실천 아이디어를 공모하고 있다. 이러한 노력의 결과로 공단은 2025년 대한민국 환경대상 ESG경영 부문을 수상하며 ESG경영의 실천을 대외적으로 인정받았다.

공단 내 경륜경정총괄본부 역시 자체적인 ESG를 실천하고 있다. 따라서 경륜경정 분야에서 나타나는 ESG적 가치 실행 사례를 분석하고, 향후 발전 가능성을 살펴보고자 한다.

2. 국민체육진흥공단과 '환경'

가. 경주권 구매표와 환경

경륜 • 경정 경기장에서 환경적 가치 실천을 방해하는 대표적인 요인은 종이 경주권의 과도한 사용이다. 경주권은 경주 결과를 예측해 베팅에 사용되는 티켓으로, 전통적으로는 대부분 종이 형태로 발급되어 왔다. 최근에는 '스피드온(Speed-On)'과 같은 온라인 어플에 베팅 서비스가 도입되며 디지털 전환이 이루어지고 있으나, 경기 현장에서는 여전히 종이 경주권의 사용 비율이 높다.

출처: 문화체육관광부 블로그

그림2 • 종이 경주권

특히 낙첨 경주권은 환경부담의 주된 원인이 된다. 중장년층이 주요 고객인 경륜・경정의 특성상 종이 구매권을 선호하는 경향이 강한데, 이 중 적중하지 못한 낙첨권은 경기 종료 후 폐기된다. 문제는 이 낙첨권이 음식물, 담배꽁초 등과 함께 버려지면 재활용이 어려워지고, 경기

출처: 경향신문

그림3 • 사랑의 열매 온도계 탑

출처: 국민체육진흥공단

그림4 · 플로깅 캠페인 진행 중인 임직원들

장 내 폐기물량을 크게 증가시킨다는 점이다.

이러한 문제를 해결하기 위해서는 낙첨 경주권을 회수할 수 있는 장치를 설치하고, 고객들이 환경적 가치를 실천할 수 있도록 유도하는 방법이 필요하다. 예를 들어, 경기장 곳곳에 낙첨권 전용 수거함을 설치하고, 수거율을 눈으로 직접 확인할 수 있는 시설물을 함께 배치하는 방법이 있다. 이는 '사랑의 열매 온도계 탑'과 유사한 방식으로, 낙첨권이 얼마나 모였는지 시각적으로 볼 수 있기 때문에 자연스럽게 환경보호를 유도하는 효과가 있다. 해당 방식은 단순히 분리수거를 장려하는 수준을 넘어, 고객이 환경보호 활동에 직접 참여하고 있다는 인식을 줌으로써 경기장 내 폐기물 감소와 재활용 활성화에 도움이 될 것이다.

나. 캠페인을 통한 환경보호

경륜경정총괄본부는 환경보호를 위해 다양한 현장 중심 캠페인을 운영하고 있으며, 그 중 대표적인 사례가 플로깅(Plogging) 활동이다. 플로깅은 스웨덴어 '줍다

(Plocka upp)'와 영어 '조깅(Jogging)의 합성어로, 조깅과 동시에 폐기물을 수거하는 친환경 활동이다.

경륜경정본부 임직원들은 광명스피돔을 중심으로 페달광장, 주변 산책로 일대를 걸으며 생활 속 환경정화 활동을 실천하고 있다. 이는 지역사회와 공공기관이 협력해 환경 문제를 해결해 나간다는 점에서 ESG의 핵심 가치인 지역사회 연계성 역시 실천한다는 의미가 있다.

3. 국민체육진흥공단과 '사회'

가. 사회공헌 브랜드 선포

경륜경정총괄본부는 2025년 6월 26일, 'On-Re; By CYCLE'이라는 자체적 사회공헌 브랜드를 선포했다. On-Re는 온기를 순환시킨다는 뜻이며, By CYCLE 은 경륜

출처: 국민체육진흥공단 경륜경정총괄본부

그림5 · 경륜경정총괄본부의 사회공헌 브랜드 로고

과 경정이 자전거 바퀴가 되어 사회적 선순환을 만들어간다는 메시지를 표현한다. 이를 통해 사회적 책임을 능동적으로 수행하겠다는 의지를 명확히 제시했다고 볼 수 있다.

경륜경정총괄본부는 사회공헌 브랜드 선포를 통해 대표사업 4가지를 약속하고, 이

출처: 국민체육진흥공단 경륜경정 블로그

그림6 · 생애주기 자전거 전달 사업

를 통해 지역과 미래 세대에 지속가능한 미래의 전달을 목표했다. 첫째, 학교 체육부와 학생 선수를 지원하는 '스포츠서포터', 둘째, 유아와 청소년에게는 자전거를, 노인에게는 실버카를 보급하는 '생애주기반려 자전거보급'을 약속했다. 셋째, 청소년의 도박중독을 예방하는 교육과 심리치료를 지원하는 '청소년 중독예방교육', 넷째, 장애아동을 후원하는 '장애아동 후원라이딩'을 제시했다.

이러한 사업 추진의 일환으로 3,000만 원 상당의 자전거와 안전 보호구를 생애주기 자전거 보급 사업 기부금으로 전달하고, 관내 행정복지센터를 직접 찾아 자전거를 전달하며 나눔 문화를 실천하는 모습을 보였다.

나. 직업 체험 기회 제공

경륜경정총괄본부는 청소년들에게 직업 체험 기회를 제공하면서 사회적 가치를 실천하고 있다. 경기 방송을 중계하기 위해서는 아나운서, 프로듀서, 촬영 기술자 등 다양한 방송 직군이 필요하며, 이러한 특성을 기반으로 광명스피돔 방송실에서는 '방송전문가 직업 체험 교실'이 운영되고 있다.

출처: 스포츠월드

그림7 · 방송 직업 체험 중인 청소년들

해당 체험은 방송 분야 진로를 희망하는 청소년들에게 경기 중계 환경을 체험할 수 있는 기회를 제공하며 실질적인 진로 탐색과 역량 개발을 지원한다. 또한 단발성 캠페인이 아닌, 여러 해에 걸쳐 꾸준히 운영되고 있다는 점에서 공단이 지속가능한 사회적 나눔 활동을 실천하고 있음을 보여준다.

4. 국민체육진흥공단과 '거버넌스'

가. 불법 스포츠 도박 근절 및 예방 활동

국내의 불법 스포츠 도박 시장 규모는 약 21조 원에 달한다. 불법 도박은 단순한 유희가 아닌 범죄 행위이며, 특히 청소년을 포함한 젊은 층에게 중독, 채무와 같은 개인적 위험을 초래한다. 동시에 청소년 범죄 증가, 공공비용 부담 등 사회 전체의 안전과 신뢰를 훼손하는 문제로 귀결된다.

반면 경륜·경정은 국민체육진흥공단이 정식으로 운영하는 국가 공인 합법 베팅이다. 불법 스포츠 도박과 달리 운영 과정이 투명하게 관리되고, 수익 또한 공공 체육 진흥의 사회적 가치 실현에 사용된다. 또한 무분별한 베팅 유도와 범죄 연계가 구조적으로 차단되어 있다는 점에서도 불법 도박과 근본적인 차이가 있다.

따라서 건전한 베팅 환경을 지키기 위해 공단은 불법 스포츠 도박을 차단하고 이용자를 보호하며, 기관 운영의 투명성과 청렴성을 확보하기 위한 거버넌스 활동을 진행하고 있다. 특히 2017년부터 불법 스포츠 도박 근절을 위한 모니터링 활동을 이어오고 있으며, 불법 도박 신고 경험이 있는 일반 시민과 경찰행정학 전공 대학생 등을 선발해 불법 사이트 모니터링과 신고 활동을 진행하고 있다.

이 프로그램은 불법 스포츠 도박으로 인한 사회적 피해를 줄이고, 건전한 스포츠 베팅 환경을 조성한다는 의미가 있다. 결과적으로 공단이 추구하는 책임 있는 기관 운영, 즉 거버넌스 영역의 핵심 가치인 투명성과 사회적 책임을 실천하는 대표적인 사례라고 할 수 있다.

나. 정보공개 및 국민참여 활성화

공단은 기관의 청렴도 제고를 위해 정보공개 및 국민참여 역시 활발하게 진행 중이다. 실제로 공단 홈페이지 첫 화면의 주요 메뉴가 '정보공개'와 '국민참여'로 구성되

선발기준

① 공단과 체육진흥투표권에 대한 이해와 관심이 많으며 타 사행사업 활동 유경험자 (모니터링단, 경찰청 누리캅스 등)

② 불법도박사이트 신고 경험있는 자

③ 불법도박사이트 모니터링 의지가 있고 컴퓨터 활용 능력이 우수한 자 등

출처: 국민체육진흥공단 블로그

그림8 • 모니터링단 선발기준

출처: 국민체육진흥공단

그림9 · 국민체육진흥공단 홈페이지 ‘정보공개’ 항목

출처: 국민체육진흥공단

그림10 · 국민체육진흥공단 홈페이지 ‘국민참여’ 항목

어 있는 것은, 공단이 경영 전반을 국민에게 투명하게 공개하고자 하는 의지를 반영한다.

특히 '정보공개' 내에는 재정정보공개, 사업실명제 등이 포함되어 주요 사업과 집행 과정이 투명하게 공개되고 있으며, '국민참여'에는 국민제안, 신고센터 등을 통해 국민이 공단 운영에 직접 의견을 제시하거나 부조리를 신고할 수 있는 창구가 마련되어 있다. 이러한 제도 운용은 공단의 거버넌스 핵심 가치를 현실적으로 강화하는 역할을 한다.

5. 결론

공단은 ESG경영 비전인 '스포츠로 함께 만드는 지속가능한 미래'를 실현하기 위해 ESG 전 영역에서 다양한 노력을 기울이고 있다. 이러한 활동은 공단이 체육 진흥을 수행함과 동시에 지속가능한 사회적 가치 창출을 주도하는 공공기관으로 발전하고 있음을 의미한다. 특히 경륜경정총괄본부의 여러 실천 사례는 ESG 가치가 실제 현장에서 적용될 수 있음을 나타내며, 조직 전반에 ESG경영이 점진적으로 정착되고 있음을 시사한다.

공단은 2027년 이후 ESG경영을 안정적으로 정착시키고, 2028년에는 '온실가스 21.5% 감축', '동반성장평가 최우수 등급', '종합청렴도 1등급 달성'이라는 구체적인 경영목표를 제시하고 있다. 이러한 목표를 달성하기 위해서는 스포츠가 가진 사회적 영향력을 통해 환경부담을 줄이고 지역사회와 상생하며, 투명하고 책임 있는 기관 운영을 지속하는 것이 중요하다.

이러한 노력이 지속된다면 공단은 ESG경영을 선도하는 스포츠 공공기관으로 자리매김할 것이다. 나아가 공단의 실천 사례들은 우리 사회에 지속가능한 가치 확산에 기여하는 중요한 기반이 될 것이다.

참고자료

- 경향신문(2014), "사랑의온도 100 도 코앞에"
- 국민체육진흥공단 ESG 홈페이지
- 국민체육진흥공단 경륜경정 블로그
- 국민체육진흥공단 블로그
- 매경테스트 취업스쿨(2021), "착한 기업이 살아남는다? 가치소비 바람타고 확대되는 ESG경영"
- 스포츠동아(2025), "국민체육진흥공단, 불법 스포츠 도박 근절 및 예방을 위한 민간·대학생 모니터링단 모집"
- 스포츠월드(2025), "경륜경정총괄본부, '방송전문가 직업 체험 교실' 진행
- 은평구체육회(2021), "은평체육 기자단 - 플로깅"
- 한스경제(2023), "팽창하는 불법스포츠도박 시장, 그 심각성과 근절 방안은"
- 한스경제(2025), "국민체육진흥공단, 대한민국환경대상 ESG경영 부문 수상"

사례 8

스페셜올림픽코리아의 ESG경영: 성과와 한계 및 발전 방향

박 경 준 (스페셜올림픽코리아 스포츠본부)

1. ESG 활동이 스페셜올림픽에 스며들기까지
2. 스페셜올림픽을 지속가능하게 만드는 노력들
3. 스페셜올림픽의 다음 걸음을 그리며

1. ESG 활동이 스페셜올림픽에 스며들기까지

가. 스페셜올림픽 개요

스페셜올림픽은 발달장애인의 스포츠 대회로서 패럴림픽과는 구분되며 올림픽, 패럴림픽과 더불어 IOC가 인정한 '올림픽'이라는 명칭을 정식으로 사용하는 유일한 발달장애인 대상 대회이다.

이러한 스페셜올림픽은 존 F. 케네디 대통령의 누이동생인 유니스 케네디 슈라이버 여사가 발달장애인을 위해 1963년 개최한 여름 캠프를 계기로 시작되었다. 이후 1968년 조셉 P. 케네디 주니어 재단의 후원을 받아 미국 시카고에서 '제1회 스페셜 올림픽 세계대회'가 개최되며 스페셜올림픽이 역사적으로 첫발을 내디뎠다.

스페셜올림픽은 당시 '특수올림픽'이라는 명칭으로 1977년 한국에 처음 도입되었다. 1978년 '한국특수올림픽위원회'가 비영리 민간단체로 출범하며 발달장애인 지원 단체로의 첫발을 내디뎠고, 이후 1989년 서울장애인올림픽대회 조직위원회의

출처: 스페셜올림픽코리아

그림1 · 故 유니스 케네디 슈라이버

후속 기구로 (재)한국장애인복지체육회가 설립되며 재정 지원을 받기 시작하였다. 1999년에는 최초로 '제1회 특수올림픽 한국대회'를 개최하며 육상, 수영, 축구, 탁구 4개 종목에서 기량을 다투며 성장하기 시작하였고, 국제스페셜올림픽위원회(SOI)로부터 공식 인증을 획득하며 명실상부한 한국 유일의 발달장애인 스포츠 기구로 자리 잡았다. 2005년 한국스페셜올림픽위원회로 명칭이 변경되며 문화체육관광부 산하 대한장애인체육회의 가맹단체로 가입하게 되었으며, 2008년에는 (사)한국스페셜올림픽위원회로 정식 출범하였다. 2년이 지난 2010년에는 2013년에 개최될 스페셜올림픽 세계동계대회의 개최지로 한국이 선정되었으며, 해당 대회는 평창과 강릉에서 3,000여 명 이상이 참여하였다. 이 대회는 유치 당시 2%에 머물던 스페셜올림픽에 대한 인지도를 폐막 무렵 70%까지 끌어올리며 발달장애인에 대한 인식 개선에도 큰 몫을 하며 자연스레 발달장애인에 관한 관심

출처: 스페셜올림픽코리아

그림2 · 2013 평창 동계 스페셜올림픽 세계대회 출정식

으로 이어지게 되었다. 이후 한국스페셜올림픽위원회는 '스페셜올림픽코리아'로 재탄생하였고, 대한지적장애인스포츠협회와도 통합하여 명실상부한 국내 유일의 발달장애인들의 스포츠, 문화예술 활동 지원 단체로 자리매김하였고, 지금까지도 활발히 발달장애인 지원을 위해 노력하고 있다.

나. ESG 활동 연혁

지속가능한 발전이 화두가 되는 요즘 국제스페셜올림픽(SOI)도 이러한 흐름에 발맞추어 '스포츠 환경 지속가능성 프레임워크'와 같은 가이드를 공개하고 보급하여 국가 및 지역 본부가 행사 운영에 있어 환경 영향을 줄이도록 돕고 있다. 환경적 측면에 이어 사회적 측면에 대해서는 발달장애인의 인식을 개선하고 스포츠 참여 기회를 확산시키고자 하는 스페셜올림픽 설립 배경에 맞추어 설립 초창기부터 꾸준히 진행되고 있다. 특히 2~7세 어린이를 대상으로 하는 유아 놀이 프로그램이나 장애인과 비장애인이 함께 스포츠에 참여하며 서로를 이해하고 고정관념을 깨뜨리기 위한 통합 스포츠 프로그램도 활발히 진행되고 있다. 마찬가지로 국제스페셜올림픽(SOI)은 정관 자체에 이사회의 구성요건, 국가 프로그램에 대한 인증 가이드라인 제시, 연례 보고서를 통한 조직의 투명성 공유, 발달장애인 선수들이 조직의 의사결정에 참여할 수 있도록 장려하는 등의 다양한 거버넌스 측면의 사례도 보여주고 있다.

국제스페셜올림픽(SOI)과 비교하였을 때 스페셜올림픽코리아는 아직 나아가야 할 길이 멀게만 느껴진다. 하지만 스페셜올림픽코리아 또한 발달장애인의 체육 활동 참여 증대, 인식 개선 등을 위해 다양한 사업들을 진행하고 있다. 따라서, 스페셜올림픽코리아에서 진행 중인 ESG경영 활동 사례를 조사하고 부족한 부분은 국제스페셜올림픽(SOI)에서 진행 중인 사례를 함께 소개하여 궁극적으로 스페셜올림픽코리아가 앞으로 나아가야 할 방향에 대해 제시하고자 한다.

2. 스페셜올림픽을 지속가능하게 만드는 노력들

가. 환경(E) 경영 활동 사례

국제스페셜올림픽(SOI)는 최근 몇 년 사이 세계의 트렌드에 발맞추어 환경적 지속가능성 측면을 체계적으로 다루기 시작했다. 특히 스페셜올림픽은 스포츠 이벤트로서 자연환경인 토양이나 수질, 대기에 많은 영향을 미칠 뿐 아니라, 기후변화로 인하여 스포츠 자체가 영향받는다는 사실을 깨달았다. 때문에 스페셜올림픽 글로벌 전략계획 자체가 UN의 지속가능발전목표(SDGs)를 기반으로 구성되어 있기에 지속가능한 발전은 스페셜올림픽의 핵심 요소나 다름없었다. 결론적으로 스페셜올림픽은 환경 문제나 기후변화로 인하여 전 세계에서 진행되는 프로그램들에 이미 여러 어려움을 겪는 것을 확인하며 환경을 보호하고 미래를 준비하기 위해 환경에 대한 지속가능성을 강화하는 데 전념하게 된다.

출처: 국제스페셜올림픽(SOI)

그림3 · 스포츠 지속가능성 프레임워크 - 최종 프로젝트 리포트

그 결과 국제스페셜올림픽(SOI)에서는 스페셜올림픽이 환경 지속가능성에 미치는 영향을 조사하여 '스포츠 환경 지속가능성 프레임워크(Sport Sustainability Framework)'와 같은 가이드를 공개하였다. 이는 전 세계의 스페셜올림픽 국가에서 진행하는 행사나 프로그램에 환경 영향을 줄이도록 돕는 길라잡이 역할을 수행하고 있다.

해당 보고서의 개발 과정에서는 목표를 명확히 규정하기 위하여 지속가능성을 역할과 책임에 포함하고자 고려하였고, 파트너와 명확한 의사소통을 중시하였으며 지속가능한 물품 및 서비스에 대한 기준을 제시하였다. 또한 탄소, 폐기물 감소 측면을 고려하였고, 지속가능성 측면에 대한 교육의 중요성에 대해서도 강조하며, 환경친화적 식음료 제공도 중요 사안으로 고려하였다. 이러한 측면들을 고려하여 스페셜올림픽 국가들이 실제로 사용할 수 있는 형태로 조정하여 11가지의 핵심 영역을 포함한 프레임워크를 발표하였다. 이 11가지의 프레임워크를 바탕으로 환경적 측면에서 지속가능한 발전을 이루기 위한 사례를 몇 가지 소개해 보고자 한다.

1. 지속가능성 정책 및 거버넌스
2. 장소 관리
3. 지속가능한 조달
4. 폐기물 관리
5. 지속가능한 식음료
6. 기후행동
7. 환경보호 및 생물다양성
8. 청정에너지
9. 인식 제고 및 교육
10. 지속가능한 이동성
11. 혁신 및 파트너십

먼저 '스페셜올림픽벨기에'에서는 유니폼과 용품 재사용으로 물자 낭비를 줄이기 위하여 노력하였다. 그들은 대회마다 제작하던 자원봉사자 유니폼을 새로 제작하지 않고 3년 이상 재사용하도록 하였다. 또한 스폰서에 대한 홍보물을 디지털로 전환

출처: 국제스페셜올림픽(SOI)

그림4 · 스페셜올림픽이탈리아의 다양한 환경 경영 사례

함으로써 이벤트마다 발생하는 많은 양의 홍보물 제작량을 낮추기 위한 노력을 진행하였다.

다음으로 소개할 국가는 '스페셜올림픽이탈리아'이다. 이탈리아에서는 도요타와의 파트너십을 통해 하이브리드 차량을 대회 운영 차량으로 적극 활용하였다. 이에 따라 대회 수송 시 발생하던 탄소 배출량을 감소시켜 공기 오염을 최소화하였다. 저자가 2025년 초 직접 다녀왔던 '2025 토리노 스페셜올림픽 세계동계대회'에서도 대회 운영 차량은 모두 도요타 하이브리드 차량을 사용하는 것을 확인하였기에 이탈리아가 지속가능한 발전에 진심임을 확인할 수 있었다. 또한 이탈리아는 코카콜라와 파트너십을 맺어 쓰레기 매립지로 향하는 쓰레기의 양을 줄이기 위하여 이벤트 현장에 많은 재활용 쓰레기통을 설치하여 재활용이 불가한 쓰레기양을 줄이기 위해 노력하는 것을 확인할 수 있다. 마지막으로 이탈리아에서는 지역 농산물을 활용하여 지속가능한 발전을 위해 노력하였다. 음식을 제공할 경우 지역에서 우선 조달이 가능한 계절 식자재를 사용하였으며, 포장이 많이 필요하지 않은 간식들을 제공하

출처: 스페셜올림픽미국(SOUSA)

그림5 · 스페셜올림픽미국의 숫자로 나타낸 지속가능성 성과

여 포장 폐기물을 줄이기 위해 노력하였다.

마지막으로 소개할 국가는 '스페셜올림픽미국'이다. 2018년 시애틀에서 개최된 스페셜올림픽 USA 대회에서는 지역 인프라를 활용하여 이벤트 진행 시 환경 보전을 진행하였다. 행사장 전역에 퇴비통과 3중 폐기물 통을 설치하였고, 해당 재활용 시스템을 경험하지 못한 사람들이 쓰레기를 올바르게 버릴 수 있도록 안내할 175명의 자원봉사자를 구성했다. 이들은 '그린 팀'이라는 명칭으로 불리며 종횡무진 크게 이바지를 했다. 그 결과 800파운드의 남은 음식을 지역 쉼터에 기부하기에 이르렀고, 환경적 영향을 줄임과 동시에 도움이 필요한 사람들에게 음식을 제공할 수 있었다.

해당 대회에서는 지속가능성을 높이기 위해 다양한 노력이 시도되며 실제 성과로 이어졌는데 4,000병의 재활용 가능한 물컵이 선수단에 지급되고, 4,000파운드 이상의 비닐 배너가 재활용되어 가방 등으로 재탄생하기도 하였다.

이처럼 유럽, 아메리카 등 다양한 스페셜올림픽 국가들에서 스포츠와 지속가능한 발전은 떼려야 뗄 수 없음을 깨닫고 갖가지 노력으로 환경을 보존하며 나아가려는 방안들을 찾아 실제로 실행하고 있다. 저자가 속해있는 스페셜올림픽코리아에서는 아직 환경에 대한 지속가능한 발전을 위한 구체적인 사례를 도입하기에는 어려운 단계이지만 앞으로의 나아가야 할 방향임은 틀림없기에 꾸준한 발전이 요구되는 상황이다.

나. 사회(S) 경영 활동 사례

이번에 소개할 영역은 ESG경영 중 사회 부문에 대한 경영 활동 사례를 알아보고자 한다. 타국의 사례를 살펴보았던 환경적 측면과는 달리 스페셜올림픽코리아에서도 사회 부문 활동에 있어서는 큰 노력과 성과를 거두고 있기에 국내 사례를 위주로 살펴보고자 한다.

먼저 UN 장애인권리협약에 따르면 장애인에게 모든 영역에서 동등하게 참여할 권리를 보장해야 하며, UN 지속가능발전목표에도 장애인에 대한 사회적 배제를 감소시키고 포용적 사회 구축에 대한 목표가 명확히 명시되어 있다. 스페셜올림픽코리아에서는 발달장애인과 비장애인이 함께 팀을 이뤄 훈련과 대회 참가를 통해 포용적 사회를 구축하고, 발달장애인으로 하여금 스포츠 활동 참여 기회를 보장하기 위한 '통합스포츠단'을 매년 운영하고 있다. '통합스포츠단'은 발달장애인과 비장애인이 함께 팀을 이뤄 연간 최소 24회 이상 훈련을 진행하며 서로를 이해하고 기량을 향상시키는 프로그램이다. 단지 24회 이상의 훈련에서 그치는 것이 아닌 매년 5-6월 경 '국제통합스포츠대회'라는 명칭의 대회에 참가하여 그동안 갈고닦은 실력을 뽐내기도 한다. 해당 대회는 국내 선수들과의 교류뿐만 아니라 해외 다양한 국가의 선수들과 직접 소통하고 경기하며 발달장애인으로 하여금 사회성도 기를 좋은 기회를 제공한다.

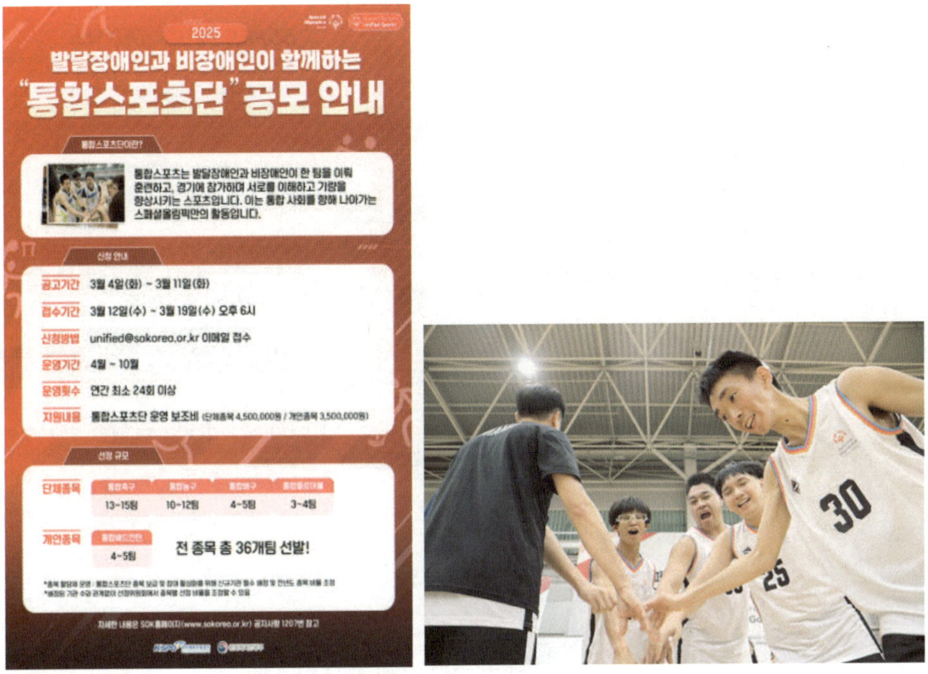

출처: 스페셜올림픽코리아

그림6 • 통합스포츠단 공모 포스터와 통합스포츠대회 사진

스페셜올림픽코리아는 사회적 약자에 대한 인식 개선 측면의 사업도 활발히 진행 중이다. UN 장애인권리협약에 따르면 장애인을 동등한 시민으로 존중하고, 사회적 배제와 편견을 줄이기 위한 인식 개선 활동을 권장하고 있다. 또한 UN 지속가능발전목표에도 모든 사람이 평등하게 참여할 수 있는 환경을 조성하여 불평등 감소를 목표로 내세우고 있다. 이러한 목표에 발맞추어 스페셜올림픽코리아는 2014년부터 슈퍼블루캠페인의 일환으로 장애인과 비장애인이 함께 달리며 장애에 대한 그릇된 인식과 편견의 벽을 낮추기 위해 슈퍼블루마라톤 행사를 진행하고 있다. 슈퍼블루캠페인은 파란색 운동화 끈을 묶고 달리며 장애에 대한 인식을 돌아보는 캠페인인데, 푸른색은 밝고 희망적임을 상징하며 운동화 끈은 스스로 묶음으로써 자립심을 키운다는 의미를 내포하고 있다. 이러한 의미를 담아 푸른 운동화 끈을 묶고 달리는 것은 함께 교감하고 공감하는 포용의 의미를 담고 있다. 또한 슈퍼블루마라톤에서는 '슈퍼블루 5가지 약속'이라는 일상에서 자주 쓰는 장애인 비하 용어와 더불어 흔

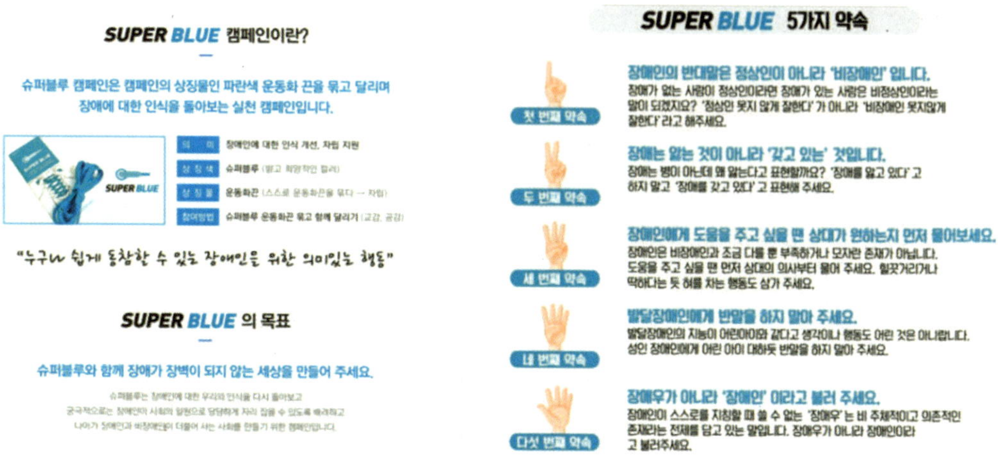

출처: 스페셜올림픽코리아

그림7 · 슈퍼블루캠페인 및 슈퍼블루 5가지 약속

히 저지르기 쉬운 장애인을 배려하지 않는 행위 5가지를 뽑아 적절한 표현과 행동으로 이끌면서 인식 개선을 위해 노력하고 있다. 이러한 슈퍼블루마라톤은 2025년 10주년을 맞이하여, 그동안 누적 8만여 명의 참가자가 함께하며 장애인에 대한 인식 개선을 위해 노력해 왔다.

마지막으로 스페셜올림픽코리아에서는 사회적 약자에 대한 건강과 안전 보장을 위해서도 많은 노력을 기울이고 있다. UN 장애인권리협약에 따르면 장애인도 건강, 복지, 안전을 보장받고 평등하게 참여할 권리가 있다고 명시되어 있으며, 국제스포츠 가이드라인 또한 선수 건강검진, 안전교육 및 질병 예방이 필수임을 나타내고 있다. 이에 따라 스페셜올림픽코리아에서는 각종 대회 진행 시, 구강, 눈, 유연성, 영양, 청력, 발 등에 대한 건강 검진을 진행하여 발달장애인으로 하여금 건강한 사회생활을 영위할 수 있도록 돕고 있다. 구체적으로 선수들은 대회 참여 기간 정해진 장소에 지도자와 자율적으로 방문하여 정해진 기간 내에 원하는 검진을 받을 수 있다. 검진 결과는 그 자리에서 바로바로 알 수 있으며, 병원 진료가 시급히 필요한 경우 현장에 있는 의료진을 통해 상급 병원 진료를 볼 수 있도록 조치가 취해진다. 해당 검사는 저명한 국내 의료계 교수와 대학 내 다양한 학과에서 자원봉사를 통해

출처: 스페셜올림픽코리아

그림8 · 선수건강증진프로그램 진행 모습

이루어진다. 선수들은 본인들의 건강을 살펴볼 기회이자 건강관리에 대한 다양한 방법을 들으며 학습한다. 스페셜올림픽코리아는 '선수건강증진프로그램'을 연간 2회에 걸쳐 진행하고 있다.

다. 거버넌스(G) 경영 활동 사례

스페셜올림픽코리아는 ESG경영 중 거버넌스 측면도 활발히 진행하고 있다. UN 지속가능발전목표에 따르면 조직은 효율적이고 투명하며 책임 있는 제도를 구축하도록 명시되어 있다. 또한 국제 NGO 혹은 비영리 조직 투명성 가이드라인에 따르면 재무, 기부금, 사업 내역을 필수로 공개하게 되어있으며, 이해관계자로 하여금 감사할 수 있는 환경을 제공하도록 안내되어 있기도 하다. 이에 따라 비영리단체인 스페셜올림픽코리아는 연간 기부금 모금액과 활용 실적 명세서를 스페셜올림픽코리아 홈페이지에 투명하게 공개하여 조직 내 투명성에 대한 책임을 강화하고 있다. 또한 해당 기부금 활용 내역과 더불어 연간 사업 실적 및 예산 사용 현황에 대해서는 이사회에 보고하여 관리하고 있다.

또한 스페셜올림픽코리아는 조직 내 참여 및 의사결정 구조를 체계화하기 위해 다양한 노력을 기울이고 있다. UN 지속가능발전목표에 따르면 조직은 포용적이고 대표성 있는 의사결정 과정을 강화해야 한다고 명시되어 있다. 또한 국제 NGO 및 비

번호	
16	2024년 연간 기부금 모금액 및 활용실적 명세서
15	2023년 연간 기부금 모금액 및 활용실적 명세서
14	2022년 연간 기부금 모금액 및 활용실적 명세서
13	2021년 연간 기부금 모금액 및 활용실적 명세서
12	2020년 연간 기부금 모금액 및 활용실적 명세서

출처: 스페셜올림픽코리아

그림9 · 스페셜올림픽코리아 홈페이지 내 기부금 활용 내역 공개

영리 조직 가이드라인에 따르면 조직은 이해관계자의 참여와 의견수렴을 권장하고 있다. 이에 따라 2024년 말부터 스페셜올림픽코리아에서는 내부 조직 점검을 통해 조직 개편 및 쇄신을 위해 이해관계자들로 이루어진 혁신 TF를 구성하여 조직 내부 사업을 진단하고 내부 체질 개선을 위한 방안을 총 4차례에 걸쳐 논의하는 자리를 가졌다. TF에서는 효율적인 조직 관리를 위해 조직 슬림화를 제안하기도 하였으며, 발달장애인에게 더욱 더 많은 혜택이 갈 수 있도록 현 시행 중인 사업들을 면밀히 검토하여 통합 및 축소에 대해 다양한 제언을 하기도 하였다. TF 종료 이후 사무국에서는 내부 검토를 통해 조직 발전을 위해 필요한 의견을 적극 반영하기도 하였다. 이와 마찬가지로 조직 내 참여 및 의사결정 구조를 체계화하기 위하여 발달장애인이 주인인 본 단체에서는 선수위원회를 운영하고 있다. 해당 선수위원회의 위원장과 부위원장은 스페셜올림픽코리아의 이사 자격을 가져 이사회의 참여 권리와 더불어 투표권도 행사할 수 있는 권리를 가지고 있다.

3. 스페셜올림픽의 다음 걸음을 그리며

가. 성과와 한계

스페셜올림픽코리아는 대한민국을 대표하는 발달장애인에 대한 스포츠, 문화/예술 활동을 지원하는 단체로서, 다양한 사업들을 수행하며 발달장애인에게 사회 참여에 대한 기회 제공 및 장애인에 대한 인식 개선 등을 진행하고 있다. ESG경영 중 사회적 측면에 대해서는 다양한 사업을 통해 스페셜올림픽 타 국가들과 비교하여도 견줄 수 있는 좋은 프로그램들을 진행하고 있다. 하지만 아직 지속가능한 환경 개선을 위한 제도적 측면에서는 많이 부족한 상황이다. 이는 앞으로의 발전 가능성이 무궁무진하다는 방증이기도 하다. 마찬가지로 거버넌스 측면에서도 아직 투명성, 책임성, 이해관계자에 대한 참여를 핵심으로 하는 강력한 거버넌스 구조가 구축되었다고는 말하기는 힘든 상황이다. 그러나 차츰 변화를 통해 발전하고 있기에 앞으로가 더 기대되는 상황이다. 결론적으로 환경, 거버넌스 측면은 앞으로도 꾸준히 발전해 나갈 수 있도록 앞으로의 스페셜올림픽코리아가 나아가야 할 방향에 대해 간단히 제언하고자 한다.

나. 발전 및 개선 방향

스페셜올림픽코리아가 앞으로 ESG경영 활동을 위해 나아가야 할 방향을 짚어보고자 한다. 먼저 환경적 측면이다. 앞서 소개한 바와 같이 스페셜올림픽코리아도 국제스페셜올림픽의 발자취에 맞추어 '스포츠 지속가능성 프레임워크'를 발표할 필요가 있다. 수송, 식음료, 폐기물, 에너지 등에 대한 다양한 분야에 있어 국내 환경을 고려하여 작성하고 스페셜올림픽코리아 산하 시도지부에 배포하여 전국 대회나 시도지부 대회의 표준 운영매뉴얼로 채택하도록 한다. 두 번째로는 스페셜올림픽코리아도 스페셜올림픽USA의 '그린 팀' 자원봉사자 제도를 운용한다. 현재 자원봉사자는 각자 맡은 역할에 따라 운영되나 전문 청소업체를 사용하는 경우가 많기에 대회 운영 중 환경 관리를 전담하는 자원봉사는 쉽게 찾아볼 수 없는 현실이다. 그 때문에 현장에서의 분리수거에 대해 교육하고 모니터링하는 전담 자원봉사를 육성 및 배치할 필요가 있어 보인다. 세 번째로는 무엇보다 가장 중요한 환경 교육 프로그램을 개발하여 보급하는 것이다. 발달장애인과 그들의 가족, 즉 스페셜올림픽코리아에 참여하는 이들로 하여금 꾸준히 지속가능한 발전 및 ESG경영에 동참하여야 한다는 교육을 진행할 필요가 있다. 마지막으로 성과 보고이다. 스페셜올림픽코리아는 연간 진행한 지속가능한 발전에 관한 결과를 보고서 형식으로 제작 및 공개하여 조직의 투명성을 확보하여야 한다. 다음으로는 거버넌스 측면이다. 스페셜올림픽코리아는 앞으로 정관과 규정 내 이사회 구성에 대한 자세한 지침과 리스크 관리, 이해관계자의 참여 구조 등을 공개하여 거버넌스 신뢰도를 제고할 필요가 있다. 또한 필요시 다양한 위원회를 조직하여 조직 운영의 발전도 도모하여야 한다.

참고문헌

- 국제스페셜올림픽 홈페이지 https://www.specialolympics.org/
- 스페셜올림픽코리아 홈페이지 https://sokorea.or.kr/
- Earth Day 2024: Special Olympics Sustainability Project Is Making Waves in Belgium And Italy. https://www.specialolympics.org/stories/impact/earth-day-2024-special-olympics-sustainability-project-is-making-waves-in-belgium-and-italy
- How the Special Olympics USA left an environmental and social legacy. https://sustainabilityreport.com/2019/03/21/how-the-special-olympics-usa-left-an-environmental-and-social-legacy/
- Special Olympics Launches Sport Sustainability Framework. https://www.specialolympics.org/stories/news/special-olympics-launches-sport-sustainability-framework
- Special Olympics USA Sustainability Impact Report. https://www.reeveconsulting.com/2023/09/08/special-olympics-usa-sustainability-impact-report/
- Sport Sustainability Framework-Final Project Report.

https://media.specialolympics.org/soee/sports-sustainable-framework/Special-Olympics-Environmental-Sustainability-Framework.pdf

- Sustainability Impact Report – Special Olympics USA. https://media.specialolympics.org/sona/2018-Special-Olympics-USA-Games-Sustainability-Impact-Report.pdf

사례 9

장애인스포츠의 ESG경영: 현황과 개선방향

이 동 수 (대한장애인수영연맹)

1. 서론
2. 장애인스포츠 ESG의 현장
3. 함께하는 장애인스포츠 ESG의 미래를 위한 제언

1. 서론

최근 기업경영의 핵심 화두로 떠오른 ESG(환경·사회·지배구조) 경영이 스포츠 분야, 특히 장애인스포츠 영역에서 새로운 가치 창출 및 지속가능한 발전의 동력으로 주목받고 있다. 과거 기업의 사회공헌 활동(CSR)이 단순한 '시혜적 후원'에 머물렀다면, 이제는 장애인스포츠를 기업의 핵심적인 '사회적 책임(S)' 파트너이자 다양성, 형평성, 포용성(DEI) 전략의 일환으로 인식하는 패러다임의 변화가 일어나고 있다. 장애인스포츠 분야에서 ESG경영은 다음과 같은 배경과 중요성을 지닌다.

- 사회적 책임 이행 및 이미지 제고: 기업과 단체들은 장애인 스포츠단 후원, 선수 고용, 대회 개최 지원 등을 통해 사회적 책임을 적극적으로 실천하고 있다. 이는 기업의 긍정적인 이미지를 구축하고 소비자와 투자자로부터 신뢰를 얻는 데 기여한다.
- 장애인 인식 개선 및 사회 통합: 장애인 스포츠 활동 지원은 장애인의 자립과 사회 적응을 돕고, 대중의 장애에 대한 인식을 개선하며 포용적인 사회를 만드는 데 중요

한 역할을 한다.

- 선수들의 안정적인 환경 제공: 기업이나 공공기관의 ESG 활동을 통한 지원은 장애인 선수들이 경제적 안정 속에서 훈련에 전념할 수 있는 환경을 마련해준다.
- 지속가능한 스포츠 생태계 구축: 대한장애인체육회 등 관련 기관들은 ESG경영위원회를 구성하고 구체적인 추진 계획을 수립하는 등, 장애인스포츠의 지속가능한 미래를 위해 제도적 기반을 다지고 있다.

이처럼 장애인스포츠와 ESG경영의 결합은 단순한 트렌드를 넘어, 장애인의 삶의 질 향상과 사회 전반의 인식 개선, 그리고 기업의 장기적인 성장까지 아우르는 상생의 가치를 실현하는 필수적인 전략으로 부상하고 있다. 본 장은 장애인스포츠 분야에서 ESG경영의 도입 배경과 주요 사례를 살펴보고, 향후 발전 방향을 모색하는 데 목적이 있다.

2. 장애인스포츠 ESG의 현장

가. 환경(Environment)

1) 온실가스 감축을 위한 일상적 실천

대한장애인체육회와 장애인스포츠 현장에서는 환경 경영의 첫 단계로 일상에서의 탄소발자국 감축 노력을 전개해왔다. 회의와 보고 과정에서 종이 사용을 최소화하기 위해 태블릿 PC를 도입하여 2024년 시범운영을 실시했으며, 실내·외 행사에서는 일회용품 사용을 줄이기 위한 캠페인을 적극적으로 펼쳤다. 직원들에게는 환경문화 인식 개선 교육을 제공했고, 행사 참여자에게는 텀블러 등 친환경 사은품을 지급하여 재사용이 가능한 물품 사용을 장려했다. 이러한 실천은 ESG경영의 '환경(Environment)' 부문에서 강조되는 자원 절약·탄소 감축 전략과 정확히 맥락을 같이한다. ESG는 환경, 사회, 지배구조를 통합적으로 고려하는 지속가능경영 모델로, 최근 장애인스포츠 분야에서도 ESG의 중요성이 빠르게 확대되고 있다.

표1 • 환경경영 추진체계 구축 목표

지표	연도	목표
환경경영 추진체계 구축(비계량)	2023	환경경영 실무회의체 구성
	2024	친환경 청사 구조물 사용 확대
	2025	친환경 업무용 차량(15대 중 노후 차량 3대 폐차 및 6대 친환경 전환/50% 달성)
	2026	
	2027	보고·회의 종이 사용 50% 감소
	2028	일회용품 사용 50% 감소
	2029	친환경 업무용 차량 100% 달성

출처: 대한장애인체육회

2) 친환경 에너지 전환과 환경경영 체계 구축

대한장애인체육회는 정부의 2050 탄소중립 목표에 부합하는 방향으로 에너지 관리 체계를 정비하고 친환경 에너지 전환을 주요 과제로 설정했다. 2023년에는 환경경영 실무회의체를 구성하여 조직 내부의 환경경영 체계를 마련했으며, 청사 내 친환경 구조물 확충, 녹색제품 우선구매, 업무용 차량의 친환경 전환 등 중장기 목표를 수립했다.

특히 대한민국 공공기관은 「에너지이용 합리화법」에 따라 에너지 효율 향상과 신재생에너지 도입을 의무적으로 추진해야 하며,[1] 이러한 법적 기반은 스포츠 관련 단체의 친환경 경영 실행을 뒷받침하고 있다. 스포츠 분야에서도 최근 '탄소중립 체육시설'이 정책적 화두로 떠올랐으며, 국민체육진흥공단(KSPO)은 2025년을 기점으로 체육시설의 에너지 절감, 재생에너지 비율 확대(RE100), 저탄소 운영 등 중장기 환경 계획을 발표했다.[2] 이러한 흐름은 장애인스포츠 영역에서도 탄소중립 실천을 제도적・전략적으로 강화할 필요성을 보여준다.

1) 「에너지이용 합리화법」 제8조 및 동법 시행령 제15조(공공기관의 에너지 절약 의무)

2) 국민체육진흥공단(KSPO)의 탄소중립 선언 및 중장기 친환경 계획 보도자료

표2 • 녹색제품 구매 실적 (단위: 천원)

연도	2023	2024	2025	2026	2027	2028	2029
녹색제품 구매실적	211,943	214,120	216,260	218,423	220,607	222,813	225,041

출처: 대한장애인체육회

3) 폐기물 감축 및 순환 비즈니스 실천

장애인스포츠 대회 운영 과정에서 폐기물 문제는 중요한 환경 과제 중 하나이다. 예를 들어, 전국 규모 장애인스포츠 대회에서는 하루 500~1,000병의 생수병이 소비되었으나 그중 40~50%가 일반쓰레기로 배출되었다. 이에 따라 사단법인 대한장애인수영연맹에서는 선수와 참여자에게 텀블러를 사용하도록 유도하는 캠페인을 시행했으며, 생수병을 지정 장소에 반납하면 장애인기업 제품을 기념품으로 제공하는 순환형 재활용 제도를 도입했다. 장애인수영대회장에서 반복적으로 발생하던 목조·철제 가벽 및 구조물 폐기 문제도 순환형 비즈니스 관점에서 개선되었다. 대한장애인수영연맹은 대회에서 가벽 설치를 최소화하고 재사용 가능한 파티

그림1 • 사단법인 대한장애인수영연맹 캠페인 사례

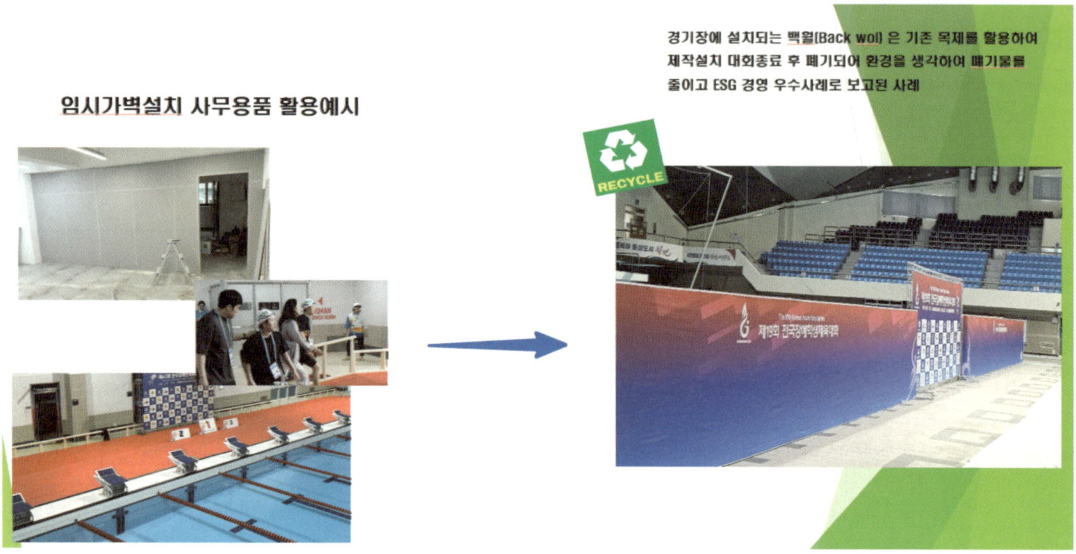

그림2 · 파티션 활용 사례 예시

션으로 대체하는 방식으로 폐기물 발생량을 줄이는 성과를 거두었다. 이는 ESG 환경경영의 핵심인 순환경제 모델을 스포츠 산업 현장에 적용한 사례로 평가할 수 있다.

4) 에너지 효율 향상

장애인스포츠 시설은 난방, 공조, 수처리(수영장), 여과·순환 설비 등 에너지 사용량이 높은 공간으로 분류된다. 이에 따라 대한장애인체육회는 이천 장애인선수촌 노후 시설과 설비의 에너지 효율을 높이기 위한 중장기 시설 정비 계획을 수립했다. 2025년 수영장의 응축수 탱크, 순간 온수가열기, 수질여과기 등 주요 설비를 고효율 장비로 교체하고, 이천 선수촌의 공기조화기(EHP·GHP), 냉동기, 정수 시스템 등도 단계적으로 친환경 모델로 전환하는 로드맵을 세웠다. 이는 정부가 2030년까지 국내 전체 에너지 사용량 14.4% 절감을 목표로 제시한 「에너지효율 혁신전략」[3]과도 직접적으로 연결된다.

---

3) 산업통상자원부 「에너지효율 혁신전략」 발표 자료(2030년 에너지 절감 목표 14.4%).

표3 • 노후시설 • 설비 개선 계획

연도	목표
2025	순간 온수가열기, 수영장 펌프, 여과장치 교체
2026	정수기 여과필터 친환경 시스템으로 전환
2027	공기조화기(골볼장), (신1)생활관 EHP 설비, 컬링장 스크류 냉동기
2028	공기조화기(유도 • 펜싱장), 다기능 EHP 설비
2029	공기조화기(배드민턴장), 다기능 GHP 설비, 컬링장 GHP 설비 및 제습기
2030	환기조화기(수영장), (신2)생활관 GHP 설비

출처: 대한장애인체육회

5) 친환경 R&D 및 투자

대한장애인체육회는 「공공기관 에너지이용 및 친환경 투자 • 합리화 추진 규정」에 따라 친환경 설비, 친환경 차량, 실내 온도 관리 및 조명 절감 등 여러 친환경 정책을 실행하고 있다. 특히 2026~2027년에는 노후 차량 조기 폐차 및 친환경 차량 전환(50% 달성), 2028년에는 종이 사용 50% 감소, 회의용 태블릿 PC 전면 도입, 2030년까지 업무용 차량 100% 친환경화 달성 등 단계별 목표를 설정하여 지속가능한 장애인체육 행정을 위한 기반을 마련했다. ESG경영은 단순한 실천의 나열이 아니라, 조직 내부의 장기적 투자와 연구개발(R&D)을 필요로 한다는 점에서 이러한 중장기 목표 설정은 공공기관의 ESG 경영모델에 부합하는 전략적 접근이다.

표4 · 친환경 R&D 및 투자 목표

지표	연도	목표
친환경 R&D 및 투자	2024	정부 정책 반영 친환경 경영 목표 설정
	2025	스포츠 시설물 적정온도 유지, 채광 시 실내조명 30% 소등, 냉난방기 순환 정지
	2026	친환경 업무용 차량(노후 차량 조기 폐차) 친환경 차량 전환 50% 달성, 회의 자료출력 시 이면지 활용
	2027	
	2028	보고 · 회의 종이 사용 50% 감소 회의용 태블릿 PC 구입 및 활용
	2029	일회용품 사용 50% 감소
	2030	친환경 업무용 차량 100% 달성

출처: 대한장애인체육회

1. 수영경기장의 탐소절감 및 에너지 효율화의 예시

수처리시스템 교체 (고효율펌프, 모터, 필터 등)	LED조명사용 및 자동조도시스템 설치	태양광, 지열 등 신재생에너지 병행
수영장 전용 히트펌프는 스크롤 컴프레서와 R410A 냉매를 적용했으며,COP 5.5~6.8의 최상 효율로 전기대비 550~680%의 전기를 절약할 수 있는 장비 또한, 공기 중의 열을 수영장으로 직접 전달해 최대 85%까지 에너지를 절약할 수 있는 저탄소, 친환경 제품 출처: 냉동공조저널 (https://www.hvacrj.co.kr)	기존의 발광방식의 조명을 LED조명으로 교체 시 발광 효율은 최대 190lm/w에 달하고 60~80%의 에너지를 절감할 수 있다. 또한 친환경LED조명으로 교체 시 기존발광 조명기구에서 나오는 전자파, 탄소 등을 해소할 수 있다고 설명하고 있다. 출처: https://ledrhythm.com/ko/led-swimming-pool-lighting	**Co2 배출량 감소** **자연을 이용한 친환경시스템** 건물 에너지(냉난방 등)원으로 쓰이는 신재생에너지 효율, 시공성, 편의성 등의 차원에서 건물에 대한 에너지원으로는 태양광, 연료전지, 지열에너지가 주로 쓰이고 있음 냉난방 및 급탕이 모두 가능한 신재생에너지는 지열에너지뿐임

그림3 · 수영경기장의 탄소절감 및 에너지 효율화 예시

나. 사회(Social)

장애인의 삶의 질을 높이고 모두가 함께 살아가는 사회를 만들기 위해서는 노동과 체육, 지역사회와 일터, 조직 문화 전반에서의 변화가 동시에 이루어져야 한다. 사회(Social) 영역은 단순한 복지의 문제를 넘어, 한 사람이 사회 구성원으로서 존엄을 유지하고 능력을 발휘할 수 있는 기반을 마련하는 데 초점을 두고 있다. 다음은 그 핵심 요소들이다.

1) 노동(일자리, 노동권, 산업안전), 장애인스포츠 체육 활동 환경 조성

장애인스포츠와 생활체육은 단순한 여가 활동이 아니라 장애인이 지역사회와 연결되고 심리적·사회적 회복탄력성을 키울 수 있는 중요한 활동으로 주목받고 있다. 대한장애인체육회는 이를 위해 장애인 체육 활동 참여 여건을 개선하고 다양한 생활체육 프로그램을 통한 장애인 체육 활동 참여를 확대하고 있으며 2024~2028 문화체육관광부 중기사업계획에 따라 매년 전년 대비 2.2%p 상향을 목표하고 있다.

표5·장애인 생활체육 참여율

지표	2023	2024	2025	2026	2027	2028	2029
장애인 생활체육 참여율	33.9%	36.1%	38.3%	40,5%	42.7%	44.9%	47.1%

출처: 대한장애인체육회

시·군·구 장애인체육회 설립과 운영 안정화는 지역 기반의 체육 활동이 체계적으로 자리 잡을 수 있도록 하는 핵심 조건이며, 이는 장애인의 신체적 건강을 넘어 사회적 통합을 위한 실질적 장치로 기능하며 장애인 체육 활성화의 기반이 된다.

표6・시・군・구 장애인체육회 설립 개수

지표	2023	2024	2025	2026	2027	2028	2029
시군구 장애인 체육회 설립	149개	170개	181개	197개	216개	228개	228개

출처: 대한장애인체육회

* 설립 연도 기준(장애인구 수): '24년(1만명 이상), '25년(5천명 이상), '26년(4천명 이상), '27년(3천명 이상), '28년(3천명 미만)

더 나아가 장애인 생활체육 현장을 이끄는 지도자들의 고용 안정성 확보는 체육 생태계의 지속가능성을 보장하는 핵심 요소다. 지도자의 정규직 전환 노력은 단순한 처우 개선을 넘어 전문성을 유지하고 활동의 연속성을 가능하게 하는 제도적 기반이 된다.

표7・장애인체육지도자 정규직 전환율

지표	2023	목 표					
		2024	2025	2026	2027	2028	2029
장애인체육 지도자 정규직 전환율	89.4%	90.4%	91.4%	92.4%	93.4%	94.4%	95.4%

출처: 대한장애인체육회

* 장애인체육지도자 정규직 전환율 매년 전년 대비 1%p 상향 목표

2) 사회공헌 및 이해관계자 가치 창출

노동과 체육 활동이 개인의 삶을 강화하는 요소라면 사회공헌과 지역사회 협력은 조직과 지역이 함께 성장하는 구조를 만드는 활동이다. 기업과 기관의 사회공헌은 점차 일회성 기부나 행사 중심에서 벗어나 지역 문제 해결과 취약계층 지원에 직

접 기여하는 방식으로 변화하고 있다. 지역경제 활성화를 위한 협력 사업, 봉사활동, 헌혈 캠페인 등은 단순히 좋은 일을 하는 것이 아니라, 조직과 지역사회 간에 신뢰와 공감대를 쌓는 중요한 역할을 한다. 이러한 활동은 ESG경영의 사회적 책임을 실천하는 동시에 지역사회가 스스로 지속가능한 방향으로 성장할 수 있도록 돕는 토대를 제공한다.

표8 · 대한장애인체육회 사회공헌 활동 이행 횟수

지표	2023	목 표					
		2024	2025	2026	2027	2028	2029
사회공헌활동 이행	1	3	4	4	5	5	5

출처: 대한장애인체육회

3) 직장 내 다양성, 형평성, 포용성

2022년 이후 전 세계 조직에서 일어났던 "대퇴사의 시대(The Great Resignation)"를 지나면서 세계 각국 기업에서는 "왜 그만둘까?", "어떻게 우리 구성원을 유지시킬 것인가?"에 여러 좋은 연구와 사례에서 공통적으로 활용한 단어가 "직원 경험(employee experience)"이다. 직원 경험의 여러 가지 의미 중 중요한 것은 "조직 내 구성원의 긍정 경험을 만들기 위해서는 그들의 목소리를 들어야 한다"는 믿음이다. 과거에는 리더와 조직에서 제도와 문화를 만들어서 개인에게 전파했다면 이제는 개인의 목소리를 듣고 그에 맞는 환경(제도와 문화를 포함한)을 조성해주어야 한다는 것이다. 그러므로 최근 조직들에서는 조직 운영에 있어서 구성원 목소리를 듣기 위해서 타운홀 미팅 등의 활동도 하고, 더불어 대규모 데이터 처리 기술과 분석 알고리즘을 통해서 구성원 목소리를 듣고 주요 주제를 도출하고 감정을 추론하면서 이를 반영하기 위한 노력을 하고 있다. 2022년 미국 인적자원관리 컨퍼런스에서 BMW 그룹이 발표했던 인사 혁신 사례 역시 조직 내 리더의 의견을 제도나 문화에 단순히 반영하는 것이 아니라 데이터와 머신러닝 등을 활용해서 구성원 목소리를 듣고 이를 반영함으로써 구성원에게 긍정 경험을 심어주고 이직을

전국 시도별 장애인 취업 동향

2021년 4분기 기준, 단위/명, %

구분	취업인원	비율	취업률
서울	2,498	16.4	97.5
경기	4,659	30.5	105.9
인천	735	4.8	66.9
강원	**389**	**2.6**	**67.2**
충북	525	3.4	94.4
대전	418	2.7	73.1
세종	51	0.3	77.3
충남	632	4.1	97.1
전북	497	3.3	73.5
광주	544	3.6	96.5
전남	497	3.3	86.6
대구	670	4.4	93.8
경북	722	4.7	90.4
부산	812	5.3	62.3
경남	833	5.5	67.9
울산	437	2.9	79.7
제주	323	2.1	136.9
미분류	10	0.1	40.0
계	15,252	100	88.9

출처/한국장애인고용공단

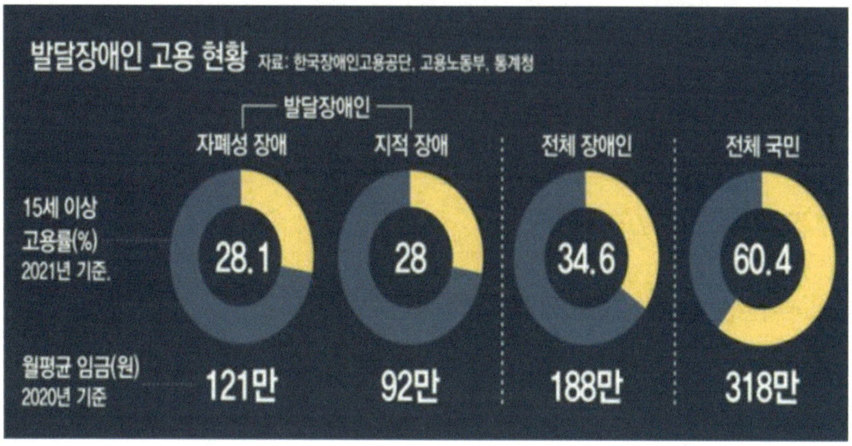

그림4 · 전국 시도별 장애인 취업 동향, 발달장애인 고용 현황

줄였다는 사례가 있었다. 이처럼 구성원 목소리를 듣기 위한 여러 노력이 우선되어야 할 것이다. 이에 더해, 거버넌스 관점에서는 국내 기업에서도 최근 많이 노력하고 있는 다양성을 지닌 인력의 이사회 포함과 윤리성의 강조가 있다. 여성이 이사회에 포함되어야 한다는 움직임은 ESG 목표를 달성하기 위함도 있지만 동시에 비즈니스적으로 여성의 구매력과 사회진출이 앞으로 증가할 것이기 때문에 잠재되어 있던 요구를 찾아낼 수 있다는 점도 있을 것이라 생각된다. 다만 해외기업과 다르게 성적 소수자 및 장애인 등의 목소리가 이사회에 반영될 여지는 많이 적기 때문에 이에 대한 보완이 필요할 것으로 생각된다. 다음으로 빨리빨리 문화에 익숙한 우리에게 기준에 맞춰서 일을 한다는 것은 어려운 행동이라고 사료된다. 그 기준 중 윤리적 기준은 조직의 지속가능성을 포함해서 조직 내 다양성이 싹틀 수 있는 시작점이기도 하다. 그러므로 조직 내 윤리 진단과 같은 여러 "거울"을 만들어 줄 필요가 있다. 더불어, 리더가 구성원에게 "윤리 근육"을 키워줄 수 있도록 지속적으로 관련된 질문을 해주고 피드백을 하는 코치로서 역할도 해야 한다. 그때야 비로서 조직은 지속가능하고 다양성이 표현될 수 있는 환경을 구축할 수 있을 것이라 생각된다.

다. 거버넌스(Governance)

사회(S) 영역이 개인과 조직, 지역사회를 연결하며 지속가능성을 실현하는 기반을 다졌다면 이러한 활동을 지속가능하고 책임 있게 관리할 수 있는 체계가 필요하다. 바로 거버넌스(G) 영역이 그 역할을 담당한다. 거버넌스는 조직 내 의사결정 구조와 운영 체계, 준법 및 윤리 기준을 포함하며, ESG경영의 모든 실행을 뒷받침하는 중심축이라 할 수 있다.

1) 지배구조: 준법, 윤리, 공정의 실현

지속가능한 조직 운영을 위해 가장 기본이 되는 것은 법과 윤리를 준수하며, 회계 및 의사결정의 공정성을 확보하는 것이다. 대한장애인체육회는 이를 위해 다양한 내부 감시와 외부 검증 체계를 구축하였다. 예를 들어, 국가보조금 관리 플랫폼인 e나라도움에서 발생할 수 있는 부정 사용 징후를 사전에 모니터링하고, 의심 사례를 점검함으로써 재정 집행의 투명성을 확보하고 있다. 더불어 외부 회계법인과의 협력을 통해 매월 집행 점검을 시행, 위법하거나 부당한 회계처리로 인한 오류를 방지하고, 회계 정보의 신뢰성을 높이는 구조를 운영하고 있다.

표9 · 외부 회계감사 감사의견

지표	2023	목 표					
		2024	2025	2026	2027	2028	2029
외부 회계감사 감사의견	적정	적정	적정	적정	적정	적정	적정

출처: 대한장애인체육회

또한 준법과 윤리경영을 강화하기 위해 윤리 규범 제·개정을 지속적으로 추진하고 있으며, 청렴·윤리경영과 관련된 컴플라이언스 가이드라인 준수 사항을 단계적으로 이행하고 있다. 이러한 노력은 단순한 규제 준수를 넘어, 조직 구성원 모두가 공정하고 윤리적인 기준 아래 행동할 수 있는 문화적 토대를 마련하는 데 기여한다.

표10 · 경영평가(윤리경영) 평가 결과 및 목표

지표	2022	목 표					
경영평가 (윤리경영) 평가결과	B0	2024	2025	2026	2027	2028	2029
		B+	B+	B+	B+	A0	A0

출처: 대한장애인체육회

2) 실행체계 구축: 비전과 전략, 그리고 실행 개선

거버넌스가 단순히 규칙을 지키는 것을 넘어 ESG 목표를 실질적으로 구현하는 실행력으로 이어지려면 전략과 구조, 책임 체계가 유기적으로 결합되어야 한다. 대한장애인체육회는 이를 위해 외부 전문가를 포함한 「ESG경영위원회」를 운영하고 있다. 위원회는 ESG 전략을 수립하고 실행계획을 점검하며, 필요할 경우 개선안을 제안하는 역할을 수행한다. 또한 기관 경영 관리와 감독을 위해 이사회의 기능과 역할을 강화하였다. 이사회는 단순한 형식적 감독을 넘어, 분기별 1회 정기 회의를 통해 ESG 실행 상황과 재정 운용, 조직 운영 전반을 검토하며, 지속가능한 경영을 위한 정책 방향을 제시한다. 이러한 구조는 조직 내 의사결정의 투명성을 높이고, 사회적 책임을 실현하는 근간이 된다.

3. 장애인스포츠 ESG의 미래를 위한 제언

앞서 우리는 장애인스포츠 ESG의 현재 모습을 살펴보았다. 환경적 책임, 사회적 포용, 투명한 거버넌스라는 세 가지 축에서 이미 다양한 성과와 실천이 이루어지고 있으며, 이는 단순한 제도가 아닌 실제 선수와 조직, 지역사회 속에서 구현되고 있음을 확인할 수 있었다. 이제는 이러한 경험을 바탕으로 미래 지향적인 전략과 설계가 필요하다. 이미 장애인 선수들이 보여주는 도전과 성취는 우리 사회의 지속가능성을 상징하는 강력한 메시지이며, 이는 ESG의 지향점과 맞닿아 있다. 장애인스포츠의 지속가능성을 설계한다는 것은 곧 우리 사회 전체의 지속가능성을 설계하는 일과 다르지 않다.

가. 환경(E) – 장애인스포츠의 친환경 전환

장애인스포츠는 일반 스포츠보다 더 많은 이동 지원, 보조기기 활용 등 구조적 특성을 지니지만, 그 속에서도 환경적 책임을 실천할 기회가 많다.

첫째, 대회와 훈련시설의 친환경 전환이 필요하다. 경기장 운영에서 탄소배출을 최소화하고, 재생에너지 기반 시설을 도입하며, 장애인 접근성을 유지하면서도 환경을 고려한 설비를 활용하는 것이 출발점이다. 이러한 조치는 단순한 환경 개선을 넘어, 장애인 선수와 관중 모두가 지속가능한 스포츠 경험을 공유할 수 있는 기반이 될 것이다.

둘째, 보조용품과 훈련 장비의 친환경 소재 개발을 지원해야 한다. 정부와 민간 기업이 협력해 R&D를 추진한다면, 장애인체육 분야는 친환경 기술을 시험할 수 있는 '미래 산업의 시험장'이자, 새로운 산업 기회를 창출하는 공간이 될 수 있다.

나. 사회(S) – 포용과 평등의 가치 실현

ESG의 핵심은 결국 사람이다. 장애인스포츠는 사회적 가치 실현의 가장 직접적인 장이며, 이를 통해 포용과 평등을 실현할 수 있다.

첫째, 장애인 선수의 경기 기반 확대가 필요하다. 일반 대회 참여 기회를 늘리고, 지역·학교·생활체육의 접근성을 강화함으로써 누구나 스포츠를 경험할 수 있는 환경을 만들어야 한다.

둘째, 기업 참여 확대가 중요하다. 단순 후원을 넘어 고용 연계, 기술 협업, 선수 지원, 대회 공동 개최 등 실질적인 ESG 전략으로 장애인스포츠를 바라보는 기업이 늘어나야 한다.

셋째, 국민 인식 개선 역시 필수적이다. 장애인스포츠를 단순히 감동적 이야기로만 소비하는 시대는 지났다. 이제는 경쟁력 있는 스포츠이자 사회적 혁신을 보여주는 미래 산업으로 인식하는 문화가 필요하다.

다. 지배구조(G) - 투명성과 책임성의 강화

지속가능한 장애인스포츠를 위해서는 투명하고 공정한 운영 체계가 필수적이다.

첫째, 경기단체와 협회는 재정 집행 구조의 투명성을 강화해야 한다. 정확한 정보 공개와 책임 있는 의사결정은 사회적 신뢰를 높이는 가장 강력한 도구다.

둘째, 데이터 기반의 선수 관리와 정책 수립이 필요하다. 과학적 근거를 바탕으로 장애인 선수의 훈련, 의료, 복지 정책을 설계해야 공정한 지원과 맞춤형 전략이 가능해진다.

셋째, 선수 중심의 거버넌스가 핵심이다. 선수가 단순한 정책의 대상이 아니라 의사결정의 주체로 참여할 때 장애인스포츠는 더욱 건강하게 성장할 수 있다.

장애인스포츠 ESG는 선택이 아니라, 미래를 위한 필수 전략이다. 환경을 배려하고, 사회적 가치를 실현하며, 투명한 구조를 만드는 일은 장애인스포츠를 넘어 우리 사회 전체의 지속가능성을 높이는 길이기도 하다. 우리는 스스로에게 묻지 않을 수 없다. "지속가능한 장애인스포츠를 위해, 우리는 어떤 미래를 선택할 것인가?" 장애인스포츠의 가치가 더 많은 사람에게 닿고, ESG 기준이 우리 사회 전반에 뿌리내릴 수 있도록 꾸준한 관심과 실천이 필요하다. 앞으로 장애인스포츠는 단순한 경기장을 넘어 지속가능한 사회를 구현하는 모범적 실천 현장이 될 것이다.

스포츠 이벤트 조직위원회의 ESG 전환: 레거시를 넘어 시스템으로

이 민 수 (대한수영연맹 국제위원)

1. 서론
2. 기관별 ESG 활동 연혁
3. 환경(Environment)
4. 사회(Social)
5. 거버넌스(Governance)
6. 개선 방향
7. 결론

1. 서론

스포츠 조직은 더 이상 단순한 엔터테인먼트 제공자에 머무르지 않는다. 대규모 국제 이벤트의 개최, 지역사회와의 밀착 활동, 그리고 광범위한 열성팬 형성을 통해 사회 전반에 걸쳐 막대한 경제적, 문화적, 환경적 영향력을 행사한다. 이러한 영향력은 조직에 기후변화 대응, 선수와 종사자의 인권 보호, 경기장 운영의 투명성 확보 등 ESG 요소에 대한 높은 수준의 책임을 요구하는 논거가 되었다.

최근 대규모 스포츠 대회가 시설 신축을 통한 과도한 예산 지출 및 환경파괴 논란에 직면하면서, 저비용 고효율 운영을 통해 재정적 흑자를 달성하는 것을 넘어 폐기물 최소화, 에너지 효율 개선, 기존 시설 재활용 등의 환경적 책임을 얼마나 충실히 이행하는지에 대한 사회적 요구가 높아지고 있다.

스포츠 조직 중에 필자가 소속되었던 2014 인천아시안게임조직위원회, 2019 광주세계수영선수권대회조직위원회, 대한수영연맹의 과거 경영 활동을 ESG 관점에서 살펴보고, 이를 통해 각 기관이 추진한 E(환경), S(사회), G(거버넌스) 활동의 현황을 구체적으로 파악하여, 스포츠 조직이 지속가능한 성장을 이루기 위한 실행 가능한 개선 방향을 제시하고자 한다.

2. 기관별 ESG 활동 연혁

가. 2014년 인천아시안게임조직위원회

대회 준비 및 운영에 있어 저탄소 친환경 대회 개최를 핵심 목표로 설정하며 국내 국제스포츠 행사에서 환경(E)을 중심으로 한 선도적인 ESG 활동의 이정표를 세운 사례였다.

1) 활동의 시작과 계기

대회 개최를 앞둔 2013년 초중반부터 본격적인 활동이 시작되었다. 2014 인천아시안게임을 국내 국제스포츠 경기에서 탄소배출권 프로젝트를 통한 탄소 상쇄를 시도하는 첫 번째 대회로 만들겠다는 목표설정이 핵심 계기가 되었다. 대회 개최 시 발생하는 약 13만 톤의 이산화탄소(시설 4만 톤, 이동 9만 톤)를 예측하고 이를 감축하고 상쇄하기 위한 구체적인 저탄소 친환경대회 추진계획을 발표하고 저탄소 친환경위원회를 조직하였다. 위원회는 국제행사에서 온실가스를 상쇄하기 위해 국내 최초로 탄소배출권 구매를 시도한다는 점을 강조하며 대회의 비전을 제시하였다.

표1 • 활동 연혁

시 기	주요 활동 내용	ESG 영역
2013년 하반기	저탄소 친환경대회 추진계획 발표 및 위원회 활동 본격화 탄소배출권 활용 방안, 친환경 건축물 관리, 친환경 교통망(차량 2부제), 인쇄물 최소화(전자티켓), 탄소 라벨링 제품 사용 등 분야별 프로그램을 운영.	환경(E), 거버넌스(G)
2013년 하반기	시민 참여 확대로 인천 둘레길 걷기 축제 등에서 저탄소 친환경대회 동참 시민 서명운동을 전개하며 대국민 홍보 및 참여 독려	사회(S)
2014년 1월	아시아산림협력기구(AFoCO) 등과의 업무협약으로 아시안 국가들의 산림 탄소배출권 프로젝트 발굴 및 구매 협력 체결. 북한 조림사업 추진 의사 표명 등 환경과 남북 관계 개선을 연계한 선도적 노력 시도	환경(E), 사회(S)
2014년 3월	한국지역난방공사와의 협약으로 탄소배출권(1,500톤) 기부 및 친환경대회 홍보 다큐멘터리 제작 지원 협력	환경(E), 거버넌스(G)
2014년 7월	저탄소 친환경 대학생 시민자문단을 위촉해 미래 세대에게 환경의 중요성을 알리고, 정책 자문, 홍보, 모니터링 활동을 수행하도록 하여 젊은 세대의 감각을 활용한 활동 전개	사회(S)
2014년 9월 (대회 직전)	수도권매립지관리공사의 탄소배출권 기부하여 대회 기간 발생하는 탄소의 제로화 목표 달성에 크게 기여	환경(E)
2014년 9월~10월 (대회 기간)	친환경 운영 실천으로 쓰레기 매립장에 조성된 드림파크CC 골프 경기장 활용, 녹색 홍보관 운영, 그린카드 입장권 할인, 그린바이크 서비스존 운영 등 친환경 정책 실행 및 녹색 생활 실천 홍보	환경(E), 사회(S)

나. 2019년 광주세계수영선수권대회조직위원회

대회 준비 및 운영 전반에 걸쳐 친환경 녹색 대회를 주요 가치로 내세우며 국제 수영대회의 지속가능성 표준을 제시하는 ESG 활동을 펼쳤다.

1) 활동의 시작과 계기

대회 유치 확정 후 준비 단계인 2017년부터 환경 및 지속가능성 전략이 수립되기 시작했다. 국제대학스포츠연맹(FISU) 및 국제수영연맹(FINA)의 지속가능성 요구를 충족하여 국제스포츠 이벤트 개최 시 필수적으로 요구되는 환경 및 사회적 책임 가이드라인을 이행하고, 특히 시설 재활용과 임시 시설 설치를 통해 예산을 절감하고 환경 영향을 최소화하는 것을 핵심 목표로 삼았다. 나아가 이 대회는 광주의 친환경 도시 이미지를 강화하는 동시에, 시민들이 환경 문제에 더 깊이 관심을 두고 적극적으로 행동하도록 독려하는 새로운 계획을 시작했다.

조직위원회 집행부 및 광주시의 강력한 의지로 조직위 주요 인사들은 시설 건설 시 기존 시설 활용과 임시 시설 도입을 주도하며, 대규모 신축으로 인한 환경파괴 및 예산 낭비를 최소화하는 데 선도적인 역할을 했다. 이는 대회가 남긴 가장 큰 ESG 유산(legacy)으로 평가된다.

표2 · 활동 연혁

시기	주요 활동 내용	ESG 영역
2017년	지속가능성 전략 수립 및 시설 계획 확정	환경(E)
	대규모 시설 신축 대신, 기존 시설 및 임시 시설(조립식) 활용을 공식 결정. 이는 환경 영향 최소화 및 예산 절감의 핵심 이정표가 됨	거버넌스(G)
2018년 중반기	초중반 폐기물 제로화 목표 및 프로그램 도입 대회 기간 발생하는 폐기물을 줄이기 위한 다회용품 사용, 쓰레기 분리수거 시스템 구축 및 관련 캠페인 전개	환경(E)

시기	주요 활동 내용	ESG 영역
2018년 하반기	자원봉사자 교육 및 인권 보호 강화 인권 도시 광주의 위상에 맞게 자원봉사자와 대회 관계자에 대한 인권 교육을 의무화하고, 안전하고 공정한 대회 운영 환경 조성	사회(S)
2019년 상반기	대회 임시 시설 완공 및 친환경 운영 준비 주 경기장인 남부대 시립 국제수영장에 경영 풀과 다이빙풀 임시 구조물 설치 완료.	환경(E)
	대회 기간 중 대중교통 이용 권장 및 친환경 셔틀버스 운영 계획 발표 대회 기간 중 선수, 임원, 운영 요원 등 AD카드 소지 2만여 명 대중교통 무료 이용 업무협약	
2019년 7월 (대회 기간)	녹색 수영장 운영 및 물 재활용: 임시 시설을 활용한 친환경대회 운영 실현. 수영장 물 재활용 기술 및 시스템 도입으로 물 사용량 최소화	환경(E)
	선수촌 식당 식기류 친환경 소재 1회용품 사용 및 철저한 분리수거	
2019년 하반기	시설 철거 및 유산(Legacy) 확보: 모든 임시 시설을 계획에 따라 철거하고, 남부대 기존 시설은 시민 체육시설로 환원. 대회의 경제적/환경적 유산 평가 및 결과 보고.	환경(E), 사회(S)

다. 대한수영연맹(KSF)

대한수영연맹(KSF)은 전통적으로 스포츠 거버넌스 투명성 확보 및 선수 인권・안전에 중점을 두어 왔다. 최근에는 스포츠계 전반의 ESG 요구와 맞물려 활동 영역을 확장하며 지속가능하고 윤리적인 수영 생태계를 구축하는 방향으로 노력하고 있다.

표3 • 활동 연혁

<table>
<tr><th>시기</th><th>주요 활동 내용</th><th>ESG 영역</th></tr>
<tr><td>2019년~
2020년</td><td>스포츠 윤리센터와 감사 강화
내부 비리 및 폭력 사태 이후, 감사 기능 독립 및 강화, 스포츠 윤리센터와의 연계를 통한 사건 처리 시스템 구축.</td><td>거버넌스(G)
사회(S)</td></tr>
<tr><td>2021년</td><td>새 집행부 출범 및 투명한 행정 시스템 구축
경기력 향상 위원회 독립성 강화, 대표팀 선발 과정 투명화 (실시간 공개 확대) 등 거버넌스 혁신의 기틀 마련</td><td>거버넌스(G)</td></tr>
<tr><td rowspan="2">2022년</td><td>선수 인권 보호 및 폭력 근절 제도 정착
선수 인권 전담팀 운영 및 성폭력/체육계 폭력 신고 시스템의 접근성 강화. 선수/지도자 대상 필수 윤리 및 인권 교육 확대 시행</td><td>사회(S)</td></tr>
<tr><td>1회용품 줄이기 확대 시행과 참여형 캠페인 시행</td><td>환경(E)</td></tr>
<tr><td>2024년~
현재</td><td>거버넌스 및 저변 확대로 키즈스윔 지도, 경기력 향상, 행정 투명성 강화</td><td>거버넌스(G)</td></tr>
</table>

1) 활동의 시작과 계기

과거 연맹 운영 및 선수 선발 과정에서의 불투명성, 일부 지도자의 폭력 • 인권 문제 등이 사회적으로 불거지면서, 공정하고 투명한 거버넌스(G) 구축이 가장 먼저 시작해야 할 중요한 과제가 되었다. 2021년 이후 출범한 연맹 집행부는 투명성 확보와 윤리경영을 최우선 과제로 설정하고, 전문가 중심의 위원회 개편 및 제도 정비를 통해 개혁을 주도했다. 체육계 폭력 문제가 이슈화되면서, 연맹 차원에서 선수 인권 보호 및 안전 강화를 위한 구체적인 규정과 시스템을 선도적으로 마련하는 데 집중했다.

라. 수영장

ESG 수영장은 친환경 설비와 스마트 기술을 통해 에너지를 절감하고 안전을 강화하며, 초기에는 LED · 절수형 설비에서 시작해 현재는 IoT 센서와 자동화 시스템으로 발전한 지속가능한 스마트 공간이다.

표4 · 활동 연혁

시기	주요 활동 내용	ESG 영역
2000년대	친환경 설비 도입(LED, 절수형 샤워기, 태양광 패널)	환경(E)
2010년대	고효율 보일러, 냉난방 시스템을 도입해 에너지 사용을 최적화하고, 운영비 절감 효과 확대 안전사고 예방을 위해 자동 경보 장치, CCTV, 안전 센서가 설치되었으며, 사회적 책임 차원에서 지역사회 수영 교육 프로그램과 장애인 · 노약자 친화적 시설 확충	사회(S)
2020년대 최근	IoT 센서를 활용해 수질, 온도, 염소 농도 등을 실시간으로 측정 · 자동 조정하여 관리 효율성과 위생 수준을 크게 향상 에너지 사용량 · 안전 기록 · 환경 성과를 투명하게 공개하는 스마트 운영 모델로 진화 자동화 청소 로봇과 AI 기반 에너지관리시스템 도입 에너지 사용량 · 안전 기록 · 환경 성과를 투명하게 공개하는 스마트 운영 모델로 진화	환경(E) 사회(S) 거버넌스(G)

1) 발전의 시작과 계기

수영장에서의 ESG 도입은 2000년대 초반 에너지 소비와 탄소배출 문제 인식에서 시작되었으며, 정부의 친환경 건축 기준과 에너지 효율 규제 강화, 안전사고 예방과 장애인 접근성 개선 등 사회적 요구가 더해지면서 확산되었다. 이후 IoT 센서, AI 기반 에너지 관리, 자동화 시스템 같은 기술 혁신이 상용화되며 운영 효율성이 높아졌고, 에너지 절감이 곧 비용 절감으로 이어지는 경제적 동기와 글로벌 ESG 보고 추세가 공공시설에도 적용을 촉진했다. 특히 팬데믹 이후 위생과 안전 관리가 최우선 과제로 주목받으면서 스마트 기술 도입이 가속화되어 ESG 수영장은 지속가능성과 혁신을 결합한 새로운 운영 모델로 자리 잡게 되었다.

3. 환경(Environment)

가. 온실가스(GHG) 배출 관리

1) 대한수영연맹

대회 참가자와 관중들에게 대중교통 이용을 장려하였고 개인 자가용 주차장 출입을 제한하며 탄소배출을 줄이는 활동을 권장하였다.

2) 2019 광주세계수영선수권대회 조직위

2019 광주세계수영선수권대회 참가하는 선수와 임원, 대회 운영 요원 등 AD카드를 소지한 2만여 명이 대회 기간 광주 지하철과 광주시 및 인근 전남 시군의 대중

이용섭 광주시장이 지난 5일 시청 3층 비즈니스룸에서 열린 '수영대회 기간 중 대중교통 무료이용 협약식'에 참석해 협약서 서명 후 운수업체 대표들과 함께 기념촬영을 하고 있다ⓒ 뉴스1

출처: 뉴스1

그림1 · 대중교통 무료 이용 업무협약식

교통을 무료로 이용하게 하여 자가용 차량 사용을 획기적으로 줄여 탄소배출을 줄이는 데 앞장섰다.

나. 친환경 에너지 전환

1) 수영장

가) 폐열 회수 장치(Heat Recovery System)

수영장에서 많이 버려지는 에너지 중 하나는 실내의 습한 공기와 물의 폐열이다. 이를 재활용하는 장치는 가장 기본적이면서도 효과적인 친환경 해결책이다. 실내 수영장은 환기를 통해 수분을 배출해야 하는데, 이때 뜨거운 수증기 형태의 열에너지가 그대로 외부로 버려진다. 배출되는 공기의 열을, 열교환기를 통해 회수하여, 새로 유입되는 외부 공기를 예열하거나 수영장 물을 데우는 데 재사용한다. 난방 에너지 소비를 20~50%까지 절감할 수 있으며, 특히 겨울철 난방비 절감 효과가 매우 크다.

나) 태양열 및 태양광 발전(Solar Energy)

직접적인 에너지 생산과 물 가열에 태양 에너지를 활용하는 방식이다.

다) 태양열 집열판(Solar Thermal Collectors)

지붕에 설치된 집열판에서 태양열을 직접 흡수하여 열교환 방식을 통해 수영장 물을 데운다. 이는 수영장 물 온도 유지에 필요한 에너지를 상당 부분 대체하여 난방 보조열원으로 활용된다.

라) 태양광 패널(Solar Photovoltaic Panels)

태양광 발전으로 전기를 생산하여, 수영장 시설(펌프, 조명, 환기 시스템 등) 운영에 필요한 전력 비용을 절감한다.

마) 지열 에너지(Geothermal Energy)

땅속 깊은 곳의 일정한 온도를 활용하여 냉난방에 사용하는 방식이다. 작동방식은 수영장 인근 지하에 열교환 파이프를 설치하고, 지하의 비교적 일정한 온도(약 15°C 내외)를 이용하여 냉난방에 활용한다. 겨울에는 지하의 열을 흡수하여 수영장 물이나 실내 공기를 데우는 데 사용한다. 여름에는 수영장 시설의 열을 지하로 방출하여 냉방 효과를 얻는다. 화석 연료를 거의 사용하지 않아 운영 비용을 크게 절감하여 탄소배출을 획기적으로 줄일 수 있다.

바) 고효율 히트 펌프(High-Efficiency Heat Pump)

가장 일반적인 에너지 절약 장치로, 적은 전기 에너지로 많은 열에너지를 생산한다. 에어컨의 원리와 유사하게 외부 공기나 물에서 열을 흡수하여 수영장 물이나 실내 공기를 가열한다. 기존 보일러 대비 에너지 효율이 3~5배가량 높다.

광주세계수영대회, 친환경 소재 1회용품 사용

2019-07-23 17:39

접시, 그릇 종이 재질로 만들어진 친환경 소재 사용
대회기간 1회용품 총배출량 0.5톤 예상…철저한 분리 수거 실시

출처: 위키트리

그림2 • 친환경 소재 사용사례

다. 폐기물 감축 및 순환 비즈니스

1) 2019 광주세계수영선수권대회 조직위

광주세계수영대회, 선수촌 식당 등에서 쓰이는 식기류(접시, 그릇) 일부를 친환경 소재로 만들어진 1회용품을 사용하였고, 대회 기간 철저한 분리수거를 실행하여 1회용품을 최소화 배출하였다.

2) 대한수영연맹

1회용품 줄이기를 확대 시행하고, 참여형 캠페인을 추진하였다.

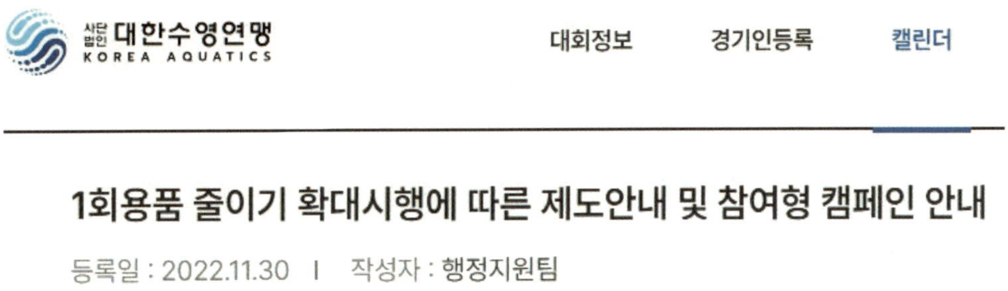

출처: 대한수영연맹

그림3 · 1회용품 줄이기 확대시행 및 참여형 캠페인

3) 2014 인천아시안게임조직위원회

구월아시아드선수촌에 설치된 롤스크린(3,334세대분)을 다음 해에 개최될 2015 광주하계유니버시아드대회 선수촌에 재활용하도록 협약하였다. 이는 자원 낭비 방지와 대회 비용 절감을 동시에 실현한 친환경 사례이다. 시민 참여 기반 홍보, 저탄소 친환경위원회 시민자문단을 출범시키고 플래시몹 등의 캠페인을 통해 저탄소 친환경 생활 실천에 대한 범국민적 인식을 높이는 데 주력하였다.

ㄴ 기획 사설/기고 사람들 독자공간 경기신문

선수촌 롤스크린 광주하계U대회서 재활용

경기신문 webmaster@kgnews.co.kr | 등록 2014.10.01 21:51:55 13면

인천아시안게임 선수촌 아파트에 설치된 커튼형 롤스크린이 2015 광주하계유니버시아드대회에서 재활용된다.

2014 인천 아시아경기대회 조직위원회는 1일 광주U대회 조직위원회와 선수촌 롤스크린 재활용을 위한 협약을 체결했다.

이번 협약에 따라 인천 아시안게임 조직위는 대회가 끝난 뒤 선수촌 아파트 3천334가구에 설치했던 롤스크린을 광주U대회에 인계할 예정이다.

출처: 경기신문

그림4 · 선수촌 롤스크린의 재활용 사례

라. 물 절약 및 물 부족 해결

1) 수영장

수영장 사용 시간 외에 덮개를 사용하여 수면 증발로 인한 열 손실을 최대 50%까지 줄일 수 있다.

출처: 풀스포츠, 플루이드라

그림5 · 해외 수영장 풀 커버 사용사례

4. 사회(Social)

가. 고객과 소비자(지속가능한 소비)

1) 수영장

수질 개선과 안전 인증을 통해 이용자들의 건강을 증진시킨다.

가) 친환경 소독 시스템

UV, 오존, 전기분해를 통해 염소 냄새와 눈 따가움을 유발하는 클로라민(결합염소화학물)을 줄여 이용객의 피부 및 호흡기 건강을 보호한다.

나) 수영장 안전 인증 및 교육

생존 수영 교육을 정기적으로 하고 수영장 안전 관리 인증을 획득하여 시민들에게 안전하고 신뢰할 수 있는 시설을 제공한다.

공사는 2016년부터 초등학생을 대상으로 생존수영 교육을 하고 있으며, 교육장 안전과 서비스 품질을 높이기 위해 올해 안전인증 획득을 추진했다. 사진=안산도시공사

안산도시공사, 실내수영장 생존수영 안전인증 획득

2023-05-11 13:06

생존수영 전문교육기관으로 초등생 안전 책임...프로그램 안전·다양성 강화

경기도 안산도시공사가 운영하는 실내수영장이 사단법인 한국생존수영협회로부터 '생존수영 교육장 안전인증'을 획득하며 보다 체계적인 생존수영 교육에 나선다.

11일 공사에 따르면 생존수영 교육장 안전인증을 받은 수영장은 올림픽수영장·호수공원실내수영장·선부다목적체육관·신길수영장·대부동복지체육센터 등 모두 5곳이다.

공사는 2016년부터 초등학생을 대상으로 생존수영 교육을 하고 있으며, 교육장 안전과 서비스 품질을 높이기 위해 올해 안전인증 획득을 추진했다.

생존수영 교육장 안전인증은 초등학생에게 안전한 교육환경을 제공하기 위해 ▲시설 적합성▲안전장비 비치 유무 ▲생존수영 지도사 배치 여부 등 15개 항목을 종합적으로 평가해 인증을 부여하는 제도다.

출처: 글로벌이노믹

그림6 · 수영장 안전 인증 제도 사례

나. 사회공헌 및 이해관계자 가치창출

1) 대한수영연맹

가) 키즈스윔 순회지도 사업

유아부터 중학생까지 수영에 관심 있는 학생들을 대상으로 경영, 수구, 다이빙 등의 순회지도 강습회를 운영하였다. 수영을 배울 기회가 부족한 지역이나 계층의 아동·청소년에게 체육 활동 기회를 제공하고 국민 건강 증진 및 교육 평등에 이바지하는 사회공헌 활동이었다.

2) 2019 광주세계수영선수권대회조직위

광주세계수영선수권대회는 저비용·고효율의 성공적인 대회 개최를 바탕으로 국제 규격시설(남부대학교 시립국제수영장)을 시민들에게 개방하고 수영 관련 생활체육대회를 활성화하고 생존 수영교육 확산을 위한 인프라로 활용하는 등 유형의

MHN스포츠

대한수영연맹, 전국 7개 시도에서 키즈스윔 순회지도 실시

권수연 기자 2024. 8. 12. 16:00

출처: MK스포츠

그림7 · 대한수영연맹 사회공헌 활동 사례

시설과 무형의 경험을 바탕으로 성공적인 대회 유산(레거시)을 지역사회에 환원하고 국민 안전 및 교육에 이바지하는 장기적인 사회공헌을 하고 있다.

3) 2014 아시안게임조직위원회

가) 인천 Vision 2014 프로그램

인천 Vision 2014 프로그램은 아시아의 스포츠 약소국과 개발도상국을 실질적으로 지원하여, 아시아올림픽평의회(OCA) 소속 45개 회원국 모두가 메달을 획득할 수 있도록 돕는 것을 목표로 추진된 사업이다. 특히 스포츠 인프라가 부족하거나 메달 획득이 어려운 30여 개국을 우선 대상으로 삼아 아시아 스포츠의 균형 발전을 이루고자 하였다.

이 사업은 인천이 아시안게임 유치를 확정한 2007년부터 2014년까지 약 2천만

[광주세계수영 결산] '평창 올림픽' 재활용한 저비용·고효율 대회

기사입력 : 2019년07월28일 15:09 최종수정 : 2019년07월28일 15:09

[서울=뉴스핌] 김용석 기자 = 2019 광주세계수영선수권대회는 경기장 신축을 최소화하는 등 저비용 고효율 대회였다.

광주광역시와 조직위원회는 이번 대회 준비와 운영을 위해 2240억원을 총사업비로 활용했다. 이는 2018 평창 올림픽 대비 5.24%, 2014 인천아시안게임 대비 11%, 2015 광주하계유니버시아드대회 대비 36.3%의 수준이다.

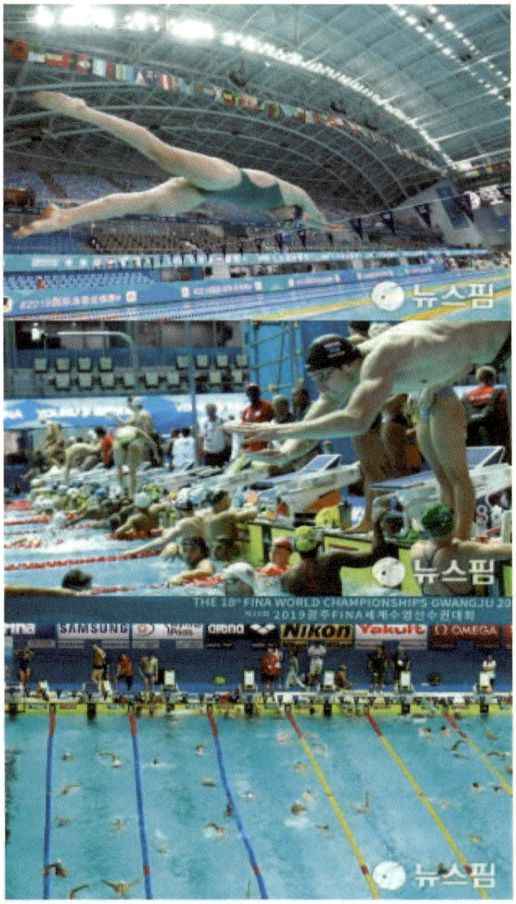

경영 경기가 펼쳐진 광주 광산구 남부대학교 경영경기장. [사진= 광주세계수영 조직위]

평창 동계올림픽이 끝나고 창고에 있던 7억5000여만원 상당의 물품을 그대로 가져와 사용함으로서 또 한번 예산을 절약했다.

출처: 뉴스핌

그림8 • 국제대회 저비용 고효율 성공 운영 사례

뛰어 보니 알았다 스포츠엔 국경이없다는 걸

| 5.스포츠 약소국 파견 지도자가 말하는 비전 2014 프로그램

최유탁 기자 입력 2014.04.30 15:13 | 2014.05.01일자 16면 | 댓글 0

'인천 Vision 2014 프로그램'은 아시아 스포츠약소국에게는 가뭄에 단비와 같은 사업이다.

인천시는 아시안게임 유치가 확정된 지난 2007년부터 비전 프로그램을 진행하고 있다. 특히 국내 국가대표 출신의 지도자들을 스포츠약소국에 보내는 지도자 파견은 해당 국가로부터 큰 인기를 끌고 있다.

이들 스포츠약소국은 스포츠에 대한 관심은 많지만 체계적인 훈련 프로그램이 없어 경기력 향상이 전혀 이뤄지지 않고 있는 실정이다.

이 가뭄을 해소하기 위해 인천시는 유치 후 지도자 파견 대상국을 선정한 다음 이듬해인 2008년 여름부터 7개 나라에 지도자를 파견, 비전 프로그램을 진행해 지금은 이들 지도자가 해당 국가의 국가대표 감독을 맡아 많은 성과를 얻고 있다.

기호일보 뛰어 보니 알았다 스포츠엔 국경이없다는 걸

▶몰디브 이민수 코치=2012년부터 지난해까지 1년간 몰디브에서 수영 파견 코치로 활동한 이민수(34)인천 철인3종 감독은 실내수영장 하나 없어 양식장에서 쓰는 스티로폼과 줄을 이용해 바다에 일정 규격으로 수영장처럼 만들어 그곳에서 폼 교정 등 다양한 훈련 프로그램으로 몰디브 수영 국가대표를 지도했다.

이 감독이 있는 동안 몰디브 수영은 그동안 유례 없었던 자유형 최고 기록을 5~6회 정도 갈아치울 정도로 성장했다.

몰디브는 바다와 인접해 아이가 태어나면 모두 수영을 시킬 정도로 수영에 대한 관심이 크지만 실업팀이 없어 고등학교를 졸업하면 수영을 그만두고 있고, 수영장이 없는 등 인프라가 전혀 구축돼 있지 않아 경기력 향상이 이뤄지지 않고 있는 실정이다.

기회가 주어지면 다시 몰디브로 날아가고 싶다는 이 감독은 "우리나라도 그랬듯이 스포츠 선진국이 후진국을 지원하는 비전 프로그램으로 아시아 스포츠가 한층 발전했다고 확신한다"며 "스포츠약소국이 비전 프로그램으로 경기력이 한층 나아진 반면, 먼 타지에서 고생하는 지도자에 대한 현실성 있는 지원도 잘 이뤄졌으면 좋겠다"는 작은 바람을 말했다.

출처: 기호일보

그림9 · 저자의 Vision 2014 프로그램 스포츠 약소국(몰디브) 지원 활동 모습

달러(약 200억 원)가 투입되었으며, 경험 많은 코치와 전문 지도자를 직접 파견하여 기술 전수와 선수 역량강화를 집중적으로 지원하였다.

프로그램은 단기적으로는 훈련 기회 확대와 대회 참가 용이성을 높였고, 중장기적으로는 국가별 경기력 향상, 메달 획득 가능성 제고, 국제스포츠 교류 기반 마련이라는 의미 있는 효과를 목표로 하였다. 실제로 OCA 관련 보고서는 Vision 2014가 아시아 스포츠의 균형 있는 발전에 이바지한 사례라고 평가하였다.

결과적으로 인천 Vision 2014는 대회 유치 공약을 실천한 대표적인 레거시(legacy) 사업으로, 스포츠 저개발 국가에 맞춤형 지원을 제공하며 아시아 전체의 스포츠 발전을 촉진한 프로그램으로 평가된다.

5. 거버넌스(Governance)

가. 실행체계 구축(비전, 전략, 실행, 개선, 경영효율)

1) 2019 광주세계수영선수권대회조직위

가) 저비용·고효율 및 투명경영 체계 확립

조직위는 기존 인프라를 적극 활용하고 예산 집행을 엄격히 관리함으로써 효율적이고 책임 있는 운영 체계를 구축하였다.

나) 기존 시설 재사용을 통한 신축비 최소화

2015 하계유니버시아드를 위해 이미 건립된 남부대학교 국제수영장 등 주요 수영시설을 주 경기장으로 재활용했다. 이 전략 덕분에 새로운 경기장 건설에 따른 막대한 건설비·유지비가 절감되었고, 대회 준비 기간도 단축되었다.

2019 광주 세계수영대회 159억 흑자 남기고 조직위 공식 해산

송고 2020-07-16 11:12

손상원 기자

수입 1천367억·지출 1천208억…'저비용 고효율' 성과

광주 떠나는 대회기

[연합뉴스 자료사진]

(광주=연합뉴스) 손상원 기자 = 2019 광주 세계수영선수권대회 조직위원회가 '저비용 고효율' 개최를 역사에 남기고 여정을 마친다.

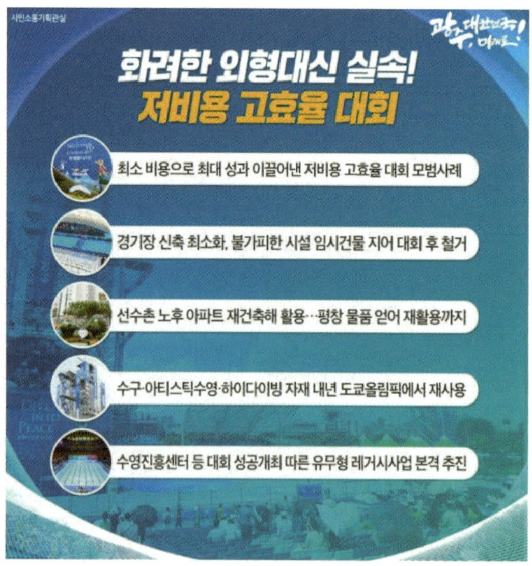

출처: 연합뉴스, 광주광역시

그림10·국제수영대회 흑자 성공 및 성과 내용

다) 예산 집행의 엄격한 관리

대회 운영비 정산 결과, 보조금(국비 · 시비)과 기타 수입을 합쳐 수입 1,367억 원, 지출 1,208억 원으로 159억 원 흑자가 발생했다. 이는 '저비용 · 고효율' 운영의 직접적 성과이다.

라) 철저한 예산 관리와 재정 성과

앞서 언급한 바와 같이, 이 대회의 재정 성과는 159억 원 흑자였다. 이는 예산 집행 과정 전반에 걸쳐 불필요한 비용을 절감하는 등 엄격한 재정 관리를 실천한 결과이며, 국제스포츠 이벤트로는 드물게 흑자 운영에 성공한 사례이다.

마) 투명한 운영 · 정산 · 기록 관리

대회 종료 후 모든 결산 보고서를 체계적으로 정리해 국가기록원에 이관하여 기록 보존과 공개 투명성을 확보하였다. 국제수영연맹(FINA) 등 국제기구로부터도 운영 투명성과 효율성에 대한 긍정적 평가를 받았다.

6. 개선 방향

수영 관련 기관이 지속가능성을 확보하고 글로벌 표준에 부합하는 ESG경영을 실현하기 위해 다음과 같은 3가지 부문의 핵심 개선 방안을 제시한다. 이는 레거시를 시스템으로 전환하기 위한 구체적인 로드맵이다.

가. 환경(E) 부문: 탄소중립 및 순환 경제시스템 구축

1) 온실가스 관리 및 탄소중립 로드맵 구축

가) 탄소 배출량 측정 및 공시 시스템 의무화

연맹이 주관하는 모든 대회 및 행사의 탄소 배출량(Scope 1, 2, 3)을 측정하고 데이터화 한다. 측정 데이터를 바탕으로 구체적인 감축 목표와 로드맵을 설정하여 연간 지속가능경영보고서 등을 통해 투명하게 공시한다.

나) 이동 수단 탄소 발자국 상쇄 및 제로화

필수 탄소 배출량(Scope 3) 상쇄를 위해 대회 유치 시 참가자들 상대로 탄소 상쇄 프로그램을 운영한다. 대중교통 및 카풀 이용 관중/선수에게 실질적인 리워드를 제공하는 인센티브 시스템을 강화한다.

2) 친환경 에너지 및 시설 운영 시스템 도입

가) 통합 에너지 관리 플랫폼(EMS) 구축 의무화

수영장 시설의 모든 에너지 설비를 통합 관리하는 EMS를 구축한다. AI 기반 분석을 통해 난방, 환기, 펌프 작동 등을 자동으로 최적화하여 에너지 소비를 최소화한다.

나) 친환경 건축 및 단열 의무화

건물 전체의 열 손실을 최소화하기 위해 고단열 외벽 및 고효율 창호 설치 등을 의무화한다. 수영장 운영 종료 후 수영장 커버 사용을 의무화하여 증발에 의한 열 손실을 획기적으로 줄여야 한다.

3) 폐기물 감축 및 순환 비즈니스 모델 구축

가) 순환 자산 관리 플랫폼 구축

연맹이 보유하거나 임시 사용한 대형 자산(안내 부스, 임시 시설, 비품 등)을 데이터베이스화하고 다음 대회 및 타 종목단체에 대여・이관하는 순환 자산 관리 플랫폼을 운영한다.

나) 포장재 표준 가이드라인 개발

연맹 공식 파트너사가 제공하는 모든 물품의 포장재를 재생 가능 또는 생분해성 소재로 통일하는 기준을 마련하고 준수를 의무화하여 공급망 전체의 자원 순환 참여를 유도한다.

나. 사회(S) 부문: 지속가능한 소비 및 포용적 스포츠 생태계 확장

1) 고객과 소비자를 위한 투명성 및 안전 강화

가) 수질 정보의 실시간 공개 및 시각화

클로라민 농도 등 수질 측정 결과를 수영장 입구, 웹사이트, 모바일 앱을 통해 실시간으로 투명하게 공개한다.

나) 지속가능한 소비 경험 확대

수영장 샤워실에 친환경 인증을 받은 제품을 비치하거나, 고객들에게 미세 플라스틱이 없는 친환경 수영용품 사용을 권장하는 캠페인을 벌인다.

2) 지역사회 공헌 및 포용적 생태계 조성

가) 생애주기별 수영 교육 및 재활 연계

수영연맹은 키즈스윔 순회지도 사업을 확장하고, 생활체육 관련 시니어 대상 실버 수중 운동 프로그램을 개발하여 제공한다. 수영장은 재활 프로그램을 정규 커리큘럼에 포함하고 장애인 수영 강사를 양성하여 고용함으로써 포용적 교육 환경을 구축한다.

나) 시설의 복합 커뮤니티 공간 전환

대회 시설을 지역 주민의 교육, 건강, 환경 교육이 결합한 복합 문화・체육 공간으로 활용한다.

다) 지역사회 기업과의 연계 강화

지역 중소기업이나 사회적 기업을 수영 대회 관련 물품 및 서비스 공급업체로 우선 선정하여 지역경제 활성화에 이바지하고, ESG 가치를 공유하는 파트너십 생태계를 구축한다.

다. 거버넌스(G) 부문: 투명성 강화 및 선제적 레거시 전략 수립

1) 이해관계자 참여형 ESG 거버넌스위원회 설립

시민, 협력사, 선수단 등 모든 이해관계자가 참여하는 ESG 거버넌스위원회를 설립하여 주요 의사결정 과정의 투명성을 확보하고 책임경영을 강화한다.

2) 레거시 극대화를 위한 선제적 계획 수립 의무화

광주 대회의 시설 재활용 성공 사례를 제도화하여, 대회 유치 초기 단계부터 시설 재사용, 에너지 효율화, 지역사회 환원 계획 등을 ESG 관점에서 선제적으로 설계하고, 예산 및 운영 계획에 최우선으로 반영하도록 의무화한다.

3) 저비용·고효율 및 투명한 재정 관리 실행체계 확립

광주 대회의 흑자 운영 사례를 모델로 기존 시설 활용, 엄격한 예산 관리, 투명한 사후 기록 관리의 실행체계를 모든 대회에 의무화한다. 녹색 구매 및 조달 의무화를 통해 친환경적인 운영 방침을 명확히 한다.

7. 결론

가. 사례에서 얻는 교훈

1) ESG는 재정적 효율을 담보하는 핵심 전략

광주 대회가 기존 시설 재활용 및 임시 시설 도입이라는 친환경 전략을 통해 159억 원의 흑자라는 재정적 성과로 이어졌다는 사실은 ESG가 단순한 비용이 아닌 운영 효율을 높이는 핵심 경쟁력임을 명확히 보여준다.

2) 거버넌스 투명성이 모든 ESG 활동의 시스템 전환 선결 조건

공정하고 투명한 거버넌스 구축이 선행되어야만 지속가능한 사회적 책임 활동이 가능하다는 교훈을 남겼다.

3) ESG 유산은 '계획'하고 '시스템'으로 통합 지속

우수한 단기적 성과가 대회 종료 후 연맹의 장기적 운영 시스템(데이터 측정, 순환경제 플랫폼)으로 통합되지 못하면 그 가치를 잃는다. 대회의 환경적 유산을 극대화하기 위해서는 초기 단계부터 선제적으로 설계하는 제도가 필요하다.

나. 지속가능한 수영 생태계 구축을 위한 3대 핵심 시스템 구축

수영 관련 기관들이 레거시를 넘어 시스템으로 전환하여 지속가능한 미래를 확보하기 위해 다음의 3가지 핵심 시스템 구축을 제안한다.

1) ESG 데이터 기반 경영 시스템 의무화

모든 수영 관련 기관은 Scope 3을 포함한 탄소 발자국 측정 및 공시 시스템을 구축하고, 수영장 시설에 통합 에너지 관리 시스템(EMS) 도입의 의무화가 필요하다. 데이터 기반의 정량적 목표 관리를 통해 책임경영을 실현해야 한다.

2) 순환 자산 관리를 통한 자원 효율성 극대화

일회용품 최소화를 넘어 연맹 자산 및 물품에 대한 순환 자산 관리 플랫폼과 포장재 표준 가이드라인을 개발하여 협력사에 의무화함으로써 폐기물 제로(Zero-Waste)를 추진해야 한다.

3) 이해관계자 참여형 ESG 거버넌스 체계 확립

선수단, 지역사회, 외부 전문가가 참여하는 ESG 거버넌스위원회를 설립하여 주요 의사결정의 투명성을 높이고, 선제적 ESG 레거시 설계를 모든 대회 유치 초기 단계에 의무화하는 제도를 정착시켜야 한다.

참고자료

- 경기신문. https://www.kgnews.co.kr/news/article.html?no=396585
- 광주광역시. https://blog.naver.com/dodreamgj/221600017540
- 글로벌이노믹. https://www.g-enews.com/ko-kr/news/article/news_all/2023051016362672801e71a555b_1/article.html
- 기호일보. https://www.kihoilbo.co.kr/news/articleView.html?idxno=558470
- 뉴스1. https://www.fnnews.com/news/201904071008578377
- 뉴스핌. https://www.newspim.com/news/view/20190728000065
- 대한수영연맹. https://www.korswim.co.kr/41/1796?page=71
- 연합뉴스. https://www.yna.co.kr/view/AKR20200716071300054?input=1195m
- 위키트리. https://www.wikitree.co.kr/articles/447935
- 풀스포츠. https://poolsport.gr/en/swimming-pool-of-nafplio-mun/
- 플루이드라. https://www.fluidra.com/commercial-solutions/inspiration/blog/pool-cover/
- MK스포츠. https://www.mksports.co.kr/news/sports/11091257

지속가능한 도시를 위한 스포츠 이벤트: 차별화된 유치전략 ESG 프레임워크

문 기 준(Monoplane 기획팀)

1. 지속 가능한 도시를 위한 스포츠 이벤트 유치란?
2. 현황과 문제점
3. 국제스포츠 이벤트의 ESG 유치전략 사례
4. 국제스포츠 이벤트 ESG 유치전략의 개선 및 실천 방향
5. 국제스포츠 이벤트 ESG 유치전략의 개선 및 실천 방향(프레임워크)
6. 결론: 지속가능한 국제스포츠 이벤트로 가는 길

1. 지속가능한 도시를 위한 스포츠 이벤트 유치란?

가. 국제스포츠 이벤트의 개념과 유형

국제스포츠 이벤트는 둘 이상의 국가가 참여하고, 국제연맹이나 국제기구가 공인 및 주관하는 국제경기 대회로, 참여하는 선수단, 관계자, 미디어, 후원사, 관람객들이 스포츠를 통해 경쟁과 교류하는 글로벌 스포츠 행사이다.

모든 관계자가 국경을 넘어 한 도시나 지역에 모여 일정 기간에 스포츠 경기뿐 아니라 경제 · 문화 · 사회적 상호작용을 만들어 내는 복합적인 행사라는 점이 특징이다.

국제스포츠 이벤트의 대표적인 유형으로는 종합 경기대회와 단일 종목 경기대회가 있다. 하계 · 동계 올림픽, 아시안게임, 유니버시아드와 같은 여러 종목이 동시에 펼

출처: olympics.com, ©Greg Martin

그림1 · 2022 항저우 아시안게임 개폐회식

쳐지는 대회 유형을 종합 경기대회라고 하며, 국제축구연맹(FIFA) 월드컵, 세계육상선수권대회, 세계수영선수권대회 등 최고 수준의 선수들이 참가하는 메이저 대회들인 종목별 세계선수권대회나 월드컵을 단일 종목경기 대회라고 말한다.

이와 함께 도시나 국가를 순회하며 열리는 세계 자동차 경주대회(F1 그랑프리), 사이클(투르 드 프랑스) 등 투어형 이벤트, 프로리그의 국제 컵대회 등 상업성이 강한 국제대회도 국제스포츠 이벤트의 중요한 한 축을 이룬다.

즉, 국제스포츠 이벤트는 한 도시나 국가가 주체가 되어 국제사회에서 자신들의 자산을 알리고, 경제적 · 사회적 가치를 창출하기 위해 전략적으로 활용하는 글로벌 스포츠 행사라고 정의할 수 있다.

특히 최근에는 이러한 국제스포츠 이벤트를 통해 환경 · 사회 · 거버넌스(ESG) 가치를 구현하고, 대회 이후에도 도시 인프라와 삶의 질을 향상하려는 '지속가능한 도시 전략'의 핵심 수단으로 활용하려는 움직임이 강화되고 있다.

출처: macaonews.com, ©Hethers

그림2 · 2024 파리올림픽 당시 에펠탑에 설치된 올림픽 오륜기

나. 국제스포츠 이벤트 유치 목적의 변화: 외형 중심 성장에서 지속가능성 · ESG 등 균형 중심으로

국가나 지역에서 국제스포츠 이벤트를 유치하는 목적은 무엇일까? 먼저 떠오르는 건 지역경제 활성화일 것이다. 유치부터 대회 준비, 대회 기간 그리고 종료 이후까지 전 세계 많은 사람이 지역에 방문해서 놀고, 먹고, 즐기면서 지역경제가 지속적으로 순환되길 바라는 것이다. 이와 같은 목적으로는 국제스포츠 이벤트뿐만 아니라 크고 작은 스포츠 · 문화 행사들이 각 지역에 유치되고 개최되고 있다.

물론 지역경제 활성화도 중요한 목적이지만, 그것만으로 국제스포츠 이벤트 유치에 나서지는 않는다. 유치를 희망하는 지역(보통 지자체)은 대회를 통해 '지역의 이익'을 얻고자 한다. '지역의 이익'은 도시를 내외부 투자자(정부나 민간)에게 매력적인 대상으로 비춰 지역의 교통 및 건설, 체육시설 등 사회간접자본(SOC) 인프라를 개선하거나 지역 내 우수한 기업을 유치하여 지역 산업 활성화와 인구 유입을 통해 지역이나 도시의 경쟁력을 높이려는 것이다.

출처: time.com, ©Gray Mortimore, Getty Images

그림3 · 1988 서울 올림픽 개폐회식 기수단 모습

국제스포츠 이벤트에 참가한 선수들이 우수한 경기력을 선보이고, 안전사고 하나 없는 대회를 성공적으로 치러내고 있다는 등의 긍정적인 소식을 국제 언론과 방송이 전 세계를 대상으로 실시간으로 송출해주기 때문에 지역의 이미지, 관광상품, 문화 산업 등을 하나의 종합 세트로 알릴 수 있는 가장 파급력이 높은 홍보 수단이다. 그렇기 때문에 유치 목적은 지역경제를 활성화한다는 의미를 넘어, 지역의 도시 구조 전환과 지역을 전 세계에 알려 도시 브랜드와 경쟁력을 강화하려는 데에 있다.

유치 목적은 오랫동안 '국가 위상 과시'와 '경제 성장의 상징'이라는 성격이 강했다. 대표적으로 1960년 도쿄, 1988년 서울, 2008년 베이징 올림픽은 국가 이미지를 제고하고, 도로 · 철도 · 공항 · 경기장 등 대규모 인프라를 확충하는 등 국가 발전의 상징적 기회로 활용되었다. 오늘날에도 많은 도시와 국가는 여전히 인프라 확충 중심의 '외형적 성장'이라는 효과를 기대하며 유치전에 뛰어들기도 한다.

반면에 2010년대부터 유럽과 주요 선진국은 외형 유산 중심 성장에만 머무르지 않

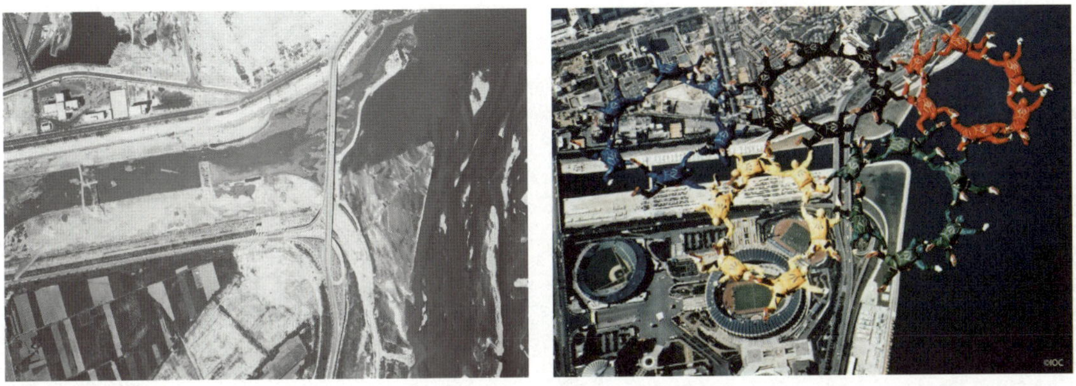

출처: 국토지리정보원, 국제올림픽위원회

그림4 · 1970년(좌)과 1988년(우) 송파구 잠실운동장의 모습

았다. 지역과 도시가 가진 구조적인 문제(지역 불균형, 교통 혼잡, 환경오염 등)를 해결하고 도시 재생으로 지속가능한 도시를 실현해 내기 위한 촉매제로서 국제스포츠 이벤트를 활용하는 흐름이 나타났다.

런던은 2012년 하계올림픽을 통해 당시 노후화된 동부 지역(스트랫퍼드 등)을 재생하는 것이 유치 목적이었으며, 도쿄는 2020년 하계올림픽을 통해 동일본대지진과 후쿠시마 원전 사고 이후의 피해 지역 회복과 경제 활성화를 주요 목표로 '부흥 올림픽'을 내세웠다.

또한 2024년 파리 하계올림픽은 대회 경기 시설로 활용되는 장소 중 95%는 기존 시설과 임시 경기 시설을 활용하는 등 신규 경기장 건설을 최소화 했다(노후된 파리 북부 지역에는 신축으로 수영장을 건설함). 한편, 100년이 넘게 수영이 금지되었던 센강 수질을 정비하여 대회 장소로 활용한 후 시민들의 새로운 일상 공간으로 탈바꿈시켰다. 또한 1900년 파리 만국박람회를 위해 건축된 그랑팔레 전시장을 올림픽 개최 시즌에 맞춰 대거 개선했다. 파리가 올림픽을 통해 도시 재생과 후대 세대에게 새로운 도시 콘텐츠를 남긴 사례라는 점은 다른 도시들에 큰 시사점을 주고 있다.

이제 국제스포츠 이벤트는 국가의 외형적 유산 중심 성장이라는 목적을 넘어, '스포츠를 통한 도시의 지속가능성'을 고려하는 유·무형 유산의 균형을 맞추는 매개체로 인식하고 있다.

출처: 조선비즈, 다시쓰다 도시3.0 ©getliving.com

그림5 • 대회 전(우)와 대회 후(좌)의 런던 동부 스트랫퍼드 지역의 변화

출처: legrandpalaisdesglaces.fr, ©Le Grand Palais des Glaces, Youtube, ©Fencing4You,

그림6 • 100년 만에 리모델링한 그랑팔레(좌: 2024 대회 사진, 우: 아이스링크장)

지역이나 도시가 탄소중립, 포용 도시, 스마트 시티 구축과 같은 비전을 달성하기 위해서 지속가능성 및 ESG경영의 수단으로 국제스포츠 이벤트를 유치하고 있다고 해도 과언이 아니다.

다. 국제스포츠연맹의 ESG 기준 강화로 ESG 유치 경쟁의 본격화

국제스포츠 이벤트 유치 경쟁은 '누가 더 큰 경기장을 짓느냐'가 아니라 '누가 더 지속가능한 유산을 남길 수 있느냐'를 두고 벌어지고 있다.

국제올림픽위원회(IOC), 아시아올림픽평의회(OCA)와 같은 국제연맹과 종목별 국제스포츠연맹(IFs)은 유산(legacy)이라는 명분 아래 탄소중립 및 온실가스 감축, 재생에너지 활용, 인권과 노동 기준, 책임 있는 공급망 관리, 투명한 의사결정 구조 등 지속가능성과 ESG 관련된 요소를 공식 심사기준에 포함하고 있다.

이에 유치 도시는 친환경 인프라 구축, 저탄소 교통체계 도입, 공정하고 투명한 재정 운용, 대회 이후에도 지속적으로 활용할 수 있는 시설, 프로그램 등 대회 유산 등을 앞세운, 이른바 'ESG 유치 경쟁 전략'이 본격화하고 있다.

이미 해외 도시들은 유치 단계에서부터 ESG 기반 대회 개최 목표와 이를 달성하기 위한 거버넌스 체계, 대회에 사용된 인프라를 대회 후에도 지역사회에 실질적인 도움이 될 수 있도록 세밀한 사후 활용 계획을 수립하는 등의 전략을 제시하며 유치 경쟁에서 차별화를 시도하고 있다.[1)]

출처: macaonews.com, ©Guillaume Bontemps

그림7 · 2024 파리올림픽 에펠탑 앞 샹드마르 광장의 비치발리볼 임시 경기장

1) 파리 2024는 유치 단계에서부터 "역대 최저 탄소 올림픽"을 비전으로 제시하고, 전체 경기장의 약 95%를 기존 시설 · 임시 시설로 구성하며 탄소 예산을 관리하는 전략을 사용함.

국내에서도 국제스포츠 이벤트 유치를 검토하는 많은 지자체가 있다.[2] 앞서 언급했듯이 글로벌 경쟁 속에서 개최지로 선정되기 위해서는 지속가능성, ESG경영 전략은 이제 기본이다.

국내 유치 승인 절차에서도 대한체육회 및 중앙정부 부처와의 심사와 협의 과정에서 환경(E), 사회(S), 지배구조(G) 관련 목표와 방안을 제시해야 한다.

오늘날 국제스포츠 이벤트 유치는 도시의 중장기 발전 전략과 ESG 목표를 얼마나 설득력 있게 계획에 제시하느냐에 따라 유치 경쟁력이 결립되고 있다.

2. 현황과 문제점

전 세계적으로 기후위기와 불평등, 인권, 거버넌스의 투명성 등의 문제가 중요해지면서 각국은 합의를 통해 지속가능성과 ESG경영을 공통 과제로 다루기 시작했다.

2015년 파리협정[3]에서는 지구 평균기온 상승 1.5℃로 제한하는 것을 목표로 하는 국제적인 합의가 있었고, 문화와 관광, 스포츠 분야까지 온실가스를 줄이고 사회적 책임을 강화하라는 국제적인 요구를 받고 있다.[4] 국제스포츠 이벤트는 많은 사람이 이동하며 동시에 여러 물자가 한 번에 모인다. 또한 대규모 시설을 짓거나 보수를 할 때 환경, 사회, 지배구조를 함께 고려해야 하는 대표적인 대상이다.

그런데도 국제스포츠 이벤트의 지속가능성과 ESG경영 전략은 한계를 안고 있다. 각 국제스포츠연맹에서 탄소중립, 인권, 책임 있는 공급망, 투명한 의사결정 구조 등의 개념 도출과 실천을 독려하고 있지만, 실제로는 수많은 항공 이동과 재활용이 어려운 임시 시설 건축, 대량 쓰레기 처리로 인한 탄소 배출과 환경 부담이 여전히 크다는 점에서 '위장환경주의(green-washing)' 논란이 꾸준히 제기되고 있다. 대회 조직 리더

2) 순천시, 2035 하계 유니버시아드대회 유치 본격 추진 (https://www.fnnews.com/news/202507251244128626)
3) 2015년 12월 12일, 프랑스 파리에서 개최된 제21차 유엔기후변화협약 당사국총회(COP21)에서 채택된 국제협약
4) ISO 20121:2012 'Event sustainability management systems'. 국제 이벤트가 기획・운영・사후 단계에서 환경, 사회, 경제 측면의 영향을 체계적으로 관리하도록 요구하는 지속가능 이벤트 관리 국제표준.

출처: dezeen.com

그림8 · '위장환경주의'로 비판받은 2022 카타르 FIFA 월드컵의 경기장 스타디움 974 전경

들의 친환경 선언에 비해 그렇지 못한 대회 운영과 사후 평가가 충분히 뒷받침되지 않는다는 비판이 공존한다.

한 사례로 2022년 카타르 월드컵에서 대회 이후 재활용을 목적으로 건축된 '스타디움 974'이 있다. 이는 약 4만 석 규모로, 974개 컨테이너와 모듈식 트러스트 구조로 설계된 경기장이다. 대회 이후 해체해 다른 지역으로 이전하겠다는 계획을 내세웠지만, 2025년 현재까지 경기장은 계속 남아 있어 약속된 재활용과 시설 이전이 현실화하지 못하고 있다. 이처럼 계획과 실제 이행 사이의 간극으로 인해 카타르 월드컵의 탄소중립과 지속가능성 주장은 위장환경주의 논란의 대표 사례로 거론되고 있다.

국제스포츠 이벤트를 유치할 때는 지자체가 유치 의사를 밝히고, 대한체육회와 정부(문화체육관광부, 기획재정부) 심의를 거쳐 유치 승인이 정해진 뒤에야 조직위원회가 꾸려지는 구조가 일반적이다.

이 과정에서 지자체가 작성하여 국내 절차에 활용되는 개최계획서에는 '친환경대회 추진', '지속가능한 운영계획 수립'과 같은 표현이 자주 등장하지만, 환경(E), 사회(S),

지배구조(G) 각각에 대해 어떤 고민을 하고 있는지, 대회가 끝난 뒤 어떻게 평가할 것인지에 대한 구체적인 내용은 제시하지 못하는 경우가 많다.

개최계획서상의 시설, 교통, 인력, 시설, 환경, 문화 등에 대한 검토와 평가가 이뤄지고 있지만, 지속가능성과 ESG가 독립된 핵심 평가 축으로 충분히 작동한다고 보기는 어렵다. 이 때문에 지자체로서는 이러한 요소를 '있으면 좋은 부록' 정도로 받아들이게 되고, 국내 유치 단계에서 단순히 "우리 도시는 이런 비전과 ESG 전략을 갖고 있다"라는 선언적 문구를 넣는 수준에 머무르는 경우가 많다.

사실 ESG 목표는 지자체 의지만으로 이뤄내기도 어렵다. 실행하기가 매우 복잡하기 때문에 현실적인 제약이 존재한다. 유치 단계에서는 중앙정부, 종목단체, 민간기업, 지역사회, 후원사가 각각 어떤 ESG 목표를 담당해야 하고 어느 정도의 책임을 나눌지에 대한 협력체계가 충분히 정리돼 있지 않기 때문에, 유치 초기 단계에서는 지자체가 주도적으로 장기적인 ESG 목표를 과감하게 제시하기보다 일반적인 수준에서의 ESG 가치를 계획서에 담아내는 경향을 보일 수밖에 없다. 이러한 현실은 국내 도시 선정 절차와 승인 과정을 개선해야 할 과제로 이어짐을 시사한다.

그럼에도 불구하고, 유치 단계에서의 ESG 전략은 한 걸음 더 나은 사회로 나아가기 위한 국제연맹 요구뿐만 아니라 대회 운영의 위험(Risk) 관리, 대회 흥행 측면에서 사실상 국제스포츠 이벤트 유치의 공통 언어가 되는 것은 틀림없다.

따라서 국내 지자체 역시 친환경 목표를 형식적으로 나열하는 것을 넘어서 ESG 목표가 핵심 비전과 연결되는 방향으로 진화할 필요가 있다. 런던과 파리의 올림픽 사례처럼 '대회를 통해 도시의 어떤 문제를 어떻게 해결할지'를 유치 단계에서부터 제시하는 움직임이 확산 중인 상황에서 국내 도시도 국제 흐름을 참고해 유치 준비 이전 단계부터 ESG에 관심을 가져야 한다.

결국 변화된 국제 환경 속에서 경쟁력 확보를 위해서는 국내 도시가 단순히 ESG 슬로건을 표방하는 데 그치지 말고, 성공적인 대회 유치를 위해 일관되게 적용할 수 있는 '도시 중심 ESG 유치전략 프레임워크'를 마련할 필요가 있다.

이는 국제사회가 요구하는 지속가능성 기준에 부합할 뿐 아니라, 해당 도시가 '왜 국제스포츠 이벤트를 유치하는가?'에 대한 질문에 답하는 출발점이 될 것이다.

출처: 저자 촬영

그림9 · 옛 전남도청 앞에 설치된 2025 광주 현대 세계양궁선수권대회 경기장

3. 국제스포츠 이벤트의 ESG 유치 전략 사례

가. 국제올림픽위원회(IOC)

IOC는 올림픽 어젠다 2020와 2020+5, 지속가능성 전략, 인권 전략 프레임워크 등의 발표를 통해 올림픽과 패럴림픽을 '환경, 사회, 경제, 인권 유산을 남기는 장기 프로젝트'로 추진하겠다는 방향을 제시하고 있다. 이는 기후위기 대응, 인권 존중, 성평등, 투명한 거버넌스 등을 올림픽 유치·개최 전 과정에 통합하도록 요구하면서, 각 유치 및 개최 도시에 구체적인 목표와 지표를 제시하도록 유도한다.

IOC의 자료에 따르면, 대회는 개최 지역에 새로운 스포츠 인프라와 도시 교통, 환경 개선, 일자리와 지역 비즈니스 기회를 창출하는 것뿐만 아니라 대회를 통한 교육, 청소년 프로그램 확대, 장애 인식 개선과 접근성 향상 등 사회에 긍정적인 영향을 남길 수 있는 잠재력이 있는 것으로 나타난다.

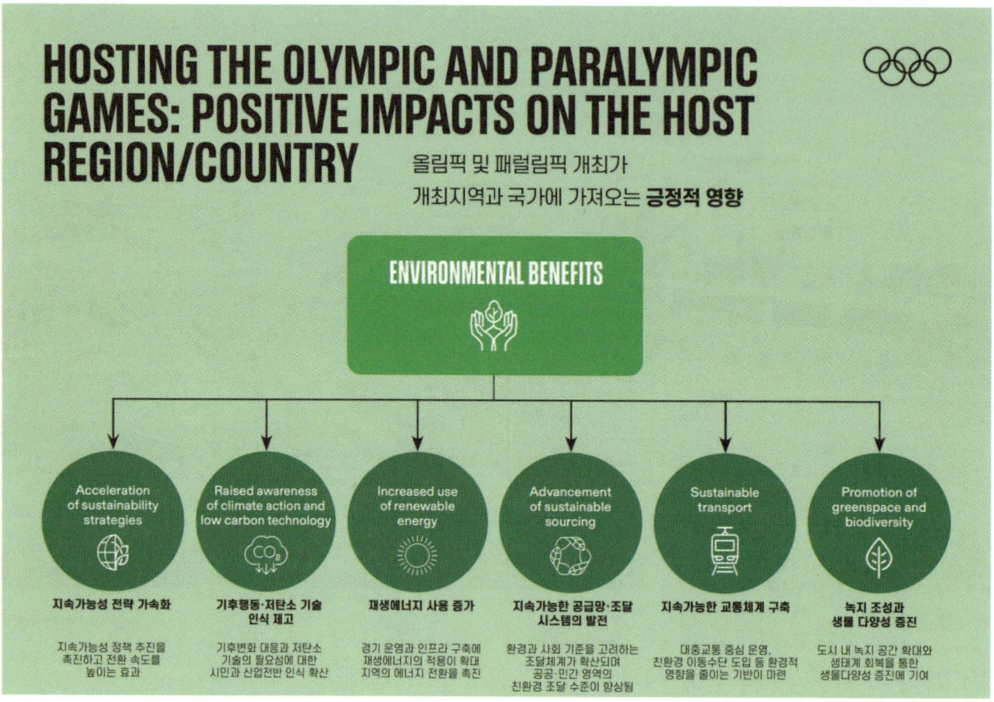

출처: IOC(2023)

그림10 • 올림픽 및 패럴림픽 개최가 개최 지역과 국가에 가져오는 긍정적 영향

동시에 환경 부문에서는 저탄소 인프라, 재생에너지, 도시 녹지 확대, 사회 부문에서는 스포츠 참여 증대와 포용성 강화, 경제 부문에서는 중소기업과 사회적경제 참여 확대 같은 요소를 "잘 설계된 올림픽과 패럴림픽이 남길 수 있는 핵심 유산"으로 제시하며, 향후 유치 도시들이 이러한 방향으로 전략을 구체화할 것을 강조하고 있다.

나. 2024 파리 하계올림픽 및 패럴림픽

파리 2024는 유치 단계에서부터 "환경 발자국을 절반 수준으로 줄인 올림픽"을 목표로 내세우며, 전체 경기 시설의 약 95%를 기존 또는 임시 경기 시설로 구성하고 신축은 최소화하는 전략을 제시했다. 에펠탑 아래 마르스 광장에서 비치발리볼, 앵발리드 광장에서 양궁, 베르사유 궁전에서 승마 경기를 개최했다.

모든 경기장과 선수촌은 재생에너지 기반 전력을 사용하고, 저탄소 건축 자재와

출처: archdaily.com ©Guillaume Bontemps

그림11 • 에펠탑 아래 마르스 광장 여건에 맞춰 설치된 비치발리볼 임시경기장

고효율 설비, 대중교통 중심의 접근성을 결합해 인프라 차원의 배출량을 줄이고자 했다.

또한 선수촌과 일부 경기장은 대회 이후 공공 주거와 스포츠, 커뮤니티 시설로 전환되었다. 그중에서 유치부터 계획이 되어있던 유일한 신축 경기장인 아쿠아틱 센터는 주변 지역의 폐열과 실내 수증기 열을 회수해 수영장 물과 실내 온수를 데우는 열 회수 시스템을 도입하고, 재생에너지 전력과 결합해 운영 에너지의 대부분을 저탄소 에너지로 충당하는 저탄소 에너지 복합 시설로 설계되었으며, 대회 이후에는 인근 주민을 위한 공공 수영장과 생활체육, 커뮤니티 공간으로 전환되도록 계획되었다.

특히 파리시는 센강 수질 개선과 생드니 지역 재생을 올림픽과 패럴림픽 유산 계획의 핵심으로 삼았다. 오염으로 인해 100년간 금지됐던 센강 수영을 재개하기 위해 대규모 정화 사업을 진행하고, 강변과 운하 일대를 공원과 수변 문화 공간으로 바꾸어 '강을 시민에게 돌려주는' 도시 프로젝트를 추진했다.

출처: a234.fr, ©Salem Mostefaoui

그림12 • 저탄소 에너지 시스템이 적용된 파리 2024 올림픽 아쿠아틱 센터

다. 아시아올림픽평의회(Olympic Council of Asia; OCA)

OCA는 아시안게임을 '녹색, 저탄소, 유산'을 핵심 가치로 내세우며, 개최 도시가 지속가능발전목표와 환경보호, 사회적 유산을 고려한 계획을 제출하도록 요구하고 있다. 2022년 항저우 아시안게임에서는 'Zero-Carbon Asian Games Action'과 같은 프로그램을 승인하여 경기장과 선수촌에 녹색 전력을 공급하고, 에너지 절감과 탄소 상쇄를 결합한 탄소중립 모델을 장려한 것이 대표적이다.

또한 OCA는 회원국을 대상으로 프로젝트 지속가능성과 유산을 지원하는 지침을 마련하여 인프라뿐만 아니라 인적 자원, 스포츠 교육, 지역사회 참여를 강화하는 사업에 예산과 노하우를 제공하고 있다. 이를 통해 환경과 사회, 경제 측면에서 장기적인 유산을 남기는 대회가 되도록 유도하고 있다.

출처: 한겨레, ©로이터 연합뉴스

그림13 • 올림픽 개최 이후 100년 동안 수영 금지였던 센강에서 일상을 보내는 시민들

라. 2022 항저우 아시안게임

항저우 아시안게임은 "녹색, 스마트, 절약"을 대회 비전으로 내세우며, 아시안게임과 아시안 장애인대회 모두 공식적인 탄소중립 달성을 발표했다. 온실가스 배출량을 약 88만 톤으로 산정한 뒤, 기존 경기장 우선 활용과 신축 최소화, 경기장과 선수촌, 조직위원회 사무공간에 대한 녹색 전력 공급, 친환경 교통수단 확대 등을 통해 배출량을 줄이고 남은 부분은 상쇄했다.

시민과 참가자의 참여도 중요한 축이었다. 선수촌과 도시 곳곳에서 저탄소 행동을 기록하는 디지털 앱, 디지털 불꽃놀이, 다양한 환경 캠페인을 통해 '녹색 생활 방식'을 체험하도록 설계했으며, 폐도시락과 우유 팩 등 저가 폐기물을 수거해 재생 종이로 만드는 순환 경제 프로젝트를 운영했다. 이러한 시도는 도시 전체의 에너지 전환과 친환경 소비문화를 확산시키려는 ESG 기반 유치 전략의 한 형태로 평가된다.

출처: insidethegames.biz ©Getty Image

그림14 • 탄소 배출을 줄이기 위해 불꽃놀이 대신 LED 조명으로 개폐회식을 연출한 2022 항저우 AG

마. 2025 라인-루르 세계대학경기대회(FISU)

독일 라인-루르(Rhine-Ruhr) 2025 세계대학경기대회는 뒤스부르크, 에센, 보훔, 도르트문트, 뒤셀도르프 등 여러 도시가 함께 치르는 분산형 대회로, 신규 경기장 건설을 최소화하고 기존 스포츠와 대학 인프라를 최대한 활용하는 것을 기본 원칙으로 삼았다.[5)]

철도와 대중교통을 중심으로 한 이동 설계를 통해 도시 간 교통에서 발생하는 배출량을 줄이고, 이후에도 지역 주민과 학생들이 꾸준히 이용할 수 있는 시설과 공간을 남겼다.

조직위원회는 '줌 인 앤드 줌 아웃'이라는 이름의 사전 지속가능성과 유산관련 계획을 담은 문서를 발표하여 대회 운영 단계에서의 구체적 조치와 장기 유산을 하나의 이야기로 묶어 제시했다. 2025 라인-루르는 탄소와 자원, 모빌리티, 접근성, 지역경

---

5) 2025 라인-루르 FISU 하계 세계대학경기대회는 대회 구조를 철도・대중교통 중심으로 설계해, 도시 간 이동에 따른 탄소배출을 줄이는 것을 유치 전략의 핵심으로 삼음.

출처: bildmaschine.com, ©Christian Heister

그림15 • 2025 독일 라인-루르 세계대학경기대회 개폐회식

제와 사회 프로젝트, 유엔 지속가능발전목표 기여 등을 포괄하며, 학계와 시민사회, 지방정부가 함께 전략을 검토하는 과정을 통해 유치 단계에서부터 다중 이해관계자와 함께 ESG 전략을 설계하는 모델을 보여줬다.

4. 국제스포츠 이벤트 ESG 유치전략의 개선 및 실천 방향

앞선 장에서 국제스포츠 이벤트 ESG 유치의 목적과 국제적 흐름, 그리고 국내외 사례를 통해 드러난 현황과 한계를 살펴보았다. 이를 바탕으로 국내 도시가 앞으로 유치전략을 설계할 때 고려해야 할 개선 방향을 3가지 핵심 원칙으로 정리했다.

> ★ **핵심 원칙**
>
> 1. 대회 유치가 목표가 아니라, 도시 문제 해결과 도시의 미래 비전을 실현하는 프로젝트로 바라볼 것
> 2. 기존 시설 최대 활용으로 신규 건설 최소화, 재생에너지와 저탄소 교통, 사후 공공시설 전환을 인프라 활용의 기본 방향으로 삼을 것
> 3. 환경, 사회, 지배구조에 대한 핵심 관리 항목과 지표를 유치 단계에서부터 제시할 것

첫째, 유치전략의 출발점을 "대회를 성공적으로 유치하는 것"에서 "도시가 원하는 변화를 만드는 것"으로 전환해야 한다. 기존 선진사례에서 보듯이 노후 지역 재생, 기존 스포츠 인프라 개선, 저탄소 도시 전환, 시민 참여 확대와 같은 도시 과제를 먼저 정의하고, 국제스포츠 이벤트를 그 과제를 앞당기는 수단으로 설계하는 것으로 접근해야 한다.

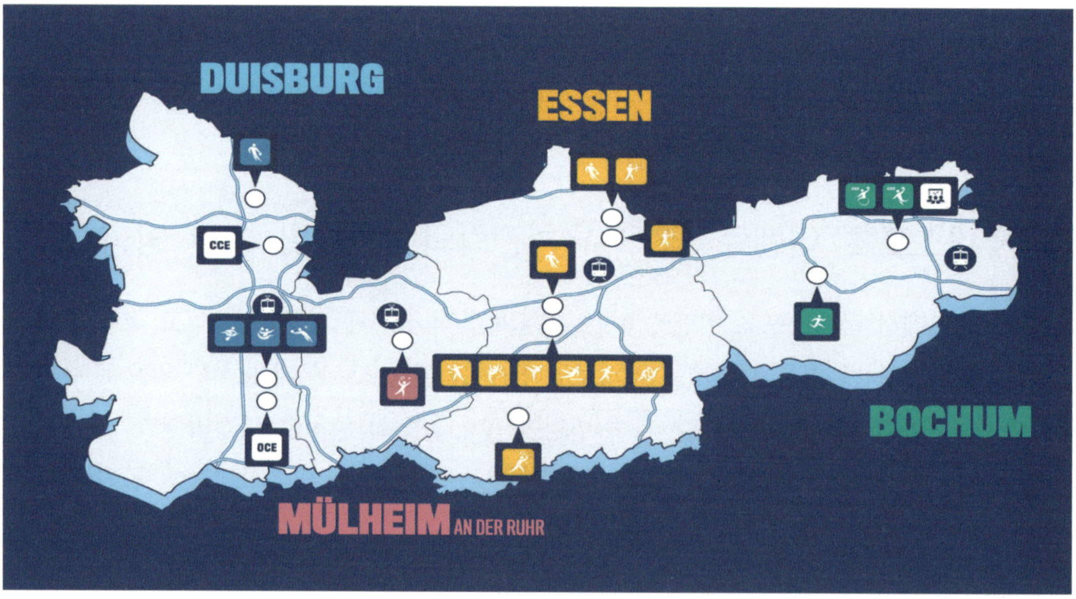

출처: 2025라인-루르 하계세계대학경기대회 대회 정보 브로셔

그림16 · 2025 라인-루르 하계세계대학경기대회 교통중심 대회 컨셉맵

둘째, 인프라는 "신규 건설 최소, 기존 시설을 최우선으로 활용, 재생에너지와 저탄소 교통 확대, 대회 이후 공공시설 전환"이라는 방향을 유치 단계에서부터 제시할 필요가 있다. 이는 과도한 시설 건축과 사후 유지보수 비용 부담을 줄이는 전략임과 동시에, 대회가 끝난 뒤 시민의 일상에 도움이 되는 유산을 남길 수 있는 전략이다.

셋째, ESG 항목을 유치 문서에 반영해야 한다. 환경, 사회, 지배구조 각각에 대해 큰 틀에서 2~5개 수준의 핵심 목표와 구체적인 계획을 수립하여 개최계획서와 유치신청서 작성 시 도시 비전, 인프라 전략, 운영계획, 유산 계획 등과 함께 제시하는 방식이다. 이 과정에서 유치 담당 구성원들이 ESG의 개념과 내용을 자연스럽게 학습하는 효과도 기대할 수 있다.

이 원칙들은 국내 도시가 국제연맹과 정부, 시민사회 등을 향해 "우리 도시는 이 대회를 통해 어떤 도시 문제를 어떻게 해결하겠다"라는 약속을 보다 설득력 있게 설명하는 데 도움이 될 것이다. 즉, 지자체가 개최 도시를 넘어 지속가능한 도시와 이벤트 발전을 이끄는 글로벌 리더로서의 이미지를 강화할 수 있다.

5. 국제스포츠 이벤트 ESG 유치전략의 프레임워크

가. 도시 비전과 유치 목적

개최 및 유치계획서의 서두에서 도시의 중장기 발전 방향과 이번 대회를 통해 해결하고자 하는 핵심 과제를 간단명료하게 제시해야 한다. 예를 들어 다음과 같은 요소를 포함할 수 있다.

- 우리 도시의 장기 비전(유치 비전)
  예) 저탄소 도시, 포용 도시, 청년 · 혁신 도시 등
- 이번 대회를 통해 해결하고자 하는 도시 과제(유치 목적)
  예) 노후 지역 재생, 공공 스포츠 인프라 확충, 시민 · 청년의 스포츠 참여 확대, 도심 교통 · 환경 개선, 탄소중립 전환 가속화 등

이때 ESG는 별도의 옵션이 아닌 필수로서, “도시 비전과 환경, 사회, 지배구조 개선을 함께 추진하는 방향”으로 서술하는 것이 바람직하다.

나. 인프라와 운영 원칙

인프라와 운영에 관한 기본 방향을 정리하는 부분이다. 국제 사례를 참고하면 다음과 같은 원칙을 유치 단계에서 제시할 수 있다.

- 신규 경기장과 대형 시설 건설 최소화(신설일 경우, 도시 계획 및 유산 계획과 연계)
- 기존 경기장과 임시경기장 최대한 활용, 대학, 공공시설, 교통 인프라 우선 활용
- 주요 시설의 재생에너지 전력 사용과 고효율 설비 도입
- 대회 기간 대중교통, 도보, 자전거 등 저탄소 교통수단 중심의 이동 설계
- 대회 이후 선수촌과 경기장을 시민, 청년 · 커뮤니티 공간 등으로의 전환 계획 명시

이를 바탕으로 도시 상황에 맞는 3~5개의 핵심 프로젝트(예: 특정 구역 재생, 기존 경기장 리모델링, 저탄소 선수촌 시범 사업 등)를 개최 및 유치계획서에 제시하면, 인프라와 유산 계획이 정리될 수 있다.

다. ESG 핵심 관리항목과 최소 지표

ESG 관점에서 “최소한 관리해야 할 항목”을 요약하는 부분이다. 세부 지표를 너무 많이 나열하기보다는, 각 분야에서 두세 개 정도의 핵심 항목을 정해 유치 문서에 포함해야 한다. 이를 유치계획에 포함하기 위해서는 지자체, 정부, 기업, 시민, 국내 종목단체(NF)와의 협의체를 구성하여 안건으로 달성 목표를 상정하여 결정할 필요가 있다.

1) 환경(E)

- 온실가스 배출량 산정과 감축 목표
- 재생에너지 전력 사용 비율과 에너지 효율 개선 목표

- 폐기물 감축, 재사용·재활용 비율, 일회용품 감축 계획

2) 사회(S)

- 인권·노동 기준을 입찰·계약에 반영하고, 건설·운영 단계의 위험요인(안전, 차별 등)에 대응하는 방안
- 지역 주민, 청년, 장애인 등 다양한 집단이 자원봉사, 일자리, 문화·교육 프로그램을 통해 대회에 참여할 수 있는 구조
- 대회 전후 시민의 스포츠 참여 확대와 건강 증진 프로그램 계획

3) 지배구조(G)

- 예산, 입찰, 주요 의사결정에 대한 정보 공개 방식과 일정
- 주민, 시민사회, 전문가, 기업이 참여하는 자문·협의 구조 설계
- 환경, 사회, 재정 위험(risk)을 사전에 검토하고 관리하는 절차

이 세 부분을 계획서에 모두 제시한다면 "대회를 성공적으로 치러내겠다"라는 약속을 넘어서 도시가 국제스포츠 이벤트를 통해 지역과 도시에 어떤 변화를 만들고 싶은지와 그 과정에서 어떤 ESG 약속을 이행하겠다는 것인지까지 함께 보여주는 '책임 있는' 모습을 강조할 수 있다.

구체적인 지표는 개최 도시 선정 이후에 중앙정부, 종목단체, 민간 투자자, 시민사회 등 다양한 이해관계자와의 협의를 통해 보완하고 조정하게 될 것이지만, 유치 단계에서 지자체는 핵심 항목과 큰 방향성을 미리 제시하는 것이 중요하다.

6. 결론: 지속가능한 국제스포츠 이벤트로 가는 길

필자는 이 글을 통해 이제 국제스포츠 이벤트 유치는 도시의 미래를 어떻게 바꿀지까지 함께 고민해야 하는 프로젝트라는 점을 반복해서 강조했다.

과거 유치 목적이 '국가 위상 과시'와 '경제 성장의 상징' 등 국가 이미지 제고에 머물

렀던 '외형 유산 중심 성장'과 달리 선진국을 중심으로 기후위기, 불평등, 인권, 투명성 같은 문제를 함께 다루는 ESG 관점이 사실상 기본값이 되었다고 평가한다. 또한 이를 얼마나 잘 설계하느냐에 따라 해외 유치 경쟁에서도 크게 영향을 받고 있다.

여러 해외 사례를 살펴보면서, 국제연맹이 요구하는 기준과 위장환경주의(Greenwashing) 논란 사이의 간극, 그리고 국내 도시들이 아직 유치 단계에서 ESG를 충분히 전략적으로 활용하지 못하고 있다는 한계도 확인했다.

그래서 이 글에서 국내 도시의 유치 경쟁력을 높이기 위해 도시 비전과 유치 목적, 인프라 활용 원칙 등 ESG 핵심 관리 항목을 하나의 흐름으로 묶는 'ESG 유치전략의 프레임워크'라는 나름의 틀을 제안해 보았다.

물론 이 프레임워크가 아직은 기초적인 단계에 머물러 있지만, 앞으로 국내 도시가 국제스포츠 이벤트를 준비할 때 조금이라도 참고가 되고, "우리는 왜 이 대회를 치르려 하는가, 어떤 도시를 만들고 싶은가"를 먼저 질문해 보는 계기가 되었으면 한다.

앞으로 연구자, 행정가, 스포츠 관계자들이 함께 협력해 더 많은 연구와 실제 사례가 쌓여서, 대한민국에서도 도시와 주민, 그리고 스포츠가 함께하는 지속가능한 국제스포츠 이벤트가 많이 개최되길 기대한다.

참고 자료

- Fédération Internationale de Football Association(FIFA) 및 Qatar 2022 조직위원회. 2022 카타르 월드컵 스타디움 974 및 대회 지속가능성 관련 자료.
- International Organization for Standardization(ISO). ISO 20121:2012 『Event sustainability management systems』.
- United Nations Framework Convention on Climate Change(UNFCCC). 『Paris Agreement』, 제21차 당사국총회(COP21, 2015).
- 2025 라인-루르 하계세계대학경기대회 조직위원회. 『Zoom in and Zoom out』 지속가능성 및 레거시 문서, 대회 정보 팸플릿.

- 국제올림픽위원회(IOC). 『Olympic Agenda 2020+5』 『Sustainability Strategy』, 『Human Rights Strategic Framework』 등 올림픽 지속가능성 · 인권 관련 문서.
- 국제올림픽위원회(IOC). 올림픽 및 패럴림픽 레거시, 지속가능성 관련 공식 웹사이트 자료.
- 순천시 · 파이낸셜뉴스. 「2035 하계 유니버시아드대회 유치 본격 추진」 관련 기사.
- 아시아올림픽평의회(OCA). 「Zero-Carbon Asian Games Action」 및 아시안게임 지속가능성 · 레거시 관련 자료.
- 조선비즈. 「다시쓰다 도시3.0」 런던 스트랫퍼드 도시 재생 관련 기사.
- 파리 2024 올림픽 · 패럴림픽 조직위원회. 파리 2024 지속가능성 전략, 경기장 · 선수촌 인프라 및 레거시 관련 공식 자료.
- 한겨레. 파리 센느강 수질 개선 및 시민 수영 재개 관련 기사.
- 항저우 아시안게임 조직위원회. 항저우 2022 아시안게임 탄소중립 · 지속가능성 관련 공식 보고서 및 웹 자료.

스포츠 산업 공급망의 ESG 전환: 현황과 과제

이 용 욱 (원갑코퍼레이션 대표)

1. 서론
2. 스포츠 분야의 환경(E)
3. 스포츠 분야의 사회(S)
4. 스포츠 분야의 거버넌스(G)
5. 글로벌 스포츠 기업 ESG 비교 분석
6. 결론 및 종합 제안

1. 서론

가. 개요

스포츠 분야에서도 유엔기후변화협약(UNFCCC)의 흐름에 발맞추어, 국제스포츠 기구(IOC, FIFA 등)를 비롯한 다양한 기업과 단체들이 지속가능성 실현을 위한 노력을 강화하고 있다. 이러한 변화는 단순한 선언이나 캠페인 수준을 넘어 실제 현장에서의 실행 중심으로 확산되고 있어 더욱 의미가 있다. 이에 본 과제에서는 스포츠 관련 기업의 ESG 이해 수준과 현황을 분석하고, 향후 산업이 나아가야 할 방향을 모색하고자 하였다.

스포츠용품 중에서도 스포츠 의류 생산설비를 운영하는 기업들은 국제기구의 권고와 글로벌 브랜드의 요구에 따라 ESG 기준 준수를 위한 다양한 조치를 실제 현장에서 실행해 왔다. 대표적으로 재활용 원사 사용 확대, 친환경 인증 취득, 폐기물 감축을 위한 공정 개선, 협력업체 대상의 환경, 노동 기준 점검 강화 등이 이루어졌다. 국제스포츠 기구의 기준을 충족하기 위해 일부 생산설비에서는 탄소 배출 관리 체계를 도입하거나, 물 사용량 절감을 위한 염색 공정 개선 등을 추진하는 사례도 나타났다. 이러한 노력은 단순히 규제나 요구사항을 따르는 차원을 넘어, 스포츠 제조 산업이 실제로 직면한 한계 속에서도 실행할 수 있는 방식으로 ESG를 적용해 온 기록이자 발전 방향을 보여준다.

나. 스포츠 산업 기업의 ESG 관련 노력 연혁

스포츠 산업의 친환경 정책은 브랜드별로 각자의 하는 역할과 시작하는 시점이 각각 다르다. 또한 공식적으로 정책을 펴기 전에 수년간 테스트를 진행하여 브랜드가 실행하고 자료화할 수 있는 정책을 찾는 데 노력했다. 대표적인 사례를 연도별, 브랜드별로 이해하기 쉽게 만든 표를 보자. 표시된 연도는 테스트가 끝나고 실제 정책을 공표하고 실행한 연도를 표기했다.

표1 • 연도별 스포츠 브랜드의 친환경 정책 실행

연도	내용
2012년	나이키 친환경 물 없는 염색(비버톤. 2012.02.08)
2013년	아디다스 친환경 정책 시작(아디다스, 2014)
2014년	파타고니아 공정무역(파타고니아, 2014)
2019년	나이키 Move to Zero(베타니, 2012.09.21)
	자라(Zara Inditex)는 GRS 인증기반 친환경 소재 사용(2019.07.17)

2. 스포츠 분야의 환경(Environment)

가. 온실가스 감축

이슈	규범적 목표(Normative)	
	일반적(기업 경영)	스포츠 분야
온실가스 감축	IPCC 및 파리협정: 지구 평균 온도 상승 1.5 이내로 억제	IOC 목표: 2030년 탄소감축 50% 2050년 탄소제로(Net Zero)

1) 스포츠 의류 산업의 탄소 감축 전략

스포츠 의류 산업은 친환경 인증을 소재 단계에서 도입하고, 브랜드 차원에서 글로벌 공급망을 관리, 감독함으로써 탄소제로 목표를 달성하려는 노력을 진행하고 있었다. 일부 브랜드는 탄소 배출이 큰 항공 운송을 제한하고, 과도한 생산을 줄이기 위해 판매예측 시스템을 구축하여 최소한의 생산으로 온실가스를 감축하고 있었다.

현실적으로는 몇 가지 한계가 존재하였다. 판매예측 시스템을 통해 생산 일정을 판매 시점에 최대한 근접하게 맞추더라도, 규제를 피하고자 최종 선적은 보트로 진행하더라도 협력업체 간 물류 이동에서는 여전히 항공 운송이 사용되는 경우가 빈번하였다. 또한 브랜드마다 원하는 인증 기준이 다르고, 인증 획득을 위한 조건이 상이하여 현장 기업들은 모든 인증을 취득하기 어렵고, 일부는 표면적 변화만을 보여주는 경우도 발생하고 있었다.

2) 실제 사례

지난 10여 년간 글로벌 스포츠 브랜드 본사들은 공급망 전반에 걸쳐 ESG경영 강화와 온실가스 감축 목표를 지속해서 확대해 왔다. 2015년 전후로 친환경 정책이 본격 도입되었을 당시에는 주로 1차 협력업체의 인증만으로도 요구 조건을 충족할 수 있었으나, 2023년 코로나 팬데믹 이후부터는 규제 수준이 한층 강화되면서 모든 협력업체가 각각 별도의 ESG, 환경 인증을 취득해야 하는 구조로 변화하였다.

이러한 흐름 속에서 중소 규모의 스포츠 의류와 용품 개발, 판매 기업들은 탄소 배출 관리, 재생 가능에 소재 사용, 공정 투명성 확보 등 다양한 ESG 기준을 충족하기 위한 노력을 지속해 왔다. 그러나 산업 전반에서의 기술 개발과 혁신은 소재 분야에 집중되는 경향이 강해, 생산 현장, 운송, 물류 등 운영 단계에서의 실제 탄소 저감 활동은 상대적으로 충분히 반영되지 못하는 한계가 존재한다.

특히 중소기업의 경우 인력, 비용, 관리 역량 측면에서 다층적인 규제와 인증 요구를 동시에 충족하는 데 현실적인 어려움이 크다는 점이 지적된다. 이러한 부담은 공급망 전체에 ESG 기준이 확대될수록 더 심화하고 있으며, 이에 따라 중소 스포츠 기업들은 더욱 실효성 있는 탄소 감축 전략, 인증 절차 간소화 지원, 협력사 간 공동 대응 모델 등의 필요성을 강조하고 있다.

3) 실천 방향

스포츠 기업의 온실가스 감축은 공급망 전반의 협력 참여 없이는 실질적인 달성이 어렵다. 단순 규제나 강제 기준보다는, 누구나 참여할 수 있는 단계적 접근을 통해 소재, 제품별 특성을 반영한 탄소 감축 활동을 유도해야 한다. 또한 운송 및 생산 프로세스 최적화를 통해 항공, 트럭 등에서 발생하는 탄소를 줄이는 전략이 병행되어야 한다. 성공적인 감축은 이해와 참여가 쉬운 체계를 구축하고, 공급망과 기업 간 협력을 기반으로 달성할 수 있다.

4) 단기에서 장기로 이어지는 단계별 실행 전략

단기적으로는 모든 협력사에 동일하게 높은 기준을 적용하기보다 온실가스 감축에 참여할 수 있는 공정과 단계부터 먼저 선정한다. 또한 평가점수 기반의 인증 관리 방식을 도입해 협력사의 참여 현황과 성과를 체계적으로 추적하고 피드백을 제공하며, 판매예측 데이터를 활용해 불필요한 항공 및 트럭 운송을 최소화하고 운송수단 최적화를 시작한다.

중기 단계에서는 초기 참여 영역의 성과를 기반으로 기준을 점차 강화하고 확대하여 더 많은 공정과 협력사가 참여할 수 있도록 유도한다. 이와 함께 해상 운송이나 공동 물류 등 장기적 효율화를 위한 물류, 운송 최적화 전략을 본격적으로 확대하고, 협력사를 대상으로 ESG 교육 및 기술 지원 프로그램을 운영해 공급망 전반의 역량을 강화한다.

장기적으로는 소재, 생산, 물류 전 과정에서 온실가스 배출을 통합적으로 관리하는 탄소중립 관리 체계를 구축하고, 공급망 전반에서 정보 공유와 협력이 자연스럽게 이루어지는 구조를 정착시킨다. 아울러 정기적인 ESG 성과 평가와 보고를 통해 감축 효과를 객관적으로 검증하며, 글로벌 브랜드 요구에 맞는 지속가능한 운영 체계를 유지한다.

나. 친환경 에너지 전환

이슈	규범적 목표(Normative)	
	일반적(기업 경영)	스포츠 분야
친환경 에너지 전환	SDG 7: 모두를 위한 청정에너지 보급/ RE100이니셔티브	국제스포츠 기관을 선두로 단일 종목 스포츠 기관등을 통해 사용되는 경기장 또는 경기운영 및 경기용품을 친환경 소재를 사용하여 청정 에너지 활용을 적극 활용

1) 친환경 전환의 한계와 현실

스포츠 산업에서는 공급망에 속한 생산공장 지붕에 태양광 패널을 설치하여 공장 설비 가동에 필요한 에너지를 자체적으로 생산하고 사용하는 추세가 나타나고 있으며, 스마트 팩토리 시스템을 통해 공정을 간소화하고 생산 일정을 조정함으로써 에너지 사용량을 줄이는 시도도 활발히 진행되고 있다. 그러나 이러한 친환경 전환은 장치산업 구조와 글로벌 공급망의 현실을 고려하면 제한적이며, 1차 협력사 이외의 협력업체, 특히 개발도상국과 같이 인프라가 열악한 지역에 있는 기업들은 태양광 설치와 스마트 시스템 구축 등 기반 시설 투자가 어려워, 실제로 많은 공정이 여전히 전통적인 에너지 소비 기반 시설에서 이루어지고 있다.

2) 실제 사례

일부 제조기업은 생산 현장 지붕에 태양광 패널을 설치하여 재생에너지 사용을 확대하고, 에너지 효율을 높이기 위한 다양한 노력을 지속해 왔다. 그러나 산업 구조적 특성상 염색과 가공 공정에서는 친환경 설비 도입이 여전히 제한적이어서, 강화된 고객사의 친환경 규제 기준을 충족하지 못할 경우 기존 공정만으로는 사업 수행이 어려워지는 상황도 발생하였다. 이러면 신규 부지 확보와 공장 설립, 설비 확충이 필요하나, 막대한 비용과 오랜 기간이 소요되면서 일부 중소 제조기업은

출처: Malmsten AB

그림1 · 태양광 패널을 사용한 지붕 및 친환경 소재 용품 생산

낮은 영업이익률 등의 이유로 고객사 계약을 포기하는 사례도 나타났다.

또한 친환경 기준을 충족하는 생산 공정은 절차가 복잡하고 국내외 물류 이동도 빈번하였다. 이에 일부 기업들은 에너지 효율성과 비용 절감을 위해 해외 수출입 시 해상 운송을 원칙으로 하고, 국내 물류는 공동 운송 방식을 운영하기도 하였다. 그런데도 일부 고객사가 매우 짧은 납기를 요구하는 경우, 기업들은 현실적 제약 속에서 불가피하게 항공 운송을 선택해야 하는 상황도 존재하였다.

3) 실천 방향

스포츠 기업의 친환경 에너지 전환은 단순히 1차 협력사 중심으로는 한계가 있으며, 공급망 전반을 포괄하는 단계적 전략이 필요하다. 이를 위해 대형 협력사뿐 아니라 인프라가 부족한 하위 협력업체에도 기술적, 재정적 지원을 제공하고, 장기적 관점에서 재생에너지 도입을 투자 기회로 인식하도록 유도해야 한다. 또한, 감축 실적 기반의 인센티브 제도를 마련하면, 공급망 전체가 지속가능한 에너지 전환에 참여하는 구조를 구축할 수 있다.

4) 단기에서 장기로 이어지는 단계별 실행 전략

단기적으로는 주요 협력사와 하위 협력업체의 에너지 사용 현황과 설비 수준을 진단하고, 태양광 및 고효율 장비 등 초기 친환경 설비 도입을 위해 공동 펀드를 운영하거나 저리 융자를 제공한다. 또한 친환경 설비 도입 초기 참여 기업에는 ESG 평가점수 또는 인증 기반 혜택을 제공하여 참여를 유도한다.

중기 단계에서는 소규모 협력업체까지 재생에너지 설비를 단계적으로 확대하고, 공급망 전반의 에너지 사용량과 절감 실적을 추적하며 보고 체계를 구축한다. 아울러 친환경 설비 운영 및 유지보수에 대한 전문 교육과 기술 컨설팅을 제공하여 기술 지원을 강화한다.

장기적으로는 대형과 중소 협력사 모두가 친환경 설비를 안정적으로 운영하며, 세제 혜택, 파트너 인증제, ESG 점수 반영 등 정책적 인센티브와 연계해 자발적 참여를 지속시킨다. 이를 통해 공급망 전체가 에너지 전환과 탄소 감축 목표 달성에 참여하는 장기적 구조를 정착시킨다.

다. 폐기물 감축 및 순환 비즈니스

이슈	규범적 목표(Normative)	
	일반적(기업 경영)	스포츠 분야
폐기물 감축 및 순환 비즈니스	EU 순환경제 계획: 제품 수명 연장, 재사용 재활용 극대화	경기용품 재활용, 스포츠 경기 폐기물 재활용 극대화

1) 친환경 소재 적용과 글로벌 사례

스포츠용품 기업들은 재활용 소재(recycle material)를 활용하여 폐기물을 다시 제품 생산 과정에 투입하는 순환형 구조(circular system)를 구축하고 있으며, 최근 리사이클 생산 기술의 발전으로 소재의 다양성과 품질이 크게 향상되어 재활용 제품의 내구성과 기능성이 개선되고 제품 수명이 연장되고 있다. 또한 기업들은 단순히 재활용 소재를 사용하는 것을 넘어 기존 소재의 품질 강화를 통해 전반적인 제품의 생애주기 연장 효과를 추구하고 있으며, 대표적인 사례로 나이키의 'Nike Grind' 프로그램과 아디다스의 'Parley for the Ocean' 컬렉션이 있다. 세계수영연맹 공식 공급사인 스웨덴의 Malmsten AB는 친환경 소재를 활용한 레인라인을 올림픽 등 국제대회에 공급하며, 제품의 품질을 높여 사용자가 쉽게 폐기하지 않도록 하는 철학을 기반으로 지속적 사용과 환경보호를 실천하고 있다.

2) 실제 사례

의류와 스포츠용품 산업에서는 폐기물 재활용과 리사이클 원사, 인증받은 천연 섬유 사용이 이미 안정적으로 정착되어 있다. 일부 국가에서는 친환경 원사 사용량에 따라 탄소세 혜택이 제공되는 정책 구조가 마련되어 있어, 비용 부담에도 불구하고 기업들은 친환경 소재를 적극 활용할 수 있었다. 이러한 제도적 지원 덕분에 브랜드와 제조 파트너 간 상생 협력이 가능했으며, 산업 전반에 친환경 소재 사용을 정착시키는 성과를 거둘 수 있었다.

3) 실천 방향

글로벌 스포츠 브랜드와 공급망은 제품 수명 연장과 폐기물 감축을 핵심 전략으로 삼아야 한다. 재활용 소재 사용을 넘어, 제품의 내구성과 품질을 개선하면 폐기물 발생이 줄고 자원 절약과 탄소 배출 저감에도 이바지할 수 있다. 이를 위해 공급망 전반의 협력업체에 재활용 및 폐기물 감축 기준을 적용하고, 기술 지원과 관리 체계를 구축해야 한다. 또한 소비자 참여와 인센티브를 통해 폐기물 회수율을 높이고, 현지 재활용 인프라를 강화하여 전 과정의 탄소 배출을 최소화할 필요가 있다.

4) 단기에서 장기로 이어지는 단계별 실행 전략

단기적으로는 소재별 사용 현황과 재활용 가능성, 내구성을 평가하여 공급망 현황을 파악하고, 1차 협력사와 협력업체를 대상으로 재활용 및 폐기물 감축 기준 교육을 제공하며 제품 회수 프로그램 초기 단계 도입과 인센티브 제공을 통해 소비자의 참여를 유도한다.

중기 단계에서는 재활용 소재의 다양성, 색상 표현, 기능성 개선을 위한 연구개발에 집중하여 제품 내구성을 개선하고, 하위 협력업체까지 재활용 기준과 관리 체계를 확산시킨다. 또한 수거 시스템을 최적화하고 이동 거리를 최소화하는 등 회수 및 재활용 인프라를 확충한다.

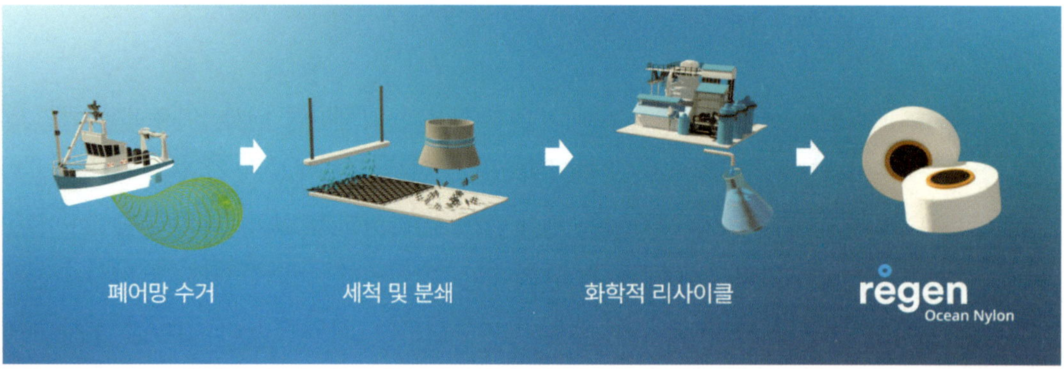

출처: 효성 TNC

그림2 • 리싸이클 친환경 소재 원사의 생산 과정

장기적으로는 생산에서 유통, 사용, 회수, 재활용에 이르는 전 생애주기에서 ESG 기준을 적용하여 지속가능성을 확보하고, 내구성과 상품성이 확보된 재활용 제품을 전략적 포트폴리오로 확대하여 소비자의 신뢰와 브랜드 경쟁력을 강화한다. 아울러 기술, 재정, 인프라 지원이 통합된 체계를 통해 브랜드와 협력업체가 함께 친환경 목표를 달성하는 지속가능한 공급망을 구축한다.

라. 물 절약 및 물 부족 해결

이슈	규범적 목표(Normative)	
	일반적(기업 경영)	스포츠 분야
물 절약 및 물 부족 해결	SDG 6: 모든 사람에게 안전한 물과 위생 제공	경기장 및 경기 운영에서 물 사용 절감 및 재이용

1) 산업 구조 속 물 관리 실태

의류 생산 과정에서 물은 필수적인 자원이며, 특히 염색과 가공 단계에서는 한 제품을 생산하는 데 수만 리터의 물이 사용된다. 이러한 구조적 한계로 인해 오늘날 우리가 사용하는 대부분의 스포츠 의류와 용품은 물 없이는 생산할 수 없는 산업 구조 위에 놓여 있다. 선진국의 경우 생산 과정에서 사용된 물을 정화하여 재활용하는 수처리 및 재사용 시스템이 비교적 잘 구축되어 있으나, 개발도상국의 생산 공장 중 상당수는 아직 기본적인 폐수 처리 시설조차 갖추지 못한 상태이다.

2) 실제 사례

스포츠 의류와 용품 산업에서 물은 단순한 생산 자원이 아닌, 전략적으로 관리해야 할 핵심 자원이다. 원단 생산과 염색 공정에서 필수적이며, 원가 구성에서도 오일과 함께 상당한 비중을 차지하고, 폐수 처리까지 고려해야 하는 중요한 요소다.

하지만 수처리 시설 확충, 폐수 처리 설비 도입, 물 없는 염색 기술 적용은 막대한 비용과 시간 소요로 쉽게 추진하기 어렵다. 실제로 일부 염색 공장은 폐수 규제 문제로 외곽 지역으로 이전했으며, 주요 구매자들도 물 절약 관련 논의를 강화하면서 산업 구조 변화가 불가피할 것으로 예상된다.

정책적 인센티브가 마련될 경우, 물 없는 염색 설비 도입을 통해 환경 부담을 줄이는 동시에 생산 효율성을 확보하는 전략이 필요하다.

3) 실천 방향

스포츠 산업은 의류 생산, 용품 제조, 경기장, 시설 운영 등 전 과정에서 대량의 물을 사용한다. 특히 일부 개발도상국 생산시설은 폐수 처리와 재사용 인프라가 부족하여 환경 부담이 크다. 초기 설비 투자 금액이 높아 기업 단독으로 개선이 어려우므로, 기업과 국가가 협력하여 공동 수처리 인프라를 구축하는 것이 필요하다.

주요 인프라에는 빗물 저장소, 공동 정수시설, 폐수 처리 시스템이 포함되며, 이를 통해 물 재활용이 가능하고 순환율을 높일 수 있다. 또한 스마트 관리 시스템으로 물 사용 데이터를 모니터링하고, 사용량이 많은 영역부터 단계적 개선을 추진해야 한다. 제품별 물 사용량을 명시하고 소비자 인식을 높이는 활동도 병행하면, 산업 전반의 물 절약과 지속가능성 향상에 이바지할 수 있다.

4) 단기에서 장기로 이어지는 단계별 실행 전략

단기적으로는 생산 및 시설의 물 사용량을 자료화하고 공정을 먼저 개선하며, 제품별 물 사용량을 명시하고 소비자 인식 프로그램을 시작한다. 또한 개발도상국 생산 시설과 공동으로 파일럿 프로젝트를 설계하여 초기 협력 체계를 마련한다.

중기 단계에서는 빗물 저장소, 공동 정수시설, 폐수 처리 설비를 단계적으로 도입하고, 스마트 관리 시스템을 통해 공정별 물 사용을 최적화하며, 소비자 참여형 물 절약 캠페인을 확대한다.

장기적으로는 생산, 유통, 시설 운영 전 단계에서 물 순환율을 최대화하고, 글로벌 공급망과 연계된 공동 인프라를 구축하며, 물 사용 효율성을 ESG 평가와 연계하여 산업 전반의 지속가능성을 강화한다.

마. 친환경 R&D 및 투자

이슈	규범적 목표(Normative)	
	일반적(기업 경영)	스포츠 분야
친환경 R&D 및 투자	국제 투자 기준: 녹색 기술 및 지속가능 인프라에 자본 흐름 유도	지속가능 경기장, 경기이벤트 및 건설 소재 및 경기용품 소재 개발등, 녹색화 친환경 기술 개발 시도

1) 기술 적용과 투자 과제

많은 기업이 지속 가능한 제품 생산을 위해 제품과 소재 개발에 상당한 투자를 이어가고 있으며, 이러한 기술 개발은 산업 전반에 변화를 이끌고, 무수 염색과 같은 친환경 염색 기술은 향후 스포츠 산업의 넷제로(net zero) 달성에 핵심적인 역할을 할 것으로 기대된다. 그러나 개발된 기술을 실제 생산 과정에 적용하기 위해서는 대규모 신규 시설 투자가 필수적이며, 이러한 투자는 막대한 비용을 수반하고 복잡한 글로벌 공급망 구조는 개혁과 혁신을 어렵게 만드는 주요 요인으로 작용한다.

2) 실제 사례

최근 일부 스포츠 의류, 용품 기업들은 ESG와 산업 전반의 변화에 선제적으로 대응하기 위해 친환경 R&D 투자를 확대하고, 외부 협력사를 활용한 아웃소싱을 적극적으로 진행하고 있다.

기존 리사이클 원사나 인증 천연 섬유는 대부분 화학적 처리를 거쳐야만 소각 또는 재활용할 수 있어 완전한 의미의 ESG 친화적 소재로 보기 어렵다. 이에 따라, 화학적 처리 없이 자연적으로 분해될 수 있는 소재를 활용한 제품 개발에 집중하고 있다.

상품화 초기 단계이지만, 이러한 소재가 상용화될 경우 기존 폐기물 관리 중심

ESG 정책에 실질적 변화를 가져올 수 있으며, 마라톤 경기에서 버려진 페트병이 자연 분해되는 사례처럼 환경 부담을 크게 줄일 수 있을 것으로 기대된다.

3) 실천 방향

스포츠용품 및 의류 산업에서는 친환경 기술 연구와 개발이 진행되고 있으나, 이를 공급망 전반에 적용하고 실질적인 지속가능성을 확보하기 위해서는 구조적 기반 마련과 단계적 투자 전략이 필수적이다. 소규모 협력사와 개발도상국 생산시설까지 포함한 전체 공급망에 기술을 적용하려면 다국어 교육 프로그램, 본사 기술 이전, 시설 투자 등 지원이 필요하며, 환경 부담이 큰 공정부터 점진적으로 개선하는 접근이 바람직하다. 또한 친환경 생산 기술을 표준화하고 장기적 관점에서 R&D 투자와 제품 가격 간 균형을 유지함으로써, 단기적 비용 부담을 장기적 브랜드 가치와 ESG 경쟁력 확보로 전환할 수 있다.

4) 단기에서 장기로 이어지는 단계별 실행 전략

단기적으로는 환경 부담이 큰 공정부터 점진적으로 개선을 시행하고, 다국어 기반 교육 프로그램과 기술 이전 교육을 하며 일부 생산설비에 파일럿 적용을 통해 자료를 수집한다.

중기 단계에서는 친환경 생산 공정을 표준화하고 전체 공급망으로 확산하며, 소규모 협력사에는 공동 펀드와 장기 저리 융자 등 지원을 제공하고 ESG 평가점수, 세제 혜택 등 성과 기반 인센티브를 제공하여 참여를 유도한다.

장기적으로는 공급망 구조를 개혁하고 모든 협력사에 친환경 기술을 적용하며, 연구개발과 장기적 투자 전략을 연계해 초기 비용 부담을 장기적 가치로 전환하고, 제품 전 생애주기 친환경 관리 체계를 정착시켜 산업 전반에 지속가능성을 확산한다.

3. 스포츠 분야의 사회(Social)

가. 인권(아동, 여성, 강제노동 등)

이슈	규범적 목표(Normative)	
	일반적(기업 경영)	스포츠 분야
인권(아동, 여성, 강제노동 등)	UNGPs: 모든 비즈니스는 인권을 존중하고 보호할 의무가 있다	IOC 인권 존중 명시: 스포츠를 통한 인권을 존중받고 보호할 의무가 있다

1) 스포츠 공급망 내 인권 문제

스포츠 산업은 글로벌 공급망 생태계에서 생산이 이루어지고 개발도상국 지역에서 노동 인권 문제가 사회적 문제가 되고 있다. 스포츠 의류와 용품 제조 과정에서는 선진국 대비 열악한 인권 규제로 인해 아동노동, 저임금, 장시간 근로, 여성 근로자 차별 등 성평등 문제가 발생하고 있다. 대표적인 사례로, 글로벌 스포츠 브랜드들은 인건비가 저렴한 동남아시아와 남아시아 지역으로 생산 기지를 이전하면서 하청업체에서 아동노동과 강제노동이 발생한 정황이 보고된 바 있으며, 여성 근로자의 비율이 높은 봉제산업 특성상 임금 격차와 승진 제한 등 구조적 차별 문제도 여전히 존재한다.

2) 실제 사례

일부 글로벌 스포츠 브랜드 협력사들은 치열한 경쟁 속에서 기업 생존과 계약 수행을 위해 개발도상국으로 생산 기지를 이전하는 현실을 경험하고 있다. 이는 단순히 비용 절감이나 수익 극대화 목적이 아니라, 글로벌 브랜드가 요구하는 Audit 및 Code of Conduct 인증을 충족하면서 경쟁력을 유지하기 위한 필수 전략이다.

해외 생산 이전을 통해 주 6일 근무가 가능한 지역에서 생산 효율성을 높이고 원가를 절감할 수 있지만, 동시에 국내 생산은 규제와 낮은 생산 효율로 인해 점점 어려워지고 있다. 국내에서는 일부 영세 하청업체만 제한적으로 생산이 가능하며,

노동 인권 기준이 제대로 적용되지 않는 지역에서의 생산 문제도 고려해야 한다.

이 사례는 글로벌 브랜드의 요구, ESG, 노동 인권 기준을 동시에 충족시키면서도 현실적인 생산 전략을 설계하는 것이 얼마나 중요한지를 보여준다.

3) 실천 방향

글로벌 공급망을 기반으로 운영되는 스포츠 산업에서는 인권과 노동 문제 관리가 필수적이다. 제품 생산 과정에 참여하는 1차, 2차, 3차 협력사까지 아우르는 인증 체계를 구축하고, 공정별 인권 리스크를 분석하며, 고위험 공정에서는 엄격한 감사를 실시해야 한다. 문제가 발생할 경우 강력한 제제를 통해 재발을 방지하며, 여성 근로자가 많은 봉제산업의 특성을 고려한 성평등 환경 조성과 리더십 교육 프로그램도 병행할 필요가 있다. 또한 교육, 보건, 생활 인프라 개선 등 다양한 지원과 국제 기준 기반 규제 도입을 통해 지역사회와 상생하는 구조를 마련해야 한다.

4) 단기에서 장기로 이어지는 단계별 실행 전략

단기적으로는 1차 협력사를 대상으로 인권 실사 체계를 구축하고, 공정별 인권 리스크를 평가하여 고위험 공정을 파악하며, 여성 근로자를 대상으로 기본 교육 프로그램을 운영한다.

중기 단계에서는 2차, 3차 협력사까지 인증 제도를 확대하고, 고위험 공정에 대한 정기적 감사와 개선 조치를 시행하며, 성평등 근로환경 조성 및 여성 리더십 교육 프로그램을 확대한다.

장기적으로는 글로벌 공급망 전반에서 인권 존중 문화를 정착시키고, 교육, 보건, 생활 인프라를 개선하며 국제 기준 기반 규제 제도를 마련하여, 여성과 아동이 스스로 인권과 공정 노동을 인식하고 수용하는 지속가능한 산업을 구축한다.

나. 공급망 상생 및 ESG 확산

이슈	규범적 목표(Normative)	
	일반적(기업 경영)	스포츠 분야
공급망 상생 및 ESG 확산	OECD 가이드라인: 공급망 전반에 ESG 기준 확산의 의무	IOC와 FIFA의 ESG 정책에 따라 공급망 전반에 ESG 기준 준수 촉구

1) 스포츠 산업 공급망의 도전 과제

스포츠 의류 산업은 잦은 트렌드 변화와 봉제의 특성상 사람이 컴퓨터가 아닌 사람이 직접적으로 생산하는 특성이 있다. 또한 국제 산업 구조의 한 축으로 자리 잡고 있으며, 최근 지속가능성과 윤리적 책임이 기업 경쟁력의 핵심으로 부상하면서 단순한 이윤 창출을 넘어 이해관계자와의 공유와 가치 창출을 우선시하는 방향으로 변화되고 있다. 그러나 실제 공급망 구조에서는 여전히 소규모 하청업체 중심의 불안정한 구조가 지배적이며, 원가 인상과 환율 변동 등 외부 환경 변화에 따라 기업이 어려워질 경우 상생 구조를 유지하는 것은 현실적으로 어렵다. 많은 소기업은 본사나 대형 브랜드의 압박 속에서 인건비 절감과 근로 시간 확대 등의 부담을 떠안게 된다.

2) 실제 사례

글로벌 스포츠 브랜드들은 ESG를 더 이상 선택이 아닌 필수 전략으로 인식하고 있다. 이 변화는 사회적 요구에 대한 대응을 넘어, 장기적 경쟁력 확보를 위한 핵심 원칙으로 자리 잡았다. 나이키, 아디다스, 푸마 등 주요 기업들은 각기 다른 방식으로 ESG의 산업적 기준을 만들어가고 있다.

나이키는 공급망 전반의 투명성 강화를 위해 협력공장을 평가하는 '지속가능성 점수'를 도입했다. 이 점수는 실제 발주 결정에 직접 반영되며, 기준에 미달하는 공장에는 시정 조치나 발주 제한이 적용된다. ESG가 브랜드 이미지가 아닌 실질적 관리 규칙으로 기능하기 시작한 사례다.

아디다스는 협력사 중심의 ESG 확산 전략을 강조한다. 환경, 안전 교육 프로그램을 정기적으로 제공하고, 친환경 원단 개발도 협력업체와 공동 연구 방식으로 진행한다. 지속가능성은 단독 성과가 아니라, 공급망 전체가 함께 쌓아가는 결과라는 접근이 특징적이다.

푸마는 ESG 데이터를 매년 공개하며 투명성을 극대화하고 있다. 환경 오염, 탄소배출, 노동 환경 등 핵심 정보를 단순화된 지표로 제공해 이해도를 높였다. ESG를 내・외부 커뮤니케이션의 핵심 가치로 재정의한 것이다.

이 기업들의 사례는 ESG가 비용이 아니라 미래 가치 창출을 위한 투자임을 보여준다. 동시에 단일 기업의 노력으로는 충분하지 않으며, 공급망 전체가 지속가능성 기준을 함께 충족해야 한다는 점을 강조하고 있다. ESG는 이제 '어떻게 만드는가'를 묻는 국제적 표준으로 자리 잡아가고 있다.

3) 실천 방향

스포츠 산업에서 공급망 상생과 ESG 확산을 효과적으로 달성하기 위해서는 구조적이고 통합적인 접근이 필요하다. 이를 위해 산업 전체 차원에서 단일화된 인증 체계를 구축하고, 하청업체 부담을 낮추며, 참여 의지를 높이는 지원 체계를 마련해야 한다.

4) 단기에서 장기로 이어지는 단계별 실행 전략

단기적으로는 브랜드별 중복 인증을 최소화하기 위해 통합 인증서 체계를 설계하고, 이를 통해 하청업체가 하나의 인증으로 여러 브랜드와 협력할 수 있도록 지원하며, 하청업체를 대상으로 ESG 교육 프로그램과 기술 지원을 시작한다.

중기 단계에서는 설비 개선, 인증 발급 비용, 교육비 분담 및 금융지원을 포함한 상생 투자 모델을 설계하고, ESG 요구와 원가, 납기 관행을 개선하기 위해 갑을 관계를 조정하며 공동 투자 구조를 구축한다. 또한 개발도상국 및 영세 협력업체를 대상으로 공동 교육과 기술 지원, 보조금과 융자를 제공한다.

장기적으로는 산업협의체 차원에서 공급망 전반의 참여 체계와 지원 구조를 정착시키고, ESG 목표 달성 시 우선 발주와 장기계약 등 인센티브를 제공하여 참여 동기를 강화하며, 산업 전체에 ESG 문화를 확산시키고 지속가능한 공급망을 구축한다.

다. 사회공헌 및 이해관계자 가치 창출

이슈	규범적 목표(Normative)	
	일반적(기업 경영)	스포츠 분야
사회공헌 및 이해관계자 가치 창출	Stakeholder Capitalism: 기업은 주주 외 이해관계자에게 책임	선수, 관중, 관계 업종 및 지역사회 모든 이혜관계자에게 사회적 환경적 가치 창출

1) 윤리적 책임과 가치 창출 중심 산업

스포츠 의류와 용품 산업을 중심으로 한 중소기업들은 지속가능한 성장을 위해 다양한 상생 방안을 모색하고 있다. 선수, 코치 지원과 같은 직접적 후원에서부터, 유사 업종 간 물류 협업 등 운영 단계에서의 공동 참여 모델까지 다양한 형태의 협력이 이루어지고 있다. 이러한 활동은 규모와 관계없이 사회로부터 받은 기회를 다시 환원하고자 하는 기업의 철학에 기반한다.

그러나 중소기업의 사회공헌 활동은 아직 초기 단계에 머물러 있으며, 사회적 약자의 스포츠 참여 확대, 재난 대응 지원, 여성, 청소년 스포츠 프로그램 후원 등 다양한 영역의 필요성은 지속해서 제기되고 있다. 많은 기업이 참여 의지는 가지고 있으나, 구체적인 실행 방법의 부재나 단독 추진의 어려움으로 인해 실제 활동으로 이어지지 못하는 경우도 적지 않다.

따라서 기업 규모와 산업 특성을 고려해 누구나 손쉽게 참여할 수 있는 공동 플랫폼과 협력 구조가 마련된다면, 더 많은 기업이 사회공헌 활동에 동참할 수 있을 것이며, 이는 지역사회와 산업 생태계의 지속가능성 강화에도 의미 있는 기여를 할 것이다.

2) 실제 사례

글로벌 브랜드들을 중심으로 스포츠 산업에서 사회 공헌을 하는 것을 경험해 보았을 것이다. 예를 들어 나이키는 'Made to Play'라는 글로벌 사회공헌 프로그램을 통해 어린이들에게 무료 체육활동 기회를 제공하고 있다.

이 프로그램은 어린이들에게 운동장과 체육 활동 공간을 제공하며, 전문 강사와 함께 스포츠 기술, 팀워크, 리더십 등을 배우는 기회를 제공한다. 이러한 사회공헌 활동은 단순한 기부를 넘어 지역사회 건강 증진과 아동의 성장, 사회적 통합에 기여하고 있다.

아디다스는 여러 사회공헌 프로그램을 통해 지역사회와 환경 모두에 긍정적 영향을 미치고 있다. 예를 들어, "Sports Benefit" 프로그램을 운영하여 저소득층 청소년들에게 다양한 스포츠 활동 참여 기회를 제공하고, 건강한 성장과 사회적 통합을 지원한다. 또한 해양 플라스틱을 활용한 재활용 제품 프로젝트와 함께, 지역사회 대상 스포츠 교육과 자원봉사 활동을 시행하고 있다.

한국 스포츠 산업 내에서도 데상트 스포츠재단은 유소년 장학 사업, 학교 체육 프로그램 지원, 스포츠용품 지원 등 지역사회 체육 활성화를 위한 다양한 사회공헌 활동을 전개하고 있다. 이는 단순한 제품 제공을 넘어서 교육, 스포츠 격차 해소, 지역 연계 활동으로 확장되고 있다.

3) 실천 방향

중소기업이 많이 포진한 산업군 특성이 있어, 사회공헌의 필요성에 공감하면서도, 인력과 예산의 한계, 실행 경험의 부족으로 인해 실제 행동으로 옮기지 못하는 경우가 많다. 단독으로 추진하기에는 부담이 크고, 무엇을 어떻게 시작해야 할지에 대한 가이드 역시 부족하다. 이러한 구조 속에서 사회공헌은 일부 글로벌 브랜드의 전유물처럼 인식되거나, 일회성 행사로 그치는 경우도 적지 않다. 결국 스포츠 산업에서 사회공헌이 지속가능한 구조로 자리 잡기 위해서는, 개별 기업의 선의에 기대기보다 산업 차원의 공동 실행 전략이 필요하다. 이러한 문제의식 속에서 실천 방향은 단번에 완성되는 해답이 아니라, 시간의 흐름에 따라 점진적으로 확장되는 과정으로 이해할 필요가 있다.

4) 단기에서 장기로 이어지는 단계별 실행 전략

단기적으로는 '시작할 수 있는 구조'를 만드는 일이다. 사회공헌이 부담이 아닌 경험이 되기 위해서는, 누구나 쉽게 참여할 수 있는 공동 플랫폼과 프로그램이 필요하다. 청소년 스포츠 교실, 지역 체육시설 연계, 스포츠용품 기부와 같은 비교적 실행 부담이 낮은 활동부터 산업 차원에서 공동으로 기획한다면, 중소기업 역시 자연스럽게 참여할 수 있을 것이다. 여기서 핵심은 성과를 크게 내는 것이 아니라, 기업들이 사회공헌 활동을 직접 경험하고 그 의미를 체감하는 데 있다. 사회공헌이 비용이 아닌 가치라는 인식이 형성되는 순간, 기업의 태도는 달라지기 시작할 것이다.

중기 단계에서는 기업 간 협력을 기반으로 한 공동기금 조성, 브랜드와 협력사의 공동 사회공헌 프로젝트, 비용 분담과 지원 체계와 같은 구조적 장치들이 본격적으로 논의되어야 한다. 이 과정에서 사회공헌 활동의 효과를 측정할 수 있는 지표를 도입하고, 참여 기업에는 ESG 평가 반영, 브랜드 신뢰도 제고, 우선 협력 기회 등 실질적인 보상을 받을 수 있도록 한다. 사회공헌이 '좋은 일'에 머무르지 않고, 기업 경영의 한 축으로 기능하기 시작하는 시점이 바로 이 단계다.

장기적으로는 사회공헌은 더 이상 별도의 활동이 아니라, 스포츠 산업의 정체성 자체로 자리 잡게 한다. 청소년의 스포츠 참여 확대, 지역 체육 인프라 개선, 건강한 생활문화 확산과 같은 성과는 단기간에 완성되지 않지만, 시간이 흐를수록 산업 전반의 신뢰와 지속가능성을 강화하는 기반이 된다. 글로벌 브랜드들이 사회적 책임을 통해 브랜드 가치를 높여온 것처럼, 국내 스포츠 산업 역시 사회와 함께 성장하는 모델을 구축할 수 있을 것이다. 이 단계에 이르면 사회공헌은 비용이나 의무가 아니라, 산업이 스스로 지탱하는 힘이 될 것이다.

스포츠 산업은 결국 사람을 위한 산업이기에, 경기장에서 뛰는 선수, 관중석의 팬, 생산 현장의 노동자, 그리고 지역사회 구성원 모두가 이 산업의 일부다. 사회공헌은 이들을 다시 산업의 중심으로 불러오는 과정이며, 스포츠 의류와 용품 산업이 장기적으로 선택해야 할 가장 현실적이면서도 가치 있는 전략이다.

4. 스포츠 분야의 거버넌스(Governance)

가. 의사결정 원칙(윤리 강령 등)

이슈	규범적 목표(Normative)	
	일반적(기업 경영)	스포츠 분야
의사결정 원칙 (윤리 강령 등)	OECD: 기업은 정직, 책임, 투명성에 기반한 윤리적 의사결정 구조를 가져야 함.	공정성 투명성 책임성을 기반으로 한 윤리적 의사결정 구조를 갖추고, 선수, 팬, 협력사 등 모든 이해관계자에게 신뢰와 책임을 제공해야 함.

1) 글로벌 공급망 ESG 관리 현황

스포츠 의류와 용품 산업은 글로벌 공급망을 기반으로 운영되는 대표적인 다국적 산업으로, 윤리적 경영과 투명한 의사결정 구조 확립이 ESG의 핵심 과제로 부상하고 있다. 산업의 특성상 선수의 경기력과 안정성이 직결되기도 하고, 소비자와의 신뢰도, 공정, 책임 등이 어느 산업보다 유기적으로 연결되어 있다. 그리고 기업에서 윤리적 의사결정 원칙이 약화할 경우, 문제가 공급망과 브랜드 운영 전반에서 바로 표면적으로 불거지고 있기도 하다. 이는 산업군 자체가 가지고 있는 대중에게 미치는 전달력이 직접적이고 힘이 있기 때문이다. 따라서, 대부분의 글로벌 브랜드는 자체 규정(Audit & Code of Conduct)을 마련하여 운영하고 있으나, 이러한 원칙이 모든 협력사 단계까지 실질적으로 전달되지 못해 실효성이 낮은 구조적 한계를 보이고 있으며, 특히 국내의 경우 CEO와 본사 중심의 수직적 의사결정 체계가 강하게 작동하여 ESG 관련 의결권과 실행 권한이 경영진에 과도하게 집중되는 경향이 있다.

2) 실제 사례

글로벌 스포츠 브랜드가 개발도상국의 협력사 생산 공정에서 발생한 노동 인권 침해 사실을 사전에 인지하지 못했거나, 인지하고도 공급 차질을 우려해 대응을 지연한 경우가 생기고 있다. 또한 친환경 소재 사용을 강조하면서도 공급망 전반의 탄소 배출과 물 사용 문제는 관리하지 못한 채, 일부 제품 라인에만 제한적으로 적용하는 방식으로 윤리적 책임을 축소하는 사례도 존재하였다. 이러한 문제점의 발생에는 기업의 의사결정 구조가 단기 실적과 비용 중심으로 우선하기 때문에 발생하는 문제이다. 앞서 말한, 다양하고 복잡한 생산 공정 구조가 가지고 있는 구조적 한계로부터 발생하고 있다.

윤리 원칙이 제대로 작동하지 않는 기업 환경에서는 책임 소재가 불분명해지고, 문제 발생 이후에도 협력업체의 관리 실패나 현지 관행으로 책임을 전가하는 상황이 발생한다. 그 결과 동일한 공급망 문제가 반복되었고, 브랜드는 이미지 훼손, 불매 운동, 글로벌 규제 강화라는 장기적 리스크에 노출되었다.

3) 실천 방향

기업에서 ESG 거버넌스를 강화하기 위해서는 일회성 대응 또는 수직적 의사결정 구조에서 벗어나 투명성과 참여 중심 구조를 마련하고, 실질적 실행력을 확보하는 것이 핵심이다.

4) 단기에서 장기로 이어지는 단계별 실행 전략

단기적으로는 CEO와 본사를 중심으로 한 수직적 의사결정 구조를 개선하기 시작하고, 외부 전문가, 여성 임원, 이해관계자 대표가 참여하는 체계를 구축하며, ESG 성과를 지표화하고 부서별 평가 지표를 마련한다.

중기 단계에서는 평가 지표를 연계하여 모든 협력업체에 동일한 기준으로 성과 기반 책임 체계를 확립하고, ESG 실행 참여도를 높이기 위해 조직 내 인센티브와 보상 구조를 도입하며, 의사결정 과정의 투명성을 확대하기 위해 보고 및 감사 체계를 운영한다.

장기적으로는 거버넌스 윤리경영 구조를 산업 표준 수준으로 정착시키고, ESG 실행력과 책임 체계를 기업 문화로 내재화하며, 비용 중심 구조에서 가치 중심 구조로 전환해야 한다. 그리고 산업 전반에서 ESG 투명성과 참여를 이끌 수 있도록 투명한 정보공개와 성과 측정 체계를 정착시켜야 한다.

나. 실행체계 구축(비전, 전략, 실행, 개선)

이슈	규범적 목표(Normative)	
	일반적(기업 경영)	스포츠 분야
실행체계 구축(비전, 전략, 실행, 개선)	SDG 17: 조직적 거버넌스 기반의 파트너십과 실행 시스템 구축	이해관계자와 글로벌 파트너십을 기반으로 지속가능한 거버넌스와 실행체계를 구축

1) 공급망 중심 ESG 구조와 제약

ESG는 스포츠 산업에서 핵심 과제로 부상하고 있으나, 대부분의 기업은 장기적인 목표로 설정하고, 기업별 기준이 상이하여 명확한 표준을 마련하지 못하고 있다. 나이키의 “Move to Zero”나 아디다스의 “End Plastic Waste”와 같은 전략이 비전을 제시하였으나 구체적인 실행 방법에는 한계가 있었다. 정책과 실행 측면에서는 다양한 인증제도와 모니터링 시스템이 도입되고 있으나, 실제로는 여전히 1차 협력사와 글로벌 브랜드 중심으로 운영되는 경우가 많으며, 성과 기반 인센티브 제공 등 다양한 참여 시도가 있었음에도 개선 비용과 실행 비용의 상당 부분을 하청업체나 중소기업이 부담해야 하는 현실적인 제약이 존재한다.

2) 실제 사례

스포츠 의류 제조 산업은 오랜 기간 유지되어 온 전통적 생산 구조를 기반으로 하고 있어, UN이나 IOC가 제시하는 국제 ESG 기준을 단기간에 완전히 충족하기는 쉽지 않다. 이에 많은 기업들은 단독으로 달성하기 어려운 목표보다는 현실적으로 실천할 수 있는 영역부터 점진적으로 ESG 전략을 적용하는 방식을 선택하고 있다.

특히 투명한 정보공개와 공정한 수익 구조는 협력사와의 신뢰를 구축하기 위한 핵심 수단으로 자리 잡고 있다. 일부 기업들은 제조 원가를 협력업체에 공개하고, 프로젝트 수익을 함께 공유하는 방식으로 장기적 파트너십 기반을 마련하고 있다. 이러한 공유 협력 모델은 단순한 비용 절감이나 효율 향상을 넘어, 공급망 전반의 지속가능성을 강화하는 ESG 실천 전략으로 평가된다.

아직 이와 같은 구조를 이해하고 참여하는 기업은 많지 않지만, 이를 확산하려는 움직임은 점차 확대되고 있다. 업계에서는 공유, 협력 기반의 생태계가 확립될 때, 국내 스포츠 의류 제조 분야의 ESG 실행력이 크게 강화될 것이라는 기대가 높아지고 있다.

3) 실천 방향

ESG 지표를 한꺼번에 달성하려 하기보다는 핵심 과제를 우선순위별로 단계적으로 개선하고, 성과가 확인된 영역을 기반으로 추가 조치를 확장하는 접근이 현실적이다.

4) 단기에서 장기로 이어지는 단계별 실행 전략

단기적으로는 재활용 소재 사용, 에너지 절감, 노동권 준수 등 핵심 ESG 과제를 선정하고, 브랜드 및 협력업체 간 차이를 줄이기 위해 공동 지침과 표준화된 구조를 수립하며, 하청기업을 대상으로 교육과 역량 강화 프로그램을 시행한다.

중기 단계에서는 선정된 ESG 지표를 기반으로 성과를 모니터링하고 단계별 개선 조치를 확대하며, 하청기업 참여를 확대하기 위해 인센티브를 제공하고 실적 평가와 연계한다. 또한 산업 표준 구조를 정착시키고 브랜드 간 인증과 기준을 통합한다.

장기적으로는 단계적 ESG 개선이 기업 문화로 내재화되고, 산업 전반에서 표준화된 ESG 구조가 정착되며 브랜드와 협력업체 간 협력 체계가 안정화된다. 아울러 지속적인 교육과 역량 강화 프로그램을 통해 공급망 전체의 ESG 실행력을 강화한다.

5. 글로벌 스포츠 기업 ESG 비교 분석

본 연구의 분석 대상인 스포츠 산업 내 글로벌 선도 기업들의 ESG 핵심 전략과 접근 방식을 비교하면, 향후 스포츠 기업의 ESG 전략 수립에 필요한 시사점을 도출할 수 있다.

구분	나이키(NIKE)	파타고니아(Patagonia)	아디다스(Adidas)
환경(E)	폐신발을 트랙이나 신제품 밑창 원료로 재활용하는 'Nike Grind' 프로그램 운영을 중심으로, 탄소제로 목표를 선언하였다.	'지구 보호' 중심의 전체 사업 구조로 운영하며, 제품 수선 및 재활용을 캠페인 Worn Wear 등 순환 모델을 선도하였다.	해양 플라스틱을 업사이클링하는 'Parley for the Ocean' 컬렉션을 출시하고, 대체 소재 R&D에 적극적으로 투자하였다.
	글로벌 공급망의 태양광 프로젝트에 투자를 확대하여 재생에너지 전환을 추진하였다.	100% 재생에너지 기반 운영을 목표로 사업을 영위하고 있었다.	협력 공장에 RE100을 단계적으로 적용하여 친환경 에너지 전환을 도모하였다.
사회(S)	공급망 인권 실사(audit)를 강화하고, 동남아시아 지역의 노동환경 개선 캠페인을 지원하였다.	공정무역(fair trade) 인증 제품을 다수 확보하고, 지역 커뮤니티 참여를 핵심 사회적 가치로 삼았다.	노동 인권 가이드라인을 글로벌 표준으로 적용하고, 협력업체와의 공정한 보상 전략을 시범 운영하였다.
지배구조(G)	공급망 투명성 보고를 강화하는 등 윤리 경영 체계를 구축하였다.	비영리 재단 구조로 운영되며, 지구 보전을 위해 매출의 일부를 재투자하는 독특한 거버넌스 모델을 채택하였다.	공급망 모니터링 시스템을 구축하고, 협력사와 공동으로 ESG 위험을 관리하는 체계를 갖추었다.
차별화 포인트	글로벌 시장을 선도하는 대규모 생산 기반 중심의 ESG 표준을 제시하였다.	윤리 및 환경을 최우선으로 삼는 대표적인 지속가능 브랜드로 자리매김하였다.	친환경 소재 기술에 강점을 보이며, 다양한 파트너십을 통한 혁신을 추구하였다.

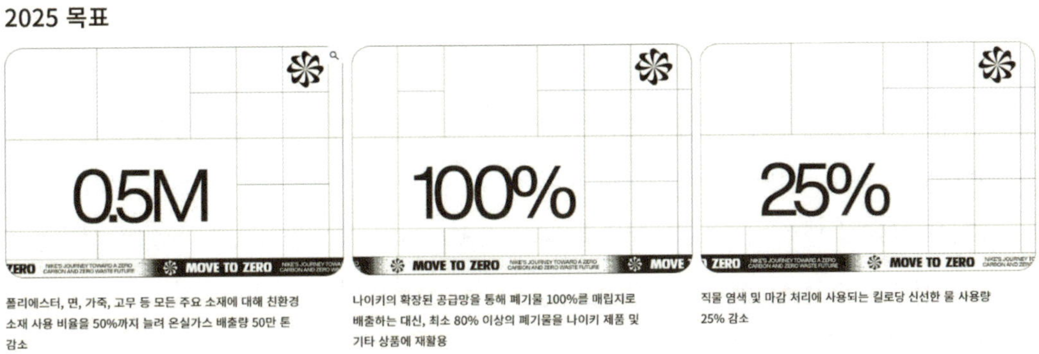

출처: 나이키 코리아

그림3 · 나이키 Move to Zero

출처: 파타고니아 코리아

그림4 · 파타고니아 Won Wear 캠페인

6. 결론 및 종합 제안

스포츠 산업의 ESG경영은 단순한 선언이나 이미지 제고 차원을 넘어, 생산 현장, 글로벌 공급망, 경기장 운영 및 이벤트 운영 전반에서 실제 어떻게 실행되느냐가 핵심 과제로 전개되어 왔다. 특히 스포츠 의류 산업은 타 산업군에 비해 ESG 전환이 일찍 시작된 분야로, 2010년 전후부터 친환경 경영을 기반으로 한 구조적 변화가 진행되었다. 대표적으로 리사이클 원자재 사용 확대, 섬유 생산 단계의 환경 부담 저감, 여성·어린이 등 취약 노동 계층 보호 기준 강화, 주주환원 및 사회 환원 프로그램을 체계화하는 등 여러 방면에서 지속가능한 정책을 선제적으로 구축해 왔다. 이러한 노력의 축적은 글로벌 대형 스포츠 브랜드와 국제 OEM 기업군을 중심으로 뚜렷한 성과를 만들어냈으며, 스포츠 의류 분야가 타 산업보다 10년 이상 앞선 ESG 기초 모델로 평가되는 근거가 되고 있다.

그러나 이러한 선도적 성과에도 불구하고, 글로벌 공급망의 복잡성, 산업 구조적 한계, 기술, 인력 격차, 협력업체의 재정적 제약 등으로 인해 ESG 기준을 산업 전체로 확산시키는 데는 여전히 현실적 어려움이 존재한다. 특히 글로벌 브랜드들이 구축한 고도화된 ESG 시스템은 중견, 중소 제조업체에게는 직접적인 비용 부담과 운영 리스크로 작용하기도 한다. 이 때문에 규제 중심의 접근만으로는 중소협력사의 지속가능성을 충분히 제고하기 어렵고, 결과적으로 ESG 준수 자체가 '의무'로만 받아들여져 실질적인 변화를 끌어내기 힘든 구조가 반복되고 있다. 지속가능성을 위한 정책이 오히려 지속가능하지 않은 구조(survivability crisis)를 만들 수 있다는 역설도 여기서 비롯된다.

따라서 산업 기반 전체가 ESG 전환에 참여할 수 있도록 하기 위해서는, 중복 규제를 통합하고 단일화된 인증 체계를 구축해 비용 절감과 행정 효율을 높이는 사회적 인프라 조성이 필수적이다. 산업군 내 한 분야 혹은 한 단계의 협력 고리가 무너지면, 잘 설계된 정책과 제도가 존재하더라도 공급망 전체의 안정성이 흔들리고, 결과적으로 산업의 경쟁력이 약화될 수 있기 때문이다. 즉, 스포츠 산업의 지속가능한 ESG경영은 단일 기업이 아닌 공급망 전체의 공동 생태계 구축을 전제로 해야만 한다.

이러한 점을 고려할 때, 지속가능한 ESG경영을 실현하는 데 필요한 핵심 전략은 다음과 같다.

첫째, 협력업체의 현실을 반영한 최소 ESG 요건을 설정하고, 단계적 목표를 제시하는 체계적 접근이 필요하다. 이를 통해 중소업체가 무리 없이 ESG 전환에 참여할 수 있도록 하고, 산업군 전체가 균형 있게 발전하도록 해야 한다. 더 나아가 1차 협력사뿐만 아니라 2~3차 협력사까지 참여할 수 있도록 인증, 기술 지원, 공동 개발 프로그램을 포함한 확장형 지원 체계를 갖춘다면, 스포츠 산업은 다른 제조업보다 안정적이고 투명한 공급망 구조를 갖추게 될 것이다.

둘째, 효성의 리사이클 원사 '리젠', 수영장 용품 기업 맘스텐(Malmsten), 나이키의 무수 염색 기술처럼, 혁신 기술 기반의 친환경 소재 개발, 생산 장비 투자, 탄소, 물 사용량 저감 기술 도입을 더욱 확대해야 한다. 그러나 기술 혁신은 단순히 도입만으로는 효과가 제한적이므로, 공급망 전체가 기술을 함께 사용할 수 있도록 표준화, 교육, 테스트베드 운영, 공동 연구개발(R&D) 투자가 병행되어야 한다. 이렇게 해야만 ESG 전환이 특정 글로벌 기업만의 성과로 귀결되지 않고, 협력사 전체로 확산할 수 있는 구조가 형성된다.

셋째, 급변하는 정책 환경과 경기 변동성에 대응하기 위해, 공동기금 조성, 이익 공유제, 공동 보험 시스템 등 리스크 분담 구조를 도입하는 것이 필요하다. 이는 예기치 못한 공급망 단절, 원자재 가격 급등, 정책 변경 등 외부 요인에 의해 ESG 투자 계획이 흔들리는 일을 방지한다. 더 나아가 성과 기반의 사회공헌 활동을 통해 지역사회와 연결된 가치를 창출한다면, 브랜드 신뢰도와 산업 전체의 지속가능성은 더 강화될 것이다.

마지막으로, 외부 전문가, NGO, 산업협회, 학계 등 다양한 이해관계자의 참여를 확대하고, ESG 성과를 경영진 평가와 조직 단위 성과지표(KPI)에 반영하는 책임경영 체계를 구축해야 한다. 이는 ESG를 단순한 보고서나 인증 취득이 아닌, 경영 활동의 핵심 기준으로 정착시키는 데 결정적 역할을 한다.

이와 같은 접근을 통해 스포츠 산업은 환경(E), 사회(S), 거버넌스(G) 측면에서의 구조적 과제를 단계적으로 해결할 수 있으며, 글로벌 ESG 경쟁력 강화와 사회적 책임 실현이라는 목표를 동시에 달성할 수 있을 것이다. 나아가 이러한 산업적 변화는 스포츠 의류뿐 아니라 경기장 운영, 이벤트 산업, 스포츠 인프라 전반으로 확장되며, 한국 스포츠 산업의 국제 경쟁력 강화에도 크게 기여할 것이다.

참고자료

- 비버톤,"나이키, 물을 사용하지 않는 염색 공법을 확대활용하기 위한 전략적 제휴 발표" Feb 8th 2012, 〈https://www.newsis.com/view/?id=NISX20120208_0010415388&pc_view=1〉
- Bethany Biron, "Nike unveiled a big new sustainability initiative as millions around the world prepared to strike ofor action on climate change", Business insider, Sep 21, 2019, 〈https://www.businessinsider.com/nike-announces-climate-change-sustainability-campaign-move-to-zero-2019-9〉
- Herzogenarach, Adidas-group, Apr 15th.2014, "Adidas group achieves milestone in products sustainability, launches sustainability progress report"
- https://www.adidas-group.com/en/media/press-releases/adidas-group-achieves-milestone-in-product-sustainability-launches-sustainability-progress-report#:~:text=The%20adidas%20Group%20initiated%20reporting%20about%20its,the%20sporting%20goods%20industry%20to%20do%20so.
- Patagonia USA, July 2nd, 2025, 〈https://www.patagonia.com/our-footprint/fair-trade.html〉
- Scarlett Conlon, "Zara clothes to be made from 100% sustainable fabrics by 2025", July 17th 2019 〈https://www.theguardian.com/fashion/2019/jul/17/zara-collections-to-be-made-from-100-sustainable-fabrics〉

MICE 산업의 ESG경영 현황과 지속가능성

박 효 정 ((주)포유커뮤니케이션즈 대표)

1. 서론 및 연구개요
2. ESG경영의 규범적 기반
3. ESG경영 현황 분석
4. 지속가능한 MICE 운영 전략
5. 종합 제언 및 결론

1. 서론 및 연구 개요

가. 연구 배경 및 필요성: MICE 산업의 ESG 전환 당위성

MICE(Meeting, Incentive travel, Convention, Exhibition & Event) 산업은 대규모 인원의 이동, 일시적인 시설 구축 및 해체, 대량의 자원 소비와 폐기물 발생을 수반하는 분야로서, 그 환경적·사회적 영향력이 매우 크다. 과거에는 행사의 규모와 경제적 파급효과에 초점이 맞추어졌으나, 최근에는 국제사회에서 '이벤트 지속가능성 경영관리 시스템'에 관한 국제 표준 ISO 20121 준수가 핵심 요구사항으로 부상하고 있다.

세계관광기구(UNWTO)에 따르면, MICE 산업은 전체 관광산업 탄소배출의 약 10%를 차지하며, 단일 대형 국제회의는 평균 3,000톤 이상의 온실가스를 배출하는 것으로 추정된다. 국내의 경우 연간 약 23만 건의 MICE 행사가 개최되며, 이로 인한 환경·사회적 영향은 더 이상 간과할 수 없는 수준에 이르렀다.

특히 2030년 국가 온실가스 감축목표(NDC) 달성과 2050 탄소중립 선언에 따라, MICE 산업의 ESG 전환은 선택이 아닌 생존 전략으로 부상하고 있다. EU의 기업지속가능성보고지침(CSRD) 등 글로벌 ESG 공시 의무화 추세는 국내 MICE 기업들에도 직·간접적인 압박 요인으로 작용하고 있다. 이러한 변화는 다양한 이해관계자들의 요구와 연결되어 있다.

1) 이해관계자별 ESG경영 필요성

첫째, MICE 기업에 ESG경영은 국제 입찰 경쟁력 확보와 브랜드 이미지 제고의 핵심 수단이다. ISO 20121 인증 여부는 글로벌 메가 이벤트 개최지 선정의 필수 평가항목으로 자리 잡았으며, ESG 성과는 투자 유치와 파트너십 구축에 직접적인 영향을 미친다.

둘째, 정부와 공공기관은 국가 이미지 제고와 국제 기준 준수 압박에 직면해 있다. 주요 국제기구와 협약은 개최국의 지속가능성 이행 수준을 자세히 평가하며, 이는 향후 국제행사 유치에 결정적 변수로 작용한다.

셋째, 참가자와 소비자의 윤리적 소비 욕구가 급증하고 있다. MZ세대를 중심으로 한 참가자들은 행사의 환경·사회적 책임 이행 여부를 중요한 선택 기준으로 삼고 있으며, 위장환경주의(Greenwashing)에 대한 비판적 인식 또한 높아지고 있다.

넷째, 지역사회는 MICE 행사로 인한 환경 부담 최소화와 지속가능한 발전을 요구하고 있다. 폐기물 처리, 교통 혼잡, 소음 등의 부정적 영향을 최소화하면서도 지역경제 활성화와 일자리 창출이라는 긍정적 효과를 극대화해야 한다는 기대가 커지고 있다.

이는 ESG경영이 MICE 산업의 지속가능성 확보를 위한 선택이 아닌 필수적인 전략임을 의미한다. 국내에서도 이러한 글로벌 추세에 발맞춰 문화체육관광부가 MICE ESG 운영가이드를 발표하는 등 정책적 압박과 함께 이해관계자들의 윤리적 소비 요구가 증가하고 있다.

그러나 국내 MICE ESG 연구는 아직 초기 단계로, 대부분 개념적 논의나 해외 사례 소개에 그치고 있다. 특히 국내 중소・중견 MICE 기업들이 실무 현장에서 직면하는 구체적 실천 과제와 애로사항, 그리고 이를 극복한 성공 사례에 대한 체계적 분석은 여전히 부족한 실정이다. 글로벌 메가 이벤트 중심의 선행 연구는 국내 기업들이 처한 현실적 제약—예산 한계, 인력 부족, 측정・검증 시스템 미비를 충분히 반영하지 못하고 있다.

이에 본 연구는 국내 MICE 기업의 실제 ESG경영 현황을 규범적-현황분석적-처방적(Normative-Descriptive-Prescriptive) 프레임워크를 적용 분석함으로써, 학계와 산업계 모두에게 실질적 기여를 제공하고자 한다. 특히 환경(E), 사회(S), 거버넌스(G) 각 영역에서 실무적으로 적용할 수 있는 구체적 사례와 정량적 성과를 제시하고, 중소・중견 기업이 단계적으로 실행할 수 있는 로드맵을 제안함으로써 국내 MICE 산업의 ESG경영 확산에 이바지하고자 한다.

나. 연구 범위 및 사례 분석 대상

본 연구는 국내 MICE 산업의 ESG경영 실태를 파악하기 위해 다양한 규모와 유형의 국내 MICE 기업 및 행사 사례를 종합적으로 분석하였다. 특정 기업에 국한하지 않고, 국내 MICE 산업 전반에서 실제로 이루어지고 있는 ESG 실천 사례들을 수집하여 환경(E), 사회(S), 거버넌스(G) 영역별로 분류・분석하였다.

1) 사례 분석 대상의 범위

본 연구에서 다루는 사례는 다음과 같은 기준으로 선정되었다.

가) 행사 유형별 다양성 확보

컨벤션 및 국제회의는 송도컨벤시아, 킨텍스, COEX 등 주요 컨벤션센터에서 개최된 친환경 국제회의 사례를 알아보았고 대규모 축제 분야에서는 광양매화축제, 구례산수유축제, 무주반딧불축제, 석탑대동제 등 지역 축제의 다회용기 시스템 도입 사례와 혁신적 폐기물 순환처리 시스템 등을 알아보았다. 또한 기업 행사 및 전시에서 중소・중견 MICE 기업들이 수행한 기업 행사, 박람회, 전시회 사례도 살펴보았다.

나) 지역적 균형

수도권(서울, 인천, 경기)뿐만 아니라 지역(부산, 전라, 충청 등)에서 개최된 행사를 포괄하여 지역별 ESG 실천 수준과 특성을 비교 분석하였다.

다) 기업 규모별 포함

대기업 계열 MICE 기업부터 20년 이상 업력을 보유한 중견기업, 그리고 최근 창업한 스타트업형 이벤트 기업까지 다양한 규모의 주체들이 수행한 프로젝트를 포함하였다.

라) ESG 영역별 대표성

환경(E)은 폐기물 제로화, 다회용기 시스템, 친환경 컨벤션, 탄소발자국 측정 등이고, 사회(S)는 지역경제 상생, 안전관리 시스템, 장애인 접근성, ESG 교육 등이며, 거버넌스(G)는 ESG경영 시스템 구축, 투명한 정보공개, 공급망 실사 등이다.

2) 자료 수집 방법

본 연구의 사례 분석을 위해 다음과 같은 방법으로 자료를 수집하였다.

공공기관 보고서 및 통계는 문화체육관광부, 한국관광공사, 지방자치단체가 발간한 MICE 관련 보고서 및 ESG 성과 자료, 컨벤션센터 및 주최사 공개자료는 송도컨벤시아, 킨텍스 등 주요 컨벤션센터의 ESG 가이드라인 및 친환경 인증 기준, 언론 보도 및 사례집은 MICE 전문 미디어, 업계 뉴스, ESG 우수사례집 등에서 보도된 실천 사례, 학술 연구 및 정책 자료는 국내외 학술논문, 정책연구 보고서, 국제기구(UNWTO, ICCA 등) 발간 자료, 현장 관찰 및 실무자 인터뷰는 MICE 행사 현장 관찰, 실무 담당자 인터뷰를 통한 질적 자료 수집을 하였다.

3) 사례 분석의 목적과 의의

본 연구는 단일 기업의 성공담이 아닌, 국내 MICE 산업 전체의 ESG경영 수준과 실천 패턴을 파악하는 것을 목표로 한다. 다양한 사례를 종합 분석함으로써 다음과 같은 연구 의의를 확보하고자 한다.

첫째, 업계 전반의 보편적 실천 수준과 선도적 혁신 사례를 동시에 파악할 수 있다.

둘째, 행사 규모와 유형에 따라 적용 가능한 ESG 전략의 차이를 비교 분석할 수 있다.

셋째, 대기업과 중소기업이 각각 직면한 과제와 해결 방식의 차이를 이해할 수 있다.

넷째, 지역별·센터별 인프라 수준과 정책 지원의 편차를 확인하고 개선 방향을 제시할 수 있다.

이를 통해 본 연구는 국내 MICE 산업의 ESG경영 현황을 종합적으로 조망하고, 향후 산업 전체의 지속가능성 제고를 위한 실질적 전략과 정책 제언을 도출하고자 한다.

다. 연구 목적 및 방법론

본 연구는 MICE ESG경영을 체계적으로 분석하기 위해 규범적-현황분석적-처방적(Normative-Descriptive-Prescriptive, N-D-P) 프레임워크를 적용한다.

첫째, 규범적(Normative) 기반은 MICEESG경영의 국제적·국내적 기준과 당위성을 제시한다.

둘째, 현황분석적(Descriptive) 분석은 환경(E), 사회(S), 거버넌스(G) 영역별로 국내 MICE 업계에서 실제로 이행되고 있는 구체적인 사례와 정량적 성과를 분석한다.

셋째, 처방적(Prescriptive) 제언은 현황 분석 결과를 기반으로 하여, 국내 MICE 기업 및 주최사가 지속가능성을 확보하고 경쟁력을 강화하기 위한 실현 가능하고 단계적인 로드맵을 제언한다.

2. ESG경영의 규범적 기반(Normative Foundation)

가. 국제 표준: ISO 20121과 글로벌 벤치마크

1) ISO 20121(이벤트 지속가능성 경영관리 시스템)

MICE 산업의 ESG경영에 대한 국제적인 규범적 기준은 "ISO 20121(이벤트 지속가능성 경영관리 시스템)"에 의해 확립된다. 이 표준은 MICE를 담당하는 조직이 행사 운영을 추진하는 데 있어 경제적 효율성뿐만 아니라 환경적 · 사회적 지속가능성을 최우선으로 고려하도록 요구한다.

표1 · ISO 20121(이벤트 지속가능성 경영관리 시스템) 개요

정의	이벤트 관련 조직이 행사 운영 시 경제, 환경, 사회 분야에서 가장 효율적으로 지속가능성에 기여하도록 이벤트를 관리하는 국제 표준
연혁	전 세계 MICE 산업 종사자 및 지속가능성 분야의 전문가들로 구성된 위원회에서 개발하여 2012년 6월 15일부터 시행 ※ 2012 런던올림픽 조직위가 최초, 국내 MICE 분야에서는 한국관광공사, 제주CVB, 대구CVB, 인천관광공사가 보유 중
인증대상	주최자(정부/공공기관, 학/협회 등), 이벤트 장소(베뉴), 대행사(PCO, PEO) 등
인증방법	2단계 심사 (1단계 : 문서심사 / 2단계 : 현장심사) ※ 지속가능성 개선을 위한 PDCA 체계가 갖추어져 있는지를 중점으로 평가
유효기간	3년 (단, 인증 후 자격유지를 위해 1년마다 사후관리심사 필요)

출처: 한국표준협회

다음 단계들은 일반적으로 조직이나 프로젝트에서 지속가능성을 확보하고 개선하는 데 필요한 주요 과정이다.

첫째, 지속가능성 정책을 수립하고 이를 실행한다.

둘째, 이해관계자를 식별하고 그들의 의견을 수렴하여 적극적으로 참여시킨다.

셋째, 지속가능성 목표를 명확하게 설정하고, 그 달성 여부를 정기적으로 모니터링한다.

넷째, 공급망에 대한 관리를 철저히 하고, 환경 및 사회적 책임 이행 여부를 실사한다.

다섯째, 지속적 개선 체계를 구축하여 정책과 실행 과정을 끊임없이 발전시킨다.

2) 글로벌 벤치마크: 국제스포츠 이벤트 사례

가) 국제올림픽위원회(IOC)의 지속가능성 전략

- 도쿄 2020 올림픽(100% 재생에너지 사용, 재활용 금속 활용)
  100% 재생에너지 목표를 위해 재생 가능 에너지원을 조달하고 녹색 인증 시스템을 사용했다. 동일본 대지진 피해지역의 전력 등 검증된 전력을 활용했다. 수소 에너지를 활용했다. 올림픽 파트너인 Toyota가 연료전지 전기차(FCEVs) 500대를 제공했으며, 선수촌에서도 수소 에너지를 사용했다. 탄소발자국을 임대제품 사용, 기존 장소 활용, 재생에너지 도입 등을 통해 총 28만 톤 절감했다. 메달 시상대 제작에 올림픽 파트너 P&G와 협력하여 일본 전역에서 수집한 플라스틱 쓰레기를 재활용하는 '시상식 프로젝트'를 진행했다. 경기장 내에서 3R(Reduce, Reuse, Recycle) 프로젝트를 시행했으며, 식사용기를 재활용 가능한 종이로 제작하고 쓰레기의 65% 재활용 및 재사용을 장려했다.

- 파리 2024 올림픽(탄소배출 50% 감축 목표, 대중교통 중심 운영)
  탄소배출량 50% 감축을 목표(이전 하계올림픽 평균 350만 톤 대비 약 175만 톤 이하로 제한)로 설정했는데, 이는 파리협정 목표에 부합하는 것이다. 시설의 95%를 기존 건물이나 임시 인프라로 활용하여 건설 분야의 탄소배출을 최소화했다. 신축되는 유일한 경기장인 아쿠아틱스 센터와 선수촌 건설 시 목재, 저탄소 시멘트, 재활용 자재를 사용하여 탄소배출량을 30% 감축했다. 운영 부문에서 식단에도 신경을 썼다. 식재료의 80%를 현지에서 조달하고, 관람객과 선수들에게 60%의 식물성 음식을 제공하여 음식 관련 탄소 배출을 줄였다. 관중의 이동으로 인한 간접 배출을 줄이기 위해 대중교통망을 강화하고 신규 자전거 도로를 확충했다. 모든 경기장을 대중교통으로 접근 가능한 곳으로 선정했다.

- 베이징 2022 동계올림픽(100% 인공 눈 사용 최소화, 기존 시설 재활용)
  100% 인공 눈 사용은 대회 개최지의 적은 강설량 때문에 불가피했으며, 친환경 논란이 제기되었다. 인공 눈 제작에 약 1억 명이 하루 동안 마실 수 있는 양의 물이 필요한 것으로 추산되어 자원 낭비 우려가 있었다. 중국은 설상 종목에 사용되는 전력을 풍력 및 태양광 발전 등 100% 재생 가능 에너지로 충당하겠다고 밝혔다. 기존 시설 재활용 및 친환경 건축 관행을 강조했다.

나) FIFA 월드컵 탄소중립 전략

- 카타르 2022(태양광 발전소 건설, 탄소상쇄프로그램 운영)
  800MW급 알 카르사 태양광 발전소를 가동하여 월드컵 기간 발생하는 탄소 배출량의 약 50%를 상쇄하는 것을 목표로 했다. 글로벌탄소위원회(GCC)에서 승인한 탄소 상쇄 프로젝트를 통해 150만 톤을 추가로 줄일 계획을 세웠다. 경기장이 도하에 밀집하여 대중교통 이용이 용이하며, 전기차 도입 및 국내선 결항 등의 대책을 제시했다. 974 스타디움처럼 화물용 컨테이너로 건축되어 대회 직후 완전히 해체 후 재활용이 가능하도록 설계된 경기장도 있었다. 다만, 탄소중립 주장에 대해 경기장 건설 탄소량 축소 계산 및 탄소배출권 구매의 실질적 감축 효과 부족 등의 이유로 '그린워싱' 논란에 직면하기도 했다.

- 캐나다/멕시코/미국 2026(대중교통 접근성 확보, 기존 경기장 활용)
  대중교통 접근성 확보와 기존 경기장 활용을 전략으로 내세우고 있으나, 개최 도시 간 장거리 항공 이동이 필연적이라 역대 최대 규모의 온실가스를 배출하는 대회가 될 것이라는 우려가 제기되고 있다. 일부 연구에서는 900만 톤 이상의 탄소배출이 예상되어 기후파괴 대회가 될 가능성이 높다는 지적도 나왔다.

- 국제빙상연맹(ISU)는 친환경 아이스링크 운영 가이드라인을 통해 에너지 효율을 높이고 환경에 미치는 영향을 줄이는 방안을 제시하고 있다.

- 국제아이스하키연맹(IIHF)는 소속 연맹들에 탄소발자국 측정을 의무화하여 각 연맹의 기후행동 참여를 유도하고 있다.

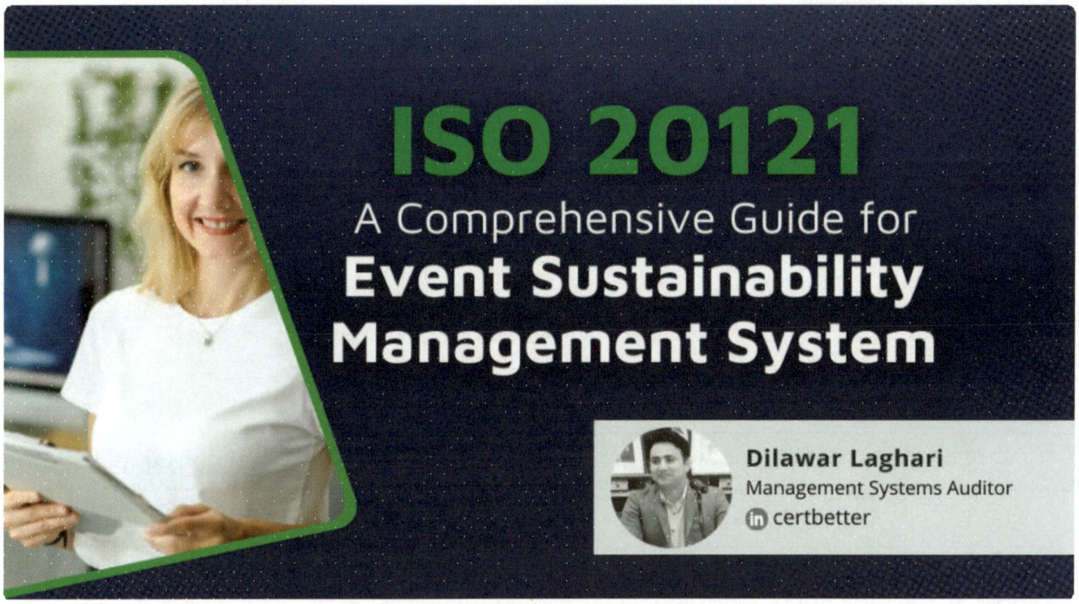

출처: CertBetter의 블로그 기사

그림1 · ISO 20121 이벤트 지속가능성 경영관리 시스템

이러한 규범의 준수는 이벤트 업계의 국제 경쟁력 확보와 직결된다. 국제적 메가 이벤트의 개최지 결정 과정에서는 단순한 시설 수준이나 재정적 인센티브 외에도 해당 국가 및 도시의 ESG 추진 현황이 중요한 평가 요소로 포함된다.

나. 국내 정책 및 가이드라인

국내에서는 문화체육관광부가 "MICE ESG 운영가이드"를 제작하여 국내 상황을 반영한 지속가능 MICE 표준을 제시했다. 이 가이드는 지속가능발전의 핵심 원칙인 포괄성, 완전성, 책임성, 투명성을 바탕으로 국내 MICE 산업 주체들이 ESG 전략을 통합적으로 적용하고 실행하는 방안을 규범적으로 안내한다.

한국문화예술위원회는 전국 최초로 "문화예술기관 ESG 이니셔티브"를 제정하여 문화예술기관이 자율적으로 준수할 수 있는 ESG경영의 실질적인 운영 표준을 마련했다.

다. MICE ESG의 핵심 원칙

MICE 기획 시 ESG 활동이 단순한 자선 행위가 아닌, 글로벌 지속가능발전목표(SDGs) 달성에 기여해야 한다는 규범적 책임이 부여된다. UN이 발표한 17개 SDGs 중 1개 이상의 목표를 직접적인 주제로 하는 행사를 기획하도록 독려하는 접근 방식이 제시되었다.

표2 · ESG 활동 가이드라인

구분	국제표준	국내가이드라인	핵심 원칙
환경(E)	ISO20121 환경관리	MICE ESG 가이드	탄소중립, 순환경제
사회(S)	ISO45001 안전보건	문화예술 ESG 이니셔티브	포용성, 안전성
거버넌스(G)	ISO26000 사회적책임	공공기관 ESG 추진지침	투명성, 윤리성

출처: MICE ESG 운영가이드(한국관광공사)

3. ESG경영 현황 분석(Descriptive Analysis)

가. 환경(E) 영역 실천 사례 및 현황

1) 폐기물 제로화 전환

가) 국제 기준: ISO 20121 자원관리 요구사항

ISO 20121은 이벤트 운영 시 자원 사용 최소화와 폐기물 발생 억제를 핵심 요구사항으로 규정하고 있다. 특히 일회용품 사용 금지와 순환 가능한 자재 우선 사용을 명시한다.

나) 현황: 다회용기 시스템 도입

국내 축제 및 행사장에서 일회용품 사용을 근절하고 다회용기 시스템을 도입하는 것은 환경 영역의 가장 가시적인 성과이다.

표3 • 정량적 성과 데이터

• 다회용기 1개당 쓰레기 절감량: 8.15g • 다회용기 1회 사용당 탄소배출 순절감량: 약 0.066kg CO_2 • 전라남북도 축제 적용 결과: 총 17.2톤 폐기물 감량, 80톤 온실가스 감축 • 환경적 의미: 30년생 소나무 약 9천 그루가 1년간 흡수하는 온실가스량에 해당

출처: 전라남도 축제 보고문서

출처: 국내 지역 축제 현장

그림2 • 일회용품 및 쓰레기가 많은 일반 축제 현장

광양매화축제, 구례산수유축제, 무주반딧불축제에서 다회용기를 제공한 결과, 측정 가능한 환경 개선 효과가 확인되었다.

다) 개선 방향: 전국 확대 로드맵

- 지방자치단체별 다회용기 도입 의무화
  지속가능한 행사 운영을 위해 전국 지방자치단체는 주요 축제 및 대규모 행사에서 다회용기 사용을 의무화해야 한다. 이를 통해 일회용품 사용을 단계적으로 줄이고, 친환경 행사 문화를 전국적으로 확산시킬 수 있다. 지자체는 관할 지역 내 개최되는 축제와 행사에 대한 가이드라인을 마련하고, 다회용기 사용 여부를 행사 승인 조건에 포함시켜야 한다.

- 다회용기 공급 표준화 및 품질 관리 체계 구축
  다회용기의 전국적 확산을 위해서는 표준화된 공급 체계가 필요하다. 용기의 규격, 재질, 디자인을 표준화하여 지역 간 호환성을 높이고, 대량 생산을 통한 비용 절감을 달성해야 한다. 또한 식품안전 기준에 부합하는 품질관리 체계를 구축하여 위생과 안전을 보장하고, 정기적인 검사와 인증 시스템을 통해 소비자 신뢰를 확보해야 한다.

- 세척 및 회수 시스템 효율화
  다회용기 사용의 실효성을 높이기 위해서는 효율적인 세척 및 회수 시스템 구

출처: 무주반딧불축제, K-푸드페스티벌, 국내 지역 축제 현장

그림3 • 다회용기를 사용하는 쓰레기 없는 깨끗한 축제 현장

축이 필수적이다. 행사장 내 반납 거점을 전략적으로 배치하고, 보증금 제도나 인센티브를 도입하여 회수율을 높여야 한다. 또한 자동화된 세척 설비를 갖춘 전문 처리시설을 권역별로 설치하여 신속하고 위생적인 세척이 가능하도록 해야 한다. 물류 최적화를 통해 운송 비용과 탄소배출을 최소화하며, 디지털 추적 시스템을 도입하여 용기의 이동 경로와 사용 이력을 실시간으로 관리할 수 있어야 한다.

2) 폐기물 순환처리 시스템

가) 국제 기준: 순환경제 원칙

EU의 순환경제 액션플랜과 연계하여, 폐기물을 자원으로 재활용하는 순환처리 시스템 구축이 요구된다.

나) 현황: 고려대학교 석탑대동제 제로스테이션

일회용품 사용을 완전히 배제하기 어려운 대규모 행사에서는 배출된 폐기물을 최대한 자원으로 순환시키는 시스템이 도입되고 있다. 고려대학교 축제에서는 폐기물 순환처리를 위해 '제로스테이션(Zero Station)'을 설치하고, 분리 배출된 쓰레기의 무게를 측정하여 새로운 자원으로 활용하는 시스템을 구축했다.

출처: 고려대 석탑대동제

그림4 · 고려대학교 제로스테이션 현장

다) 개선 방향: 데이터 기반 관리시스템

- 실시간 폐기물 발생량 모니터링 시스템
  행사장 내 폐기물 발생 현황을 실시간으로 파악하고 관리하기 위해 IoT 센서 기반의 모니터링 시스템을 구축해야 한다. 쓰레기통과 분리수거함에 스마트 센서를 설치하여 수거량, 포화도, 오염도 등의 데이터를 실시간으로 수집하고, 통합 관제시스템을 통해 관리자가 즉각적으로 대응할 수 있도록 해야 한다. 이를 통해 폐기물 수거 동선을 최적화하고, 쓰레기 적체를 예방하며, 행사 종료 후에는 축적된 데이터를 분석하여 다음 행사의 폐기물 관리 계획수립에 활용할 수 있다.

- AI 기반 분리배출 자동화
  인공지능 기술을 활용하여 분리배출의 정확성과 효율성을 높여야 한다. 이미지 인식 기술이 탑재된 스마트 분리수거함을 도입하여 투입되는 폐기물의 종류를 자동으로 판별하고, 올바른 배출 여부를 즉시 피드백해야 한다. AI 알고리즘을 통해 폐기물 배출 패턴을 분석하고 예측하면, 행사 시간·장소별 최적의 수거 인력과 자원을 배치할 수 있다. 참가자들에게는 앱 기반의 분리배출 가이드를 제공하여 올바른 분리배출 문화를 유도하고, 게임화(gamification) 요소를 더해 자발적인 참여를 이끌어내어야 한다.

- 블록체인 활용 재활용 이력 추적
  재활용 과정의 투명성과 신뢰성을 확보하기 위해 블록체인 기술을 도입해야 한다. 행사장에서 배출된 폐기물이 수거, 선별, 재활용 과정을 거쳐 최종 재생제품으로 생산되기까지의 전 과정을 블록체인에 기록하여 위변조가 불가능한 투명한 이력관리 체계를 구축해야 한다. 참가자와 주최 측은 QR코드나 모바일 앱을 통해 자신이 배출한 폐기물의 재활용 현황을 실시간으로 확인할 수 있으며, 이는 환경보호 활동에 대한 가시적인 성과를 제공하여 참여 동기를 강화한다. 또한 축적된 데이터는 ESG 보고서 작성과 탄소배출권 거래의 근거자료로도 활용될 수 있다.

3) 친환경 컨벤션 및 Paperless 실천

가) 국제 기준: 디지털 전환 가이드라인

국제회의 산업에서는 종이 사용 최소화와 디지털 플랫폼 활용이 표준화되고 있다.

나) 현황: 송도컨벤시아 친환경 인센티브

송도컨벤시아는 저탄소 친환경 컨벤션 인식 제고를 위해 친환경 컨벤션 세부기준(5대 분야 13개 실천과제)을 수립하고, 이행 증빙 시 고객만족 서비스 지원액을 상향 지원(최대 임대료의 15%)하는 인센티브 정책을 시행하고 있다.

표4 · 송도컨벤시아 ESG 성과

- 참여 행사 수: 연간 120건 (2023년 기준)
- 종이 사용량 감축: 행사당 평균 70% 감소
- 디지털 사인물 도입률: 85%
- 인센티브 혜택 적용: 전체 행사의 60%

출처: 송도컨벤시아 ESG 가이드라인

다) 개선 방향: 인센티브 확대

- 전국 컨벤션센터 인센티브 정책 표준화

  지속가능한 MICE 산업 육성을 위해 전국 컨벤션센터의 친환경 인센티브 정책을 표준화해야 한다. 현재 지역별로 산발적으로 운영되고 있는 인센티브 제도를 통합하여, 일관된 기준과 절차를 마련함으로써 행사 주최자들이 예측 가능하고 공정한 혜택을 받을 수 있도록 해야 한다. 표준화된 인센티브 체계는 다회용기 사용, 디지털 사인물 도입, 재생에너지 활용 등 구체적인 친환경 활동에 대한 명확한 보상 기준을 제시해야 하며, 지원금 지급 규모와 방식, 신청 절차, 평가 기준 등을 전국적으로 통일하여 행정적 효율성을 높이고 제도 활용도를 극대화해야 한다.

표5 • 친환경 컨벤션 세부기준: 5대 분야 13개 추진과제

5대 분야	13개 실천과제	증빙자료	이행여부
1. 일회용품 사용 지양	① 참가자 **개인 텀블러 사용 권장**	사전-현장안내문	☐
	② 행사장 내 **페트병(일회용 병) 미제공**	서약서	☐
	③ 플라스틱 빨대 대신 **분해 가능한 제품 제공**	서약서	☐
2. Paperless	④ 행사 안내자료 제공 시 인쇄물 대신 행사 자체 **에플리케이션** 활용	애플리케이션	☐
	⑤ 프로그램북, 초록집 등 인쇄물 대신 **e-book 등의 전자파일** 활용	전자파일	☐
	⑥ 현수막, 베너등 인쇄된 사인물 대신 **디지털 사인물** 활용	디지털 사인물	☐
	⑦ 행사 등록시 **모바일 등록 시스템** 등을 활용한 현장 등록 지원 (종이문서 작성 지양)	모바일 등록 시스템	☐
3. 친환경 소재 사용 또는 재활용	⑧ **친환경 종이재질의 인쇄물** 제작 • 환경부, 산업통상자원부 등 공공기관의 인증 필요	인증서	☐
	⑨ **재활용 가능한 소재의 부스** 설치 및 운영 • 환경부, 산업통상자원부 등 공공기관의 인증 필요	인증서	☐
	⑩ **명찰 제공 시 재생가능한 종이 사용 및 명찰 수거함 비치**	물품 사진	☐
4. 교통	⑪ 참가자 **대중교통 이용 권장**	사전·현장안내문	☐
	⑫ **친황경차(전기차, 수소차 천연가스차(LNG, CNG))** 셔틀버스 이용	렌트 내역서	☐
5. 지속가능 개발목표	⑬ 2015년 UN에서 발표한 **"SDG 17"** (유엔 지속가능 발전목표) 목록 17개 목표 중 1개 이상의 목표를 직접적인 주제로 하는 행사 • 행사명 또는 행사 프로그램북에 "SDG 17" 로고 또는 문구가 적시되어 있어야 함.	행사 프로그램북	☐
	"SDG(Sustain able Development Goals) 17" (유엔 지속가능 발전목표) 목록 (1) 빈곤 타파 (2) 굶주림 타파 (3) 건강 증진 (4) 양질의 교육 (5) 양성평등 (6) 깨끗한 물 (7) 저렴하고 신뢰성 있는 그린 에너지 (8) 지속 가능한 경제 성장 및 양질의 일자리 증진 (9) 회복력 있는 사회기반시설 구축 (10) 국가 간, 국가 내 불평등 감소 (11) 지속 가능한 도시와 커뮤니티 조성 (12) 책임감 있는 소비와 생산 (13) 기후변화 방지를 위한 긴급한 행동 실시 (14) 해양 생태계 및 자원 보호 (15) 육상 생태계 및 자원 보호 (16) 평화, 정외증진, 효과적이며 책임이 있고 포용적인 제도 구축 (17) 이행수단 강화 및 지속 가능 개발을 위한 글로벌 파트너십 활성화		

출처: 인천관광공사 ESG 우수과제

• 친환경 인증 등급제 도입

MICE 행사의 환경적 성과를 객관적으로 평가하고 인정하기 위해 친환경 인증 등급제를 도입해야 한다. 국제 표준인 ISO 20121(지속가능성 이벤트 경영관리 시스템)을 기반으로 국내 실정에 맞는 평가 지표를 개발하여, 행사의 친

환경 수준을 플래티넘, 골드, 실버, 브론즈 등 단계별로 인증하는 체계를 구축해야 한다. 평가 항목에는 온실가스 감축량, 폐기물 발생량, 재활용률, 친환경 자재 사용률, 지역사회 기여도 등이 포함되어야 하며, 높은 등급을 획득한 행사에는 차등화된 인센티브를 제공하여 자발적인 친환경 활동을 유도해야 한다. 또한 인증 마크를 행사 홍보에 활용할 수 있도록 허용하여 참가자들에게 친환경 행사임을 명확히 알리고, 이를 통해 브랜드 가치를 높일 수 있도록 지원해야 한다.

- 탄소발자국 계산기 의무 활용

  모든 MICE 행사에서 탄소발자국 계산기 활용을 의무화하여 환경 영향을 정량적으로 측정하고 관리하도록 해야 한다. 한국관광공사나 관련 기관에서 표준화된 탄소발자국 계산 도구를 개발하여 무료로 제공하고, 행사 주최자들이 기획 단계부터 교통, 숙박, 식음료, 에너지 사용, 폐기물 발생 등 행사의 모든 단계에서 발생하는 온실가스 배출량을 산정할 수 있도록 해야 한다. 계산된 데이터는 행사 종료 후 반드시 제출하도록 의무화하고, 이를 바탕으로 연도별 탄소배출 추이를 분석하여 감축 목표를 설정하며, 목표를 달성한 행사에는 추가 인센티브를 부여하는 선순환 구조를 만들어야 한다. 또한 축적된 데이터를 공개하여 MICE 산업 전체의 벤치마킹 자료로 활용하고, 국가 온실가스 감축 통계에도 반영하여 MICE 산업의 탄소중립 기여도를 가시화해야 한다.

4) 그린 에너지 전환

가) 국제 기준: RE100, 탄소중립목표

글로벌 RE100 이니셔티브에 따라 이벤트 운영 시 100% 재생에너지 사용이 목표로 설정되고 있다.

나) 현황: 전기발전차 전환 및 성과

축제나 행사는 전력 사용량이 많아 일반적으로 소음과 공해물질을 배출하는 디젤 발전기를 사용해 왔다. 그러나 최근에는 이를 전기발전차로 전환하여 친환경 전력 시스템을 구축하는 사례가 늘고 있다.

표6 · 전기발전차 전환 효과

· 1kWh당 온실가스 저감량: 1.2kg CO_2 · 디젤발전기 대비 온실가스 감축률: 73% 이상 · 소음 감소: 50dB → 30dB (약 40% 감소) · 대기오염물질 배출: 0% (무배출)

출처: 이온어스(주) 전기발전차 제안서

출처: 이온어스(주) 제안서

그림5 · 친환경 전기발전차 사용 사례

다) 글로벌 벤치마크: 국제스포츠 이벤트 사례

- 도쿄 2020 올림픽 재생에너지 활용 사례

  태양광 패널을 통한 100% 재생에너지 공급: 도쿄 2020 올림픽은 모든 올림픽 시설에 태양광 패널을 설치하여 경기장과 부대시설에서 사용되는 전력을 100% 재생에너지로 공급했다. 경기장 지붕과 주변 부지에 대규모 태양광 패널을 배치하여 친환경 에너지원을 확보했으며, 이를 통해 화석연료 의존도를 완전히 제로화하고 대회 운영 과정에서 발생하는 탄소배출을 대폭 감축했다. 이러한 재생에너지 인프라는 올림픽 종료 후에도 지역사회의 지속가능한 에너지원으로 활용되어 장기적인 환경 효과를 창출하고 있다.

- 수소 연료전지를 활용한 선수촌 전력 공급: 도쿄 올림픽 선수촌에는 수소 연료전지 시스템을 도입하여 청정에너지를 공급했다. 수소를 연료로 사용하는 연료전지는 전기를 생산하는 과정에서 물만 배출하기 때문에 온실가스 배출이 전혀 없으며, 선수들이 거주하는 숙소와 공용시설의 전력 수요를 안정적으로 충족시켰다. 이는 수소 에너지 기술의 대규모 실증 사례로서 향후 MICE 산업과 대형 행사에서 수소 에너지 활용 가능성을 보여주는 중요한 모델이 되었다.
- 바이오매스를 이용한 경기장 난방 시스템: 일부 올림픽 경기장에는 바이오매스를 활용한 난방 시스템을 구축하여 친환경적인 온도 관리를 실현했다. 목재 폐기물이나 농업 부산물 등 유기물을 연료로 사용하는 바이오매스 에너지는 재생가능하며 탄소중립적인 특성을 가지고 있어, 겨울철 경기장 난방에 필요한 에너지를 친환경적으로 공급할 수 있다. 이를 통해 화석연료 사용을 줄이고 지역에서 발생하는 유기 폐기물을 에너지원으로 재활용하는 순환경제 모델을 실현했다.

• FIFA 카타르 2022 월드컵 에너지 효율화 사례

- 800MW 태양광 발전소 건설: 카타르 월드컵은 대회 운영에 필요한 전력을 공급하기 위해 800MW 규모의 대형 태양광 발전소를 건설했다. 사막 지역의 풍부한 일조량을 활용하여 경기장과 관련 시설에 청정에너지를 대규모로 공급했으며, 이는 중동지역 최대 규모의 재생에너지 프로젝트 중 하나로 기록되었다. 태양광 발전소에서 생산된 전력은 월드컵 기간 경기장 운영, 조명, 냉방 시스템 등에 활용되었으며, 대회 종료 후에는 카타르 국가 전력망에 통합되어 지속적인 재생에너지원으로 기능하고 있다.
- 경기장 냉각시스템 효율화를 통한 40% 에너지 절약: 사막 기후의 극심한 더위 속에서 경기를 진행하기 위해 카타르는 혁신적인 경기장 냉각시스템을 개발하여 에너지 효율을 극대화했다. 첨단 공조 기술과 단열 설계를 적용하여 경기장 내부 온도를 쾌적하게 유지하면서도 기존 냉방시스템 대비 40%의 에너지를 절약할 수 있었다. 이 시스템은 태양광 발전소에서 생산된 재생에너지와 결합되어 운영되었으며, 관중석과 경기장 전체에 걸쳐 균일

한 냉방 효과를 제공하면서도 탄소배출을 최소화하는 데 성공했다.

- LED 조명 100% 도입: 카타르 월드컵의 모든 경기장과 부대시설에는 LED 조명을 100% 도입하여 에너지 효율을 극대화했다. LED 조명은 기존 할로겐이나 형광등에 비해 전력 소비가 70~80% 적으면서도 밝기와 연색성이 우수하여 경기 중계와 관람 환경을 개선하는 동시에 에너지 절감 효과를 달성했다. 또한 LED 조명의 긴 수명과 낮은 유지보수 비용은 대회 운영의 경제성을 높였으며, 야간 경기 시에도 안정적인 조명 환경을 제공하여 선수와 관중 모두에게 최적의 경기 환경을 조성했다.

라) 개선 방향: 100% 친환경 에너지 목표

• 2030년까지 대형 이벤트 100% 재생에너지 사용

국내 MICE 산업의 탄소중립 실현을 위해 2030년까지 모든 대형 이벤트에서 100% 재생에너지 사용을 의무화하는 목표를 설정해야 한다. 이를 달성하기 위해서는 단계적 로드맵을 수립하여 2025년까지 50%, 2027년까지 75%, 2030년까지 100% 재생에너지 전환을 추진해야 하며, 정부와 지방자치단체는 재생에너지 구매 지원금, 세제 혜택, 녹색금융 등 다양한 인센티브를 제공하여 행사 주최자들의 자발적 참여를 유도해야 한다. 또한 컨벤션센터와 대형 전시장은 자체적으로 재생에너지 발전시설을 구축하거나 재생에너지 공급 계약(PPA)을 체결하여 안정적인 친환경 전력원을 확보해야 하며, 행사 주최자들은 탄소배출권 구매나 상쇄 프로그램 참여를 통해 불가피한 화석연료 사용에 대한 책임을 다해야 한다.

• 태양광 패널 임시 설치 시스템 개발

야외 축제나 임시 행사장에서도 재생에너지를 활용할 수 있도록 이동식·조립식 태양광 패널 시스템을 개발하고 보급해야 한다. 경량화된 모듈형 태양광 패널과 신속 설치 구조물을 개발하여 행사 기간만 임시로 설치하고 철거할 수 있는 시스템을 구축해야 하며, 이를 통해 영구 시설이 없는 공원, 광장, 해변 등에서 개최되는 행사에서도 친환경 전력을 공급할 수 있다.

지방자치단체나 MICE 전문업체는 이러한 임시 태양광 시스템을 보유하여 대

여 서비스를 제공하고, 표준화된 설치 매뉴얼과 안전 기준을 마련하여 누구나 쉽게 활용할 수 있도록 해야 한다. 또한 태양광 패널을 행사장 텐트, 부스 지붕, 주차장 차양막 등에 통합 설치하는 디자인을 개발하여 공간 효율성을 높이고, 행사 종료 후에는 패널을 회수하여 다른 행사에 재사용함으로써 순환 경제를 실현해야 한다.

- 에너지저장시스템(ESS) 활용 확대

  재생에너지의 간헐성 문제를 해결하고 안정적인 전력 공급을 보장하기 위해 에너지저장시스템(ESS) 활용을 확대해야 한다. 태양광이나 풍력으로 생산된 전기를 대용량 배터리에 저장했다가 필요한 시간대에 공급하는 ESS를 컨벤션 센터와 대형 행사장에 의무적으로 설치하도록 하여, 일조량이 부족한 야간이나 흐린 날에도 재생에너지를 지속적으로 사용할 수 있도록 해야 한다.

  특히 전력 수요가 집중되는 피크 시간대에 ESS에 저장된 전력을 방출하여 전력망 부하를 분산시키고, 전기요금 절감 효과도 얻을 수 있다. 또한 이동식 ESS 장비를 개발하여 임시 행사장이나 야외 축제에서도 활용할 수 있도록 하고, 전기차 배터리를 활용한 V2G(Vehicle to Grid) 기술을 도입하여 행사장 주차장의 전기차들을 임시 에너지 저장 자원으로 활용하는 혁신적인 방안도 검토해야 한다.

  ESS 구축에는 초기 투자 비용이 필요하므로 정부는 보조금과 저리 융자를 지원하고, 장기적으로는 ESS 운영을 통한 에너지 비용 절감 효과가 투자 비용을 상쇄할 수 있도록 경제성 분석과 사업 모델을 제시해야 한다.

5) 친환경 자재 재활용

가) 국제 기준: 업사이클링 원칙

UN 지속가능발전목표 12번(지속가능한 소비와 생산)에 따라 자재의 업사이클링과 재사용이 권장된다.

출처: 무주반딧불축제

그림6 • 친환경 자재 재활용 사용 사례

나) 현황: 폐현수막 및 목재 재활용

행사 경관 조성 및 운영 자재 선택에 있어서도 ESG 원칙이 적용된다. 폐현수막을 그늘막 천이나 푸드존 앞치마로 업사이클링하여 활용하고, 목재(나무파레트)를 전시부스 자재나 쉼터 테이블로 재활용하는 등 친환경 자재 사용이 확대되고 있다.

다) 개선 방향: 자재 표준화

- 재사용 가능한 모듈형 부스 시스템 도입

  전시 폐기물을 근본적으로 줄이기 위해 재사용 가능한 모듈형 부스 시스템을 전국적으로 도입해야 한다. 표준화된 규격의 프레임, 패널, 연결부품으로 구성된 모듈형 시스템을 개발하여 전시회가 끝난 후 부스를 해체하고 다음 행사에서 다른 구조와 크기로 재조립할 수 있도록 해야 한다. 이러한 시스템은 알루미늄, 강철 등 내구성이 뛰어난 소재로 제작하여 최소 10년 이상 반복 사용이 가능하도록 설계해야 하며, 공구 없이도 간편하게 조립과 해체가 가능한 스냅온(snap-on) 방식이나 슬라이드 락(slide lock) 방식을 채택하여 설치 시간과 인건비를 절감해야 한다. 또한 모듈형 부스의 표면은 패브릭이나 그래픽 패널을 쉽게 교체할 수 있도록 디자인하여 기업마다 브랜드 아이덴티티를 반영할 수 있으면서도 골조는 계속 재사용하는 구조를 만들어야 한다. 정부와 지자체는 모듈형 부스 구매 시 보조금을 지원하고, 컨벤션센터는 자체 모듈형 부스 재고를 보유하여 중소기업이나 스타트업에게 저렴하게 대여하는 서비스를 제공해야 한다.

- 친환경 자재 인증제 운영

전시 자재의 환경적 영향을 객관적으로 평가하고 관리하기 위해 친환경 자재 인증제를 도입하여 운영해야 한다. 재활용 가능성, 유해물질 함유 여부, 탄소발자국, 내구성, 생분해성 등 다양한 환경 기준을 마련하여 전시 자재를 1등급부터 5등급까지 분류하고, 높은 등급을 받은 자재를 사용한 부스에는 인센티브를 제공해야 한다. 인증 대상 자재에는 목재, 패브릭, 플라스틱, 금속, 페인트, 접착제, 카펫, 조명기구 등 부스 제작에 사용되는 모든 소재가 포함되어야 하며, 제3자 인증기관을 통해 공정하고 투명한 평가가 이루어지도록 해야 한다. 인증을 받은 자재에는 친환경 인증 라벨을 부여하여 구매자가 쉽게 식별할 수 있도록 하고, 인증 정보는 온라인 데이터베이스에 공개하여 누구나 검색하고 비교할 수 있도록 해야 한다. 또한 인증 기준은 국제 표준(ISO 14024 환경라벨링 등)과 조화를 이루도록 설계하여 국내 전시 산업의 글로벌 경쟁력을 강화하고, 정기적으로 기준을 업데이트하여 기술 발전과 환경 변화를 반영해야 한다.

- 자재 공유 플랫폼 구축

전시 자재의 효율적 활용과 순환 경제 실현을 위해 디지털 기반의 자재 공유 플랫폼을 구축해야 한다. 행사가 끝난 후 재사용 가능한 부스 구조물, 가구, 조명, 카펫, 디스플레이 장비 등을 폐기하지 않고 플랫폼에 등록하여 다른 주최자나 참가업체가 대여하거나 저렴하게 구매할 수 있도록 연결하는 온라인 마켓플레이스를 운영해야 한다. 플랫폼에는 자재의 사진, 규격, 상태, 위치, 가격 정보가 상세히 등록되어야 하며, 검색 필터와 카테고리 분류 기능을 통해 사용자가 원하는 자재를 쉽게 찾을 수 있어야 한다. 또한 플랫폼은 물류 서비스와 연계하여 자재의 운송, 보관, 세척, 수리 등을 원스톱으로 지원하고, 블록체인 기술을 활용하여 자재의 이동 경로와 재사용 이력을 투명하게 기록하며, 재사용 실적에 따라 탄소감축량을 자동으로 계산하여 참여자에게 환경 기여도를 피드백해야 한다. 정부는 플랫폼 구축 초기에 예산을 지원하고, 자재 등록과 거래 시 수수료를 면제하거나 인센티브를 제공하여 참여를 독려해야 하며, 장기적으로는 MICE 산업뿐만 아니라 공연, 축제, 행사 등 다양한 분야로 플랫폼을 확대하여 전국적인 자재 공유 생태계를 조성해야 한다.

나. 사회(S) 영역 실천 사례 및 현황

1) 지역경제 상생

가) 국제 기준: ILO 양질의 일자리 기준

국제노동기구(ILO)가 제시하는 양질의 일자리(decent work) 기준에 따라, MICE 산업은 지역사회 내 고용 창출과 공정한 근로조건 제공이 요구된다. 다른 국제 기준으로 UN 지속가능발전목표(SDGs)가 있다. UN SDG 8번(양질의 일자리와 경제성장)과 11번(지속가능한 도시와 공동체)에 따라 지역경제 활성화와 상생이 요구된다.

나) 현황1: 지역 일자리 창출 및 경제 효과

MICE 산업은 높은 고용 유발효과를 보이는 대표적인 산업이다. 한국관광공사의 통계에 따르면, 국내 MICE 산업은 관광산업의 9.2%를 차지하며 약 3조 5,528억 원의 경제적 가치를 창출하고 있다(문화체육관광부, 2020).

표7 • 국내 MICE 산업 고용 창출 효과

- MICE 산업 전체 고용 효과: 약 14만 5천 개 일자리 창출(직・간접 포함)
- 행사당 평균 고용 인원: 대규모 행사 기준 200~500명
- 지역경제 파급효과: MICE 방문객 1인당 평균 지출액이 일반 관광객 대비 2.3배 높음
- 지역 중소기업 참여율: 주요 행사의 65% 이상이 지역 협력업체 활용

출처: 한국관광공사 MICE 산업통계, 2024; 통계청 통계의 창, 2024

특히 지역 축제 및 컨벤션은 숙박, 식음료, 운송, 문화 관련 지역 중소기업에 직접적인 매출 증대 기회를 제공하며, 단기 일자리뿐만 아니라 지역 관광 인프라 개선을 통한 장기적 고용 효과까지 창출하고 있다.

다) 현황2: 지역 상생 프로그램 운영

지자체, 공기업, 이벤트 주최사는 지역사회와의 공존을 위해 지역경제 상생 프로그램을 적극적으로 운영하고 있다.

지역사회와의 상생 협력 사례를 살펴보면 다음과 같다.

- 무주반딧불축제 "야밤도주" 프로그램
  무주반딧불축제는 "야밤도주"라는 특별 프로그램을 운영하여 행사장을 찾은 관람객들을 지역경제와 상권에 직접 연결하는 상생 모델을 구축했다. 이 프로그램은 단순히 축제장 내에서만 머무는 관람객들을 지역 전통시장, 음식점, 숙박시설, 관광명소 등으로 유도하여 축제의 경제적 효과가 지역 전체로 확산되도록 설계되었다. 축제 참가자들에게 지역 상권 할인 쿠폰을 제공하고, 야간 투어 프로그램을 통해 지역 곳곳을 체험할 수 있도록 하며, 지역 상인들과 협력하여 축제 연계 상품과 서비스를 개발함으로써 관광객의 지출이 지역 주민의 소득으로 직접 이어지는 선순환 구조를 만들었다.
- 강화도 "잠시 섬" 프로그램
  강화도는 인구 감소 지역의 지속가능성을 확보하기 위해 "잠시 섬"이라는 체류형 관광 콘텐츠를 개발하여 지역 주민과 함께하는 상생 관광 모델을 실현했다. 이 프로그램은 단순한 당일 관광을 넘어 방문객들이 지역에 며칠간 머물면서 주민들의 삶과 문화를 깊이 체험하고, 농어업 활동에 참여하며, 전통공예와 음식 만들기를 배우는 등 지역 공동체와 교류하는 기회를 제공한다. 주민들은 숙박시설 운영, 체험 프로그램 진행, 로컬 푸드 제공 등을 통해 직접적인 경제적 수익을 창출하고, 방문객들은 진정성 있는 로컬 경험을 얻게 된다.
- 인천 하버파크호텔 '착한 임대료 운동'
  인천 하버파크호텔은 호텔 내 입점한 임차인들의 임차료 부담을 완화하기 위해 '착한 임대료 운동'을 전개하여 지역 소상공인과의 상생 경영을 실천했다. 코로나19 팬데믹과 경기 침체 등으로 어려움을 겪는 호텔 내 레스토랑, 카페, 상점 운영자들에게 임대료를 인하하거나 일정 기간 유예해 주고, 공동 마케팅과 홍보를 지원하며, 호텔 고객들을 임차인 매장으로 적극 연결하는 상생 프로그램을 운영했다. 이러한 노력은 임차인들이 사업을 지속하고 고용을 유지할 수 있도록 돕는 동시에, 호텔 자체의 경쟁력도 강화하는 윈-윈 효과를 창출했다.

- 지역 특산물 활용을 통한 생산자 상생

  MICE 행사에서 지역 특산물을 적극 활용하여 지역 생산자와 상생하는 사례가 확산되고 있다. 강화 인삼빵은 강화도의 대표 특산물인 인삼을 활용하여 개발한 지역 특화 제품으로, 행사장 식음료와 기념품으로 제공되면서 지역 농가와 제빵업체에 안정적인 판로를 제공하고 있다. 백령도 해초비빔밥은 청정 서해에서 채취한 해초를 활용한 건강식으로, 행사 참가자들에게 지역의 독특한 식문화를 경험하게 하는 동시에 해조류 채취 어민들의 소득 증대에 기여하고 있다. 이러한 지역 특산물 활용은 생산자의 얼굴과 이야기를 참가자들에게 소개하고, 공정한 가격을 지불하며, 지속가능한 생산 방식을 지원함으로써 진정한 의미의 상생 협력을 실현하고 있다.

표8 • 지역경제 파급효과(무주반딧불축제, 2023년 기준)

· 지역경제 파급효과: 약 180억 원 · 직접 일자리 창출: 350명(행사기간 중) · 간접 일자리 창출: 1,200명(숙박, 식음, 교통 등) · 지역 상권 매출 증가율: 평소 대비 340% · 지역 농산물 판매량: 15톤(농가 직판)

출처: 2023 무주반딧불축제 성과보고서

출처: 2022 한국관광공사 "잠시섬", 무주반딧불축제, 부산 문화재 야행

그림7 · 지역 상생 관광 연계 프로그램

라) 개선 방향: 지역 상생모델 확산과 지역인재 우선 채용 및 공정임금 체계 구축

- 지역 상생 프로그램 표준모델 개발
  MICE 행사와 지역사회의 상생 협력을 전국적으로 확산시키기 위해 체계적이고 실행 가능한 표준모델을 개발해야 한다. 무주 반딧불 축제의 "야밤도주", 강화도의 "잠시 섬" 프로그램 등 성공적인 사례들을 분석하여 핵심 성공요인을 도출하고, 이를 바탕으로 지역 규모, 행사 유형, 산업 특성에 따라 적용할 수 있는 맞춤형 가이드라인을 제시해야 한다. 표준모델에는 지역 주민 참여 방법, 수익 배분 구조, 지역 상권 연계 전략, 체류형 관광 콘텐츠 개발, 지역 특산물 활용 방안 등 구체적인 실행 매뉴얼이 포함되어야 하며, 행사 주최자와 지역 공동체가 협의하여 상생 목표를 설정하고 성과를 측정할 수 있는 지표와 평가 체계도 함께 제공되어야 한다. 또한 정부와 지방자치단체는 이 표준모델을 활용하는 행사에 인센티브를 제공하고, 전문 컨설팅과 교육 프로그램을 지원하여 전국의 MICE 행사가 지역경제 활성화와 주민 소득 증대에 실질적으로 기여할 수 있도록 해야 한다.

- 지역 특산물 유통 플랫폼 구축
  MICE 행사와 지역 생산자를 효율적으로 연결하기 위해 디지털 기반의 지역 특산물 유통 플랫폼을 구축해야 한다. 이 플랫폼은 전국 각 지역의 농수산물, 가공식품, 공예품 등 특산물 정보를 데이터베이스화하여 행사 주최자가 원하는 지역과 품목을 검색하고 직거래로 구매할 수 있도록 연결하는 온라인 마켓플레이스 기능을 제공해야 한다.

생산자는 자신의 상품을 등록하고 생산 과정과 스토리를 소개할 수 있으며, 행사 주최자는 필요한 수량과 일정에 맞춰 주문하고 배송받을 수 있는 원스톱 서비스를 이용할 수 있다. 플랫폼에는 품질 인증, 안전성 검사, 친환경 인증 여부 등의 정보가 투명하게 공개되어야 하며, 공정 거래 가격 기준을 제시하여 생산자와 구매자 모두에게 합리적인 거래가 이루어지도록 해야 한다. 또한 행사 종료 후에도 참가자들이 플랫폼을 통해 지속적으로 특산물을 구매할 수 있도록 B2C 기능을 확장하고, 정기배송 서비스를 제공하며, 블록체인 기술을 활용하여 생산지에서 소비자까지의 유통 과정을 투명하게 추적할 수 있도록 해야 한다.

정부는 플랫폼 구축 초기에 예산을 지원하고, 소규모 생산자의 플랫폼 진입 장벽을 낮추기 위해 상품 등록과 판매 수수료를 면제하거나 감면하며, 디지털 역량이 부족한 고령 생산자들을 위한 교육과 기술 지원을 제공해야 한다.

- 사회적 기업과의 연계 확대

MICE 행사가 사회적 가치 창출에 기여할 수 있도록 사회적 기업과의 연계를 확대해야 한다. 취약계층 고용, 환경보호, 지역사회 재생 등 사회적 목적을 추구하는 사회적 기업들에게 행사장 운영, 식음료 제공, 기념품 제작, 청소 및 관리 서비스 등의 업무를 우선적으로 발주하여 이들의 안정적인 사업 기반을 마련해주어야 한다.

예를 들어 장애인 고용 사회적 기업에 행사장 안내 및 등록 업무를 맡기고, 친환경 제품을 생산하는 사회적 기업에서 에코백이나 텀블러 등 기념품을 구매하며, 지역 청년들이 운영하는 소셜벤처에 행사 홍보와 SNS 마케팅을 의뢰하는 등 다양한 협력 방안을 모색해야 한다. 또한 행사 주최자와 사회적 기업을 매칭해주는 중개 플랫폼을 운영하고, 사회적 기업 제품 전시관을 행사장 내에 상설 운영하여 참가자들이 사회적 경제의 가치를 이해하고 소비로 연결할 수 있도록 해야 한다.

정부는 사회적 기업과 협력하는 행사에 대해 보조금을 지급하거나 세제 혜택을 제공하고, 우수 협력 사례를 발굴하여 시상하며, 사회적 성과를 정량적으로 측정하는 평가 도구를 개발하여 MICE 산업이 경제적 이익뿐만 아니라 사회적 책임과 포용성을 동시에 실현하는 지속가능한 산업으로 발전할 수 있도록 지원해야 한다.

2) 안전관리 시스템

가) 국제 기준: ISO 45001 안전보건경영

ISO 45001 국제표준에 따라 이벤트 운영 시 참가자와 근로자의 안전보건이 최우선으로 고려되어야 한다.

나) 현황1: 국내 MICE 행사 안전관리 강화

최근 국내 MICE 산업에서는 안전관리 시스템이 체계화되면서 사고율이 크게 감소하는 추세를 보이고 있다.

표9 · MICE 행사 안전관리 성과

- 주요 컨벤션센터 안전관리 시스템 도입율: 92%(2024년 기준)
- MICE 행사 참가자 안전사고 발생률: 0.015%(2023년 기준, 일반 대규모 행사 대비 60% 낮음)
- 안전관리 전문인력 배치율: 대형 행사의 85% 이상
- 킨텍스 'S100 MICE' 안전관리 시스템: 2024년 특허 취득, 전시장 공사 안전사고 제로화 달성

출처: 무대공연시설 안전관리매거진, 2024; 한국관광공사 MICE 참가자조사, 2024

특히 킨텍스는 2024년 1월부터 국내 최초 전시장 공사 안전관리 시스템(S100 MICE)을 운영하며 사고 예방에 선도적 역할을 하고 있다. 또한 '축제행사안전관리자(2급)' 민간자격이 2024년 행정안전부 승인을 받아 전문인력 양성 체계가 확립되고 있다.

다) 현황2: AI 기반 인파관리 시스템

대규모 축제 및 행사에서 발생할 수 있는 인파 밀집 사고 위험을 최소화하는 것은 사회(S) 영역의 가장 시급한 의제이다. 서울시는 다중 밀집 인파사고 예방을 위해 통신 데이터 및 대중교통 이용량 분석을 통한 '실시간 도시데이터'와 영상분석 인공지능(AI) 기술을 적용한 "인파감지시스템"을 활용하여 위험 지역을 실시간으로 감시하고 안전관리를 강화한다.

표10 · 서울시 AI 인파감지시스템 성과(2023년)

- 모니터링 지점: 150개소(CCTV 연동)
- 실시간 인파 밀도 측정 정확도: 95%
- 위험상황 조기 경보 시간: 평균 3분 단축
- 드론 활용 공중 모니터링: 24시간 체계
- 재난문자 발송 속도: 30초 이내 전 지역 송출

출처: 2023 서울시 인파감지시스템 성과보고서

출처: 서울시 재난안전실 재난안전예방과

그림8 · AI 인파감지시스템 모니터링 화면, 드론을 활용한 인파관리 사진

라) 글로벌 벤치마크: 해외 축제 안전관리

- 독일 옥토버페스트 안전시스템

독일 뮌헨에서 매년 개최되는 옥토버페스트는 세계 최대 규모의 맥주 축제로, 수백만 명의 방문객이 몰리는 만큼 첨단 기술을 활용한 체계적인 안전관리 시스템을 구축하여 운영하고 있다.

첫째, RFID 팔찌를 통한 개별 방문객 동선 추적. 옥토버페스트는 모든 방문객에게 무선주파수인식(RFID) 칩이 내장된 팔찌를 배부하여 개별 방문객의 동선을 실시간으로 추적하고 관리한다. 이 시스템은 행사장 곳곳에 설치된 리더기를 통해 방문객이 어느 구역에 있는지, 얼마나 오래 머물고 있는지, 어떤 경로로 이동하는지를 파악할 수 있어 특정 지역에 인파가 과도하게 집중되는 것을 사전에 감지하고 대응할 수 있다. 또한 어린이나 노약자가 일행과 떨어졌을 때 신속하게 위치를 파악하여 재회를 돕고, 응급 상황 발생 시 해당 방문객의 동선을 역추적하여 접촉자를 확인하는 등 안전과 보안 측면에서 다양하게 활용되고 있다.

둘째, AI 기반 음성인식을 통한 위험 상황 감지. 행사장 전역에 고성능 마이크와 AI 음성인식 시스템을 배치하여 비명, 고함, 유리 깨지는 소리 등 위험 신호로 판단되는 소리를 자동으로 감지하고 관제센터에 즉시 알림을 전송한다. 인공지능은 수만 명이 동시에 떠드는 소음 속에서도 패턴 분석을 통해 이상 음향을 식별할 수 있으며, 감지된 위치의 CCTV 영상을 자동으로 확대하여 상황을 시각적으로 확인하고 인근 보안 인력과 의료진을 신속하게 출동시킨다. 이러한 AI 기반 시스템은 사람의 눈과 귀만으로는 놓칠 수 있는 위험 상황을 조기에 발견하여 대형 사고로 확산되는 것을 방지하는 데 핵심적인 역할을 하고 있다.

셋째, 의료진 배치: 옥토버페스트는 방문객 10만 명당 15명의 의료진을 배치하여 운영하고 있으며, 이는 세계보건기구(WHO)가 대규모 행사에 권고하는 기준의 150% 수준으로 매우 높은 의료 대응 역량을 갖추고 있다. 행사장 곳곳에 응급의료소를 설치하고 응급구조사, 간호사, 의사로 구성된 의료팀이 상시 대기하며, 이동식 응급차량과 구급 오토바이를 배치하여 인파 속에서도 신속하게 환자에게 접근할 수 있도록 했다. 또한 인근 종합병원과 핫라인을 구축하여 중증 환자 발생 시 즉각적인 이송과 치료가 가능한 체계를 마련하고, 과도한 음주로 인한 알코올 중독, 탈수, 낙상 등 축제 특성상 자주 발생하는 응급 상황에 대비한 전문 의료 프로토콜을 수립하여 실행하고 있다.

- 영국 글래스턴베리 페스티벌 안전시스템

영국의 글래스턴베리 페스티벌은 세계적으로 유명한 대규모 음악 축제로, 광활한 야외 공간에서 수십만 명이 참가하는 만큼 최신 기술을 활용한 혁신적인 안전관리 시스템을 도입하여 운영하고 있다.

첫째, 드론 군집을 활용한 3D 인파 밀도 모니터링. 글래스턴베리 페스티벌은 여러 대의 드론을 동시에 띄워 행사장 전체를 상공에서 실시간으로 촬영하고, 이를 통해 수집된 영상 데이터를 3차원으로 분석하여 인파 밀도를 정밀하게 모니터링 한다. 드론에 탑재된 고해상도 카메라와 열화상 센서는 어두운 야간에도 사람들의 분포를 정확히 파악할 수 있으며, AI 알고리즘이 실시간으로 영상을 분석하여 특정 구역의 인원 밀집도가 위험 수준에 도달하면 관제센터에 경고를 발송한다. 이러한 3D 모니터링 시스템은 지상의 CCTV만으로는 파악하기 어려운 광범위한 야외 공간의 전체적인 인파 흐름을 한눈에 파악할 수 있게 해주며, 군중 사고를 예방하고 효율적인 인원 분산 조치를 가능하게 한다.

둘째, 스마트폰 앱 연동 개인 위치 서비스. 페스티벌 전용 모바일 앱을 개발하여 참가자들이 자신의 위치를 실시간으로 확인하고, 일행과 위치를 공유하며, 응급 상황 시 원터치로 구조 요청을 할 수 있도록 지원한다. 앱에는 행사장 지도, 공연 일정, 화장실・의료소・식음료 부스 위치 등의 정보가 제공되며, GPS와 블루투스 비콘을 활용하여 참가자의 위치를 정확하게 파악한다. 또한 앱은 특정 구역이 혼잡할 경우 해당 지역을 피해 이동하도록 안내 메시지를 푸시하고, 긴급 대피가 필요한 상황에서는 가장 가까운 안전 출구를 안내하는 등 개인 맞춤형 안전 서비스를 제공한다. 운영진은 앱을 통해 수집된 익명화된 위치 데이터를 분석하여 인파 흐름 패턴을 파악하고, 다음 행사 개최 시

동선 설계와 시설 배치를 개선하는 데 활용하고 있다.

셋째, 구역별 수용인원 자동제한 시스템. 행사장을 여러 구역으로 나누고 각 구역의 안전 수용인원을 사전에 설정한 후, 출입구에 설치된 센서와 카메라를 통해 실시간으로 구역 내 인원수를 자동으로 계산하여 관리한다. 특정 구역의 인원이 안전 수용 한계에 근접하면 시스템이 자동으로 해당 구역으로의 추가 입장을 차단하고, 디지털 사이니지와 안내 방송을 통해 참가자들을 다른 구역으로 유도한다. 이 시스템은 인기 공연이 열리는 메인 스테이지 앞이나 좁은 통로 등 밀집이 예상되는 지역에서 특히 효과적으로 작동하며, 안전 요원의 주관적 판단에 의존하지 않고 데이터 기반으로 객관적이고 일관되게 인원을 통제할 수 있어 군중 사고 예방에 크게 기여하고 있다. 또한 구역별 인원 데이터는 실시간으로 기록되어 사후 분석과 개선에 활용되며, 비상 상황 발생 시 정확한 대피 인원 파악과 구조 활동 계획 수립에도 중요한 정보로 사용된다.

마) 개선 방향: 전국 표준화

- 지방 축제 안전관리 매뉴얼 통일
  전국 각지에서 개최되는 지방 축제의 안전 수준을 균일하게 보장하기 위해 통일된 안전관리 매뉴얼을 개발하고 의무적으로 적용해야 한다. 현재 지자체마다 각기 다른 기준과 절차로 축제 안전을 관리하고 있어 안전 사각지대가 발생하고 있는 만큼, 중앙정부 주도로 축제 규모별, 유형별, 장소별 세부 안전 기준을 명확히 규정한 표준 매뉴얼을 제작하여 전국적으로 배포해야 한다. 매뉴얼에는 사전 안전점검 체크리스트, 인파 관리 방법, 비상 상황 대응 절차, 의료진 배치 기준, 소방・경찰・구조기관과의 협력 체계, 사후 평가 및 개선 방안 등이 단계별로 상세히 기술되어야 하며, 특히 이태원 참사와 같은 대형 사고 사례를 분석하여 군중 밀집 위험 지역 식별, 병목 구간 관리, 실시간 모니터링 방법 등 핵심적인 안전 대책이 포함되어야 한다. 또한 매뉴얼은 단순히 문서로만 배포하는 것이 아니라 지자체 담당자, 행사 주최자, 안전 관리 인력을 대상으로 정기적인 교육과 훈련 프로그램을 실시하여 실제 현장에서 제대로 작동할 수 있도록 해야 하며, 매년 축제 시즌 전에 모의 훈련과 시뮬레이션을 의무화하여 비상 대응 역량을 점검하고 강화해야 한다. 정부는 매뉴얼 준수 여부를 평가하는 인증 제도를 도입하여 기준을 충족한 축제에는 안전 인증 마크를 부여하고, 미흡한 경우에는 개선 명령을 내리거나 행사 개최를 제한하는 등 강제력 있는 관리 체계를 구축해야 한다.

- AI 인파감지시스템 전국 확대

  독일 옥토버페스트와 영국 글래스턴베리 페스티벌의 사례처럼 인공지능 기반 인파감지시스템을 전국 주요 축제와 행사에 확대 도입하여 군중 사고를 사전에 예방해야 한다. AI 시스템은 CCTV 영상을 실시간으로 분석하여 특정 구역의 인원 밀집도, 이동 속도, 흐름 방향 등을 자동으로 계산하고, 위험 수준에 도달하면 관제센터와 현장 안전 요원에게 즉각 경보를 발송하여 신속한 대응이 가능하도록 한다. 이 시스템은 사람의 육안 판단보다 훨씬 정확하고 빠르며, 넓은 행사장 전체를 동시에 모니터링할 수 있어 안전 사각지대를 최소화한다. 정부는 AI 인파감지시스템 도입 비용을 지원하는 보조금 사업을 추진하고, 중앙에서 통합 클라우드 플랫폼을 구축하여 지자체가 저렴하게 시스템을 이용할 수 있도록 해야 하며, 소규모 지방 축제도 경제적 부담 없이 첨단 안전 기술을 활용할 수 있는 환경을 조성해야 한다. 또한 AI 시스템이 수집한 데이터를 축적하고 분석하여 축제별, 지역별, 시간대별 인파 패턴을 학습하고, 이를 바탕으로 다음 행사의 동선 설계, 출입구 배치, 안전 인력 배치 등을 최적화하는 선순환 구조를 만들어야 한다. 나아가 드론 활용 3D 모니터링, RFID 팔찌를 통한 개별 동선 추적, 스마트폰 앱 연동 개인 위치 서비스 등 해외 선진사례의 기술들도 단계적으로 도입하여 대한민국의 축제 안전수준을 세계 최고 수준으로 끌어올려야 한다.

- 응급의료 대응 체계 표준화

  대규모 축제와 행사에서 발생할 수 있는 응급 상황에 신속하고 효과적으로 대응하기 위해 응급의료 대응 체계를 전국적으로 표준화해야 한다. 독일 옥토버페스트처럼 방문객 10만 명당 15명 수준의 의료진 배치 기준을 설정하고, 축제 규모와 특성에 따라 응급구조사, 간호사, 의사로 구성된 의료팀을 의무적으로 배치하도록 해야 한다. 행사장 내에는 응급의료소를 설치하여 기본적인 처치가 가능한 의약품과 장비를 갖추고, 이동식 구급차량과 구급 오토바이를 배치하여 인파 속에서도 환자에게 빠르게 접근할 수 있도록 해야 한다. 또한 인근 종합병원 및 소방서와 사전에 협력 체계를 구축하여 중증 환자 발생 시 즉각적인 이송과 치료가 가능하도록 핫라인을 연결하고, 헬기 착륙장을 확보하여 긴급 상황에서 항공 이송도 가능하도록 준비해야 한다. 축제 유형별로 자주 발생하는 응급 상황(음악 페스티벌의 탈수와 열사병, 맥주 축제의 알코올 중독, 야외 축제의 낙상과 골절 등)에 대한 맞춤형 의료 프로토콜을 개발하고, 의료진을 대상으로 사전 교육과 시뮬레이션 훈련을 실시하여 실제 상황에서 신속하고 정확하게 대응할 수 있도록 해야 한다. 정부는 응급의료 대응 체계 표준 가이드라인을 제작하여 모든 지자체와 행사 주최자에게 배포하고, 의료진 인건비와 장비 구입비를 지원하는 보조금 제도를 운영하며, 우수 사례를 발굴하여 공유함으로써 전국 어디서나 동일한 수준의 응급의료 서비스가 제공되는 안전한 축제 환경을 조성해야 한다.

3) 포용성 및 접근성

가) 국제 기준: 미국장애인법(ADA) 수준의 접근성

미국장애인법(ADA) 수준의 접근성 확보와 UN 장애인권리협약에 따른 모든 참가자의 평등한 참여 보장이 요구된다.

나) 현황1: 포용적 문화 축제 운영

이벤트는 모든 참가자에게 포괄적이고 즐거운 경험을 제공해야 한다.

- 예울림 페스티벌: (사)한국장애인단체총연합회와 함께하는 장애인 문화예술축제, 정신장애인의 슬픔과 희망을 문화 매개체로 표현
- I-DEST 평가시스템: 이벤트 장소의 지속가능성 지표 평가 시 접근성을 특별히 강조, 포괄적 관광 지원

표11 · 예울림 페스티벌의 포용성 성과(2023년)

- 장애인 참가자 비율: 전체 참가자의 35%
- 수화 통역 서비스: 100% 프로그램 제공
- 휠체어 접근 가능 구역: 전체 관람석의 15%
- 점자 안내 자료: 5개 언어 제공
- 참가자 만족도: 4.8/5.0점

출처: 한국문화예술교육진흥원

출처: 한국문화예술교육진흥원

그림9 · 예울림 페스티벌, I-DEST 사진

다) 현황2: 장애인 편의시설 및 접근성 개선

국내 MICE 시설의 장애인 접근성은 지속적으로 개선되고 있으나, 여전히 질적 향상이 필요한 상황이다.

표12 · 장애인 편의시설 설치 현황

- 전국 편의시설 평균 설치율: 89.2%(2023년 기준)
- 편의시설 적정 설치율: 79.2%(법적 기준 충족률)
- 컨벤션센터 장애인 편의시설 설치율: 약 83~88%(주요 대형 센터 기준)
- 5년간 개선율: 설치율 +9.0%p, 적정설치율 +4.4%p 상승(2018년 대비)
- 장애인용 화장실 설치율: 55%(개선이 가장 시급한 영역)

출처: 보건복지부 장애인편의시설 설치현황조사, 2023 ; 한국장애인개발원, 2024

주요 컨벤션센터들은 출입구 경사로(89%), 승강기(89%), 장애인 주차장(100%) 등 기본 편의시설 설치는 높은 수준이나, 화장실 접근성과 안내시스템 개선이 과제로 남아 있다.

라) 개선 방향: 유니버설 디자인 적용

- 모든 이벤트 공간에 유니버설 디자인 의무 적용

MICE 산업에서 진정한 포용성과 접근성을 실현하기 위해 모든 이벤트 공간에 유니버설 디자인을 의무적으로 적용해야 한다. 유니버설 디자인은 나이, 성별, 장애 유무, 언어, 문화적 배경에 관계없이 누구나 차별 없이 이용할 수 있는 환경을 조성하는 설계 철학으로, 컨벤션센터, 전시장, 축제장 등 모든 행사 공간에서 기본 원칙으로 자리 잡아야 한다. 구체적으로 휠체어 사용자와 노약자를 위한 경사로와 엘리베이터를 충분히 설치하고, 단차를 없애며, 넓은 통로와 회전 공간을 확보해야 한다. 또한 좌석 배치 시 휠체어 전용 공간을 곳곳에 마련하여 장애인도 원하는 위치에서 행사를 관람할 수 있도록 하고, 화장실은 장애인 화장실을 충분히 설치하며 성중립 화장실도 함께 제공하여 다양성을 존중해야 한다. 안내 표지판은 시각장애인을 위한 점자 표기와 촉각 안내판을 병행하고, 색약자도 구분할 수 있도록 색상뿐만 아니라 형태와 텍스트로도 정보를 전달해야 한다. 청각장애인을 위해서는 중요 공간에 수어 통역사를 배치하고, 세미나와 컨퍼런스에서는 실시간 자막 서비스를 제공하며, 시각 경보기와 함께 청각 경보기를 설치하여 비상 상황을 모든 사람이 인지할 수 있도록 해야 한다. 정부는 유니버설 디자인 적용을 법적으로 의무화하고, 설계 단계부터 장애인 단체와 전문가의 자문을 받도록 하며, 기존 시설의 경우 단계적 개선 계획을 수립하여 보조금을 지원함으로써 전국 모든 MICE 시설이 진정으로 누구에게나 열린 공간이 될 수 있도록 해야 한다.

• 다국어 안내 서비스 표준화

국제회의와 글로벌 전시회가 증가하는 추세에 맞춰 외국인 참가자들이 언어 장벽 없이 편리하게 행사에 참여할 수 있도록 다국어 안내 서비스를 표준화해야 한다. 한국어, 영어, 중국어, 일본어를 기본으로 하고, 행사 특성에 따라 스페인어, 프랑스어, 아랍어 등을 추가하여 최소 4개 언어 이상의 안내 서비스를 제공해야 한다. 행사장 입구, 등록대, 전시 부스, 화장실, 식음료 구역 등 주요 지점마다 다국어 표지판을 설치하고, 국제 표준 픽토그램을 함께 사용하여 직관적으로 정보를 이해할 수 있도록 해야 한다. 또한 행사 안내 책자, 프로그램 일정표, 전시 설명 자료 등 모든 인쇄물은 다국어 버전으로 제작하거나, QR코드를 통해 스마트폰으로 원하는 언어로 번역된 내용을 즉시 확인할 수 있도록 해야 한다. 안내 데스크에는 다국어 구사가 가능한 직원을 배치하거나, 실시간 통역 태블릿과 AI 번역 기기를 비치하여 언어 소통이 원활하지 않은 외국인 참가자들을 효과적으로 지원해야 한다. 세미나와 컨퍼런스에서는 동시통역 장비를 제공하고, 발표 자료에 영문 자막을 포함시키며, 주요 발표 내용은 사후에 다국어로 번역하여 온라인에 공유함으로써 언어적 접근성을 높여야 한다. 정부는 다국어 안내 서비스 표준 가이드라인을 제작하여 배포하고, 번역 비용과 통역 장비 구입비를 지원하며, 우수 사례를 발굴하여 시상함으로써 한국의 MICE 산업이 글로벌 스탠더드를 충족하고 외국인 참가자들에게 친화적인 환경을 제공할 수 있도록 해야 한다.

- 감각 장애인 대상 특수 프로그램 개발
  시각장애인과 청각장애인 등 감각 장애를 가진 참가자들도 MICE 행사의 핵심 콘텐츠를 동등하게 경험할 수 있도록 특화된 프로그램을 개발하고 제공해야 한다. 시각장애인을 위해서는 전시물과 제품을 직접 만져보고 촉감으로 이해할 수 있는 촉각 전시 프로그램을 개발하고, 음성 안내시스템과 오디오 가이드를 제공하여 전시 내용을 상세히 설명해야 한다. 또한 인공지능 기반의 이미지 인식 앱을 활용하여 스마트폰 카메라로 전시물을 촬영하면 자동으로 음성으로 설명해주는 서비스를 도입하고, 안내견과 함께 입장할 수 있도록 허용하며, 필요시 전문 안내 도우미를 배치하여 1대1 지원을 제공해야 한다. 청각장애인을 위해서는 모든 세미나와 강연에 수어 통역사를 배치하고, 실시간 자막(CART) 서비스를 제공하며, 발표 자료와 영상에는 한글 자막과 영문 자막을 모두 포함시켜야 한다. 전시장 안내 영상에도 자막과 수어 통역 화면을 삽입하고, 중요 공지사항은 진동 알림 기기를 통해 전달하여 청각장애인이 정보에서 소외되지 않도록 해야 한다. 나아가 시청각 복합 장애인이나 발달 장애인을 위한 맞춤형 프로그램도 개발하여, 감각 친화적 조명과 소음 조절이 가능한 별도 관람 공간을 제공하거나, 쉬운 언어로 작성된 안내 자료와 그림 중심의 설명 자료를 제작하여 배포해야 한다. 정부와 행사 주최자는 장애인 단체와 긴밀히 협력하여 실제 수요를 파악하고, 당사자의 목소리를 반영한 프로그램을 설계하며, 충분한 예산을 배정하여 단순한 형식적 지원이 아닌 실질적이고 의미 있는 접근성을 보장함으로써 MICE 산업이 모든 사람에게 열린 진정한 포용적 산업으로 자리매김할 수 있도록 해야 한다.

4) ESG 교육 및 인식 제고

가) 국제 기준

표12 · ESG 교육 및 인식제고 국제기준

기준	초점	대상	교육 관련 요소
ISO 26000	사회적 책임 가이던스	모든 조직	7대 핵심 주제 전반에 걸친 교육 및 인식 제고
GRI Standards	다중 이해관계자 보고	모든 조직	GRI 404: 훈련 및 교육 공시
UNGC 10대 원칙	기업의 자발적 책임	기업	10대 원칙 이행을 위한 내부 교육 및 인식 제고
SASB Standards	투자자 중심 재무적 중요성	상장기업	인적자본 관리 및 교육 투자
UNESCO ESD	지속가능발전교육	교육기관, 정부, 기업	전 연령층 대상 체계적 교육 커리큘럼
SDGs	글로벌 개발 목표	전 세계	SDG 4.7: 지속가능발전교육 주류화
TCFD	기후 관련 재무정보	기업, 금융기관	기후 리스크 관리 교육

출처: 한국표준협회 ISO기준

나) 현황: 세대별 맞춤형 ESG 교육

축제를 통해 ESG의 의미를 확산하고 인식 제고를 위한 교육 및 캠페인 활동이 진행된다. 국내 축제의 ESG 교육 및 인식 제고 사례는 다음과 같다.

· 고양시 청소년 축제: Z세대 눈높이 ESG 감수성 교육

고양시 청소년 축제는 Z세대의 눈높이에 맞춘 ESG 감수성 교육과 체험 프로그램을 제공하여 젊은 세대의 지속가능성 인식을 제고하고 있다. 디지털 네이티브인 Z세대의 특성을 고려하여 모바일 앱 기반 ESG 미션 챌린지, SNS 캠페인, 인터랙티브 전시 등 참여형 콘텐츠를 중심으로 구성한다.

기후변화, 자원순환, 공정무역, 인권 등 다양한 ESG 주제를 게임화(gamification)와 소셜미디어 연계를 통해 재미있고 공감할 수 있는 방식으로 전달한다. 청소년들은 축제 현장에서 분리배출 체험, 업사이클링 워크숍,

탄소발자국 계산기 체험, 친환경 제품 만들기 등의 활동에 참여하며, 완료 시 디지털 배지와 포인트를 획득하여 친환경 굿즈나 할인 혜택으로 교환할 수 있다.

이러한 프로그램은 청소년들이 ESG를 일회성 교육이 아닌 생활 속 실천으로 이어갈 수 있도록 동기를 부여하며, 미래 세대의 지속가능한 사고방식과 행동 변화를 촉진하는 데 기여하고 있다.

- 수원연극축제 ESG 원년 선언: 환경·생태 축제로의 전환

수원연극축제는 ESG 원년을 선언하며 전통적인 문화예술 축제를 환경·생태 중심의 지속가능한 축제로 전환하는 혁신적 변화를 추진하고 있다. 축제 운영의 모든 단계에서 환경 영향을 최소화하고 생태적 가치를 최우선으로 고려하는 것을 핵심 원칙으로 삼았다.

구체적인 실천 사례로는 폐목재를 재활용하여 안내판, 표지판, 무대 소품 등을 제작함으로써 자원순환 경제를 실현하고 있다. 폐목재는 지역 건설현장이나 가구 공방에서 수거하여 예술가 및 목공 전문가와 협업해 새로운 용도로 재탄생시키며, 이 과정에서 창출되는 독특한 디자인과 스토리는 축제의 정체성을 강화하는 요소가 된다.

또한, 축제 기간 동안 채식(비건) 먹거리 판매 부스를 확대 운영하여 참가자들에게 지속가능한 식문화를 경험할 기회를 제공한다. 비건 먹거리는 축산업으로 인한 온실가스 배출을 줄이고 동물복지를 증진하는 친환경 선택으로, 참가자들은 비건 버거, 샐러드, 디저트 등 다양한 메뉴를 통해 맛과 건강, 환경을 동시에 고려하는 소비를 체험한다.

수원연극축제의 ESG 원년 선언은 단순한 환경 캠페인을 넘어 축제 운영 전반의 패러다임을 전환하는 상징적 조치로, 다른 문화예술 축제들에게도 모범 사례가 되고 있고 이를 통해 공연 예술과 환경보호가 조화를 이루며, 관객들은 문화 향유와 동시에 생태적 책임을 실천하는 의미 있는 경험을 하게 된다.

- 무주반딧불축제 3無(삼무) 선언: 투명한 사회적 책임 실천

무주반딧불축제는 '3無(삼무) 선언'을 통해 바가지요금 없음, 일회용품 없음,

안전사고 없음이라는 세 가지 핵심 가치를 공표하고 투명하고 책임감 있는 축제 운영을 실천하고 있다. 이 선언은 ESG의 사회적(Social) 책임과 거버넌스(Governance) 측면을 동시에 강조하는 상징적 약속이다.

첫째, 바가지요금 없음은 공정한 가격 책정과 투명한 운영을 의미한다. 축제 기간 동안 모든 음식, 숙박, 기념품 판매업체는 사전에 합의된 적정 가격을 준수하며, 가격표를 명확히 게시하고 과도한 요금 부과를 금지한다. 무주군과 축제 조직위원회는 가격 모니터링 시스템을 운영하여 불공정 거래를 예방하고, 위반 시 즉각 시정 조치 및 제재를 가한다. 이를 통해 관광객들은 안심하고 축제를 즐길 수 있으며, 지역 상인들도 장기적으로 신뢰를 쌓아 지속가능한 지역경제 발전을 도모할 수 있다.

둘째, 일회용품 없음은 환경보호를 위한 적극적 실천이다. 축제장 내에서 일회용 플라스틱 컵, 접시, 수저, 빨대 등의 사용을 전면 금지하고, 모든 음식 판매 부스는 다회용기, 생분해성 용기, 종이 포장재 등 친환경 대안을 사용해야 한다. 방문객들에게는 개인 텀블러와 다회용 식기 지참을 적극 권장하며, 대여 서비스와 세척 시설을 현장에 마련한다. 분리배출 안내와 자원봉사자 배치를 통해 철저한 폐기물 관리를 실시하고, 축제 종료 후 폐기물 발생량과 재활용률을 공개하여 투명성을 확보한다. 이러한 노력은 반딧불이 서식지인 청정 자연환경을 보호하는 축제의 정체성과도 일치한다.

셋째, 안전사고 없음은 참가자의 생명과 안전을 최우선으로 하는 책임 경영의 핵심이다. 축제 조직위원회는 사전에 철저한 안전 점검을 실시하고, 소방, 경찰, 의료기관과 협력하여 비상 대응 체계를 구축한다. 주요 행사장, 주차장, 숙박시설, 야간 프로그램 운영 지역에 안전 요원을 배치하고, CCTV와 조명을 충분히 설치하여 사각지대를 최소화한다. 응급의료 텐트와 구급차를 현장에 대기시키며, 관람객 밀집도를 실시간으로 모니터링하여 과밀 위험을 사전에 예방한다. 또한, 모든 놀이기구와 임시 시설물은 법적 기준에 따라 안전 검사를 받고 보험에 가입한다. 축제 기간 동안 안전사고 발생 현황을 일일 보고하고, 사후에도 종합 평가보고서를 작성하여 차년도 개선에 반영한다.

무주반딧불축제의 3無 선언은 단순한 구호가 아니라 실질적 행동으로 이어지는 사회적 책임 경영의 모범 사례이다. 이를 통해 축제는 지역 주민과 방문객 모두에게 신뢰받는 브랜드로 자리 잡았으며, 공정성, 환경 책임, 안전이라는 ESG 가치를 실천하는 대표적인 국내 축제로 인정받고 있다. 이러한 투명한 운영과 책임 있는 자세는 다른 지역 축제들에게도 중요한 벤치마크가 되고 있다.

다) 개선 방향: 체계적 교육 프로그램

- 연령대별 ESG 교육 커리큘럼 개발

  MICE 및 축제 참여자들의 ESG 인식 제고와 실천 역량 강화를 위해 연령대별로 맞춤화된 교육 커리큘럼을 개발해야 한다. 어린이 대상으로는 놀이와 체험 중심의 환경보호 활동(분리배출 게임, 자연 탐험 등)을 제공하고, 청소년은 프로젝트 기반 학습으로 기후변화와 탄소중립을 이해하며 지속가능발전목표(SDGs)를 학습한다. 대학생과 청년층에게는 ESG경영 사례 분석, 창업 및 진로 연계 워크숍, 소셜 임팩트 프로젝트 기획을 포함한 실무형 교육을 실시한다. 성인 참가자는 MICE 업계 종사자 대상 ISO 20121 및 탄소발자국 계산 실무 교육을 받으며, 일반 참가자는 일상 속 ESG 실천(제로웨이스트, 친환경 소비) 방법을 배운다. 시니어층에게는 세대 간 환경 경험 공유와 지역사회 기반 환경보전 활동 참여 기회를 제공하고 이를 통해 전 연령층이 각자의 수준과 관심사에 맞는 ESG 교육을 받아 행사 참여를 넘어 생활 속 실천으로 이어지도록 한다.

- 게임화(Gamification)를 통한 참여형 ESG 체험

  ESG 교육의 효과성과 참여도를 높이기 위해 게임화 기법을 적용한 참여형 체험 프로그램을 개발해야 한다. 행사장 내 ESG 미션 수행(다회용기 사용, 대중교통 이용, 분리배출 참여 등) 시 포인트를 적립하는 모바일 앱 기반 챌린지를 운영하고, 증강현실(AR)과 가상현실(VR) 기술로 기후변화의 영향을 직접 체험하거나 미래 지속가능한 도시를 가상으로 건설하는 콘텐츠를 제공한다. 참가자 간 또는 팀 간 경쟁 요소(리더보드, 배지 수집)를 도입하여 자발적 참여를 유도하고, 즉각적인 피드백(실시간 탄소감축량 표시, 달성도 알림)으로 성취감을 부여한다. 적립한 포인트는 친환경 제품 할인, 지역 특산물 구매, 기부

등으로 교환 가능하게 하여 실질적 보상을 제공한다. 이러한 게임화 전략은 특히 젊은 세대의 관심을 끌고, 교육 내용을 재미있고 기억에 남는 경험으로 전환하여 행동 변화를 촉진한다.

- ESG 실천 인증제 도입
  MICE 행사 및 축제 참가자들의 ESG 실천 노력을 객관적으로 평가하고 인정하기 위해 ESG 실천 인증제를 도입해야 한다. 참가자는 행사 전후 ESG 활동(다회용기 사용 횟수, 대중교통 이용, 자원봉사 참여, 온라인 교육 이수 등)을 모바일 앱이나 웹 플랫폼에 기록하고, 누적된 활동 내용과 탄소감축량을 기준으로 인증 등급(예: 브론즈, 실버, 골드, 플래티넘)을 부여받는다. 인증서는 디지털 배지 또는 블록체인 기반 디지털 인증서 형태로 발급되어 참가자의 SNS 프로필, 이력서, 포트폴리오에 활용 가능하게 한다. 고등급 인증자에게는 차기 행사 우선 참가권, 할인 혜택, 친환경 브랜드 협찬 제품, 지역 관광 바우처 등 인센티브를 제공하여 지속적 참여를 유도한다. 이 인증제는 개인의 ESG 실천을 가시화하고 사회적으로 인정받는 문화를 조성하며, 장기적으로 국가 차원의 ESG 시민역량 지표로 활용될 수 있다.

다. 거버넌스(G) 영역 실천 사례 및 현황

1) ESG경영 시스템 구축

가) 국제 기준: ISO 26000 사회적 책임

ISO 26000 사회적 책임 가이드라인에 따라 조직의 ESG경영 시스템 구축과 이해관계자 참여가 요구된다.

나) 현황: 전문조직 구성 및 시스템 내재화

ESG경영의 성공은 궁극적으로 조직 내부의 투명하고 지속가능한 운영체계에 달려 있다. 한국문화예술위원회는 '문화예술기관 ESG 이니셔티브'를 제정하여, 문화예술 생태계 전반에 ESG 가치를 내재화했다. 무주축제제전위원회는 축제 전담 전문조직을 설립했으며, 이를 통해 지속적이고 미래지향적인 운영체계를 구축했다. 조직 내부시스템은 전 직원이 ESG 목표에 참여하고, 정기적인 교육을 실시하며, 그 결과를 경영평가에 반영한다.

표13 · ESG 추진 조직 구성 현황

- ESG 추진위원회: 대표이사 직속, 월 1회 정기회의
- ESG 전담부서: 5명 전담인력(전체 직원의 8%)
- 교육 이수율: 전직원 100%(연 8시간 의무교육)
- 평가 반영비율: 개인 성과평가의 20%
- ESG KPI 달성률: 85%(2023년 기준)

출처: 한국문화예술위원회

출처: 한국문화예술위원회, 무주반딧불축제

그림10 · 전문조직 구성의 좋은 예시 사진

다) 개선 방향: 중소기업 확산

첫째, 중소 이벤트 기업을 대상으로 ESG 컨설팅을 지원해야 한다. 둘째, 업계 공통의 ESG 관리 플랫폼을 구축해야 한다. 셋째, ESG 전문 인력 양성 프로그램을 운영해야 한다.

2) 투명한 정보공개

가) 국제 기준: Global Reporting Initiative(GRI) 표준

GRI 표준에 따라 ESG 성과의 투명한 공개와 이해관계자와의 소통이 요구된다.

나) 현황: 성과 공개 및 외부 인증

이벤트 주최사는 ESG 성과를 투명하게 공개하고 이해관계자들과 소통함으로써 신뢰 자본을 구축해야 한다. 첫째, 무주반딧불축제는 피나클어워드 '친환경축제'를 수상하고, '대한민국상품대상 ESG경영부문' 대상을 수상하여 성과를 인정받았다. 둘째, 지속가능성 노력과 성과는 연간 탄소발자국이나 환경 감축 실적 등을 통해 투명하게 공개한다. 셋째, 외부 인증으로는 ISO 10002 고객만족경영시스템을 인증받았다.

표14 • 투명성 및 소통 성과(무주반딧불축제 2023년)

- 언론 보도: 연간 150건(ESG 관련보도)
- SNS 도달률: 280만 명(ESG 콘텐츠)
- 이해관계자 만족도: 4.6/5.0점
- ESG보고서 조회수: 연간 25,000회 시민 제안 접수: 180건(95% 검토 완료)

출처: 무주반딧불축제 제전위원회

다) 개선 방향

지속가능성 및 투명성 강화를 위한 연례 ESG 보고서 의무화 방안은 다음과 같이 개선해야 한다. 첫째, 대형 이벤트의 ESG 보고서 공개를 의무화해야 한다. 둘째, 보고서의 신뢰성을 확보하기 위해 제3자 검증 시스템을 도입해야 한다. 셋째, 이해관계자의 의견을 수렴하고 소통하기 위한 참여 플랫폼을 구축해야 한다.

출처: 무주반딧불축제 제전위원회

그림11 · ISO10002 국제인증, 대한민국상품대상 ESG경영부문 사진

3) 공급망 실사

가) 국제 기준: EU 공급망 실사 지침

EU 공급망 실사 지침(CS3D)에 따라 이벤트 운영의 거버넌스 책임은 주최사 내부를 넘어 계약을 맺는 협력업체 및 공급망 전체로 확장되고 있다.

나) 현황: 공급업체 ESG 평가시스템

MICE 기획사들은 하도급 및 공급업체 관리 책임을 체계적으로 수행하고 있다. I-DEST 평가를 통해 공급업체의 지속가능성 수준을 측정하며, 원자재 운송 거리, 폐기물 관리 방식, 자재 사용량 등을 분석한다. 현장 스코어카드를 활용하여 근로자 건강, 안전, 환경 문제를 투명하고 안전하게 보고하는 체계를 갖추었다. 윤리경영 분야에서는 (재)고양국제꽃박람회가 '청렴경영 부문' 대상을 수상하는 등 성과를 거두었다.

표15 · 공급망 실사 배점 및 기준

평가영역	세부항목	배점	최소기준
환경 관리	탄소배출, 폐기물처리, 자원사용	40점	28점
사회적 책임	노동조건, 안전관리, 지역사회 기여	35점	25점
거버넌스	윤리경영, 투명성, 컴플라이언스	25점	18점

다) 개선 방안

MICE 산업의 투명성과 책임 강화를 위해 실사 의무화를 다음과 같이 법제화해야 한다. 첫째, 이벤트 산업 공급망 실사 가이드라인을 제정해야 한다. 둘째, 중소 공급업체의 ESG 역량 강화를 지원해야 한다. 셋째, 디지털 플랫폼 기반의 실사 시스템을 구축해야 한다. 이러한 법제화와 시스템 구축은 공급망 전반의 지속가능성을 높이는 데 핵심적인 역할을 할 것이다.

4. 지속가능한 MICE 운영 전략(Prescriptive Strategy)

가. 단계별 실행 로드맵

MICE 업계의 ESG 전환을 성공적으로 이끌기 위해서는 단순한 규범적 준수를 넘어, 20년 이상 메가 MICE를 기획하고 운영해 온 실무 전문가의 노하우를 접목한 실행 중심의 로드맵이 필요하다. MICE 주최사를 위한 ESG경영 전환 로드맵은 기반 구축, 시스템 정착, 그리고 가치 창출의 3단계로 제안된다.

1) 단기 목표(2025-2026, 1년차): 기반 구축

환경(E) 영역에서는, 주최사 · 기획사는 2025년 말까지 일회용품을 50% 감축해야 한다. 컨벤션센터는 2026년 1분기까지 종이 없는 업무 환경(Paperless) 의무 이행을 완료해야 한다. 지방자치단체는 2026년 상반기까지 친환경 전력 시스템을

30% 도입해야 한다.

사회(S) 영역에서는, 지방자치단체는 2026년 상반기까지 AI 인파관리시스템을 도입해야 한다. 주최사는 2025년 하반기부터 지역 상생 프로그램을 의무화해야 한다. 문화재단은 2026년에 접근성 개선 프로젝트를 시작해야 한다.

거버넌스(G) 영역에서는, 조직 내부에서는 2025년 하반기부터 전 직원을 대상으로 ESG 교육을 실시하고 그 결과를 경영평가에 반영해야 한다. 경영진은 2025년 3분기까지 ESG 추진위원회를 설치해야 한다.

이러한 명확한 목표 설정은 MICE 산업의 지속가능한 성장을 이끌 것이다.

2) 중기 목표 (2027-2028, 2-3년차): 시스템 정착

환경(E) 영역에서는, 산업계는 2027년까지 탄소배출 측정시스템(MRV)을 구축해야 한다. 주최사는 2027년 말까지 전기발전차 전환률 50%를 달성해야 한다. 정부는 2028년까지 친환경 자재를 표준화해야 한다.

사회(S) 영역에서는, 지역축제는 2028년부터 지역 상생 프로그램을 정례화해야 한다. 안전공단은 2027년까지 전국 통합 안전관리시스템을 구축해야 한다. 교육부는 2028년에 ESG 교육 프로그램을 확산해야 한다.

거버넌스(G) 영역에서는, 협회・연맹은 2028년에 공급망 ESG 실사를 의무화해야 한다. 대형 이벤트사는 2027년부터 연례 ESG 보고서를 발간해야 한다.

이러한 중장기 목표는 MICE 산업의 지속가능성을 더욱 공고히 할 것이다.

3) 장기 목표(2029-2030, 4년차 이후): 가치 창출

환경(E) 영역에서는, 대형 MICE사는 2029년까지 ISO 20121 인증을 획득해야 한다. 정부는 2030년까지 탄소중립 목표를 30% 달성해야 한다. 산업계는 2030년까지 100% 재생에너지 사용으로 전환해야 한다.

사회(S) 영역에서는, 지역축제는 2030년까지 지역경제 파급효과를 200% 증대해야 한다. 주최사는 2030년까지 유니버설디자인을 100% 적용해야 한다.

거버넌스(G) 영역에서는, 스타트업은 2030년까지 그린 이벤트 솔루션을 활용한 신규 비즈니스를 창출해야 한다. 협회는 2030년까지 국제표준 인증을 80% 이상 달성해야 한다.

이러한 장기적인 목표는 MICE 산업을 지속가능한 미래 산업으로 전환시키는 데 결정적인 역할을 할 것이다.

나. MRV 시스템 구축 방안

MICE 산업의 ESG 성과를 객관적으로 측정하고 검증하기 위해서는 측정-보고-검증(Measurement-Reporting-Verification; MRV) 시스템 구축이 필수적이다. 이는 단순한 활동 보고를 넘어 정량적 데이터 기반의 성과관리 체계를 의미한다.

1단계는 측정(Measurement)이다. Scope 1은 직접 배출원에서 나오는 탄소(디젤 발전기, 차량 연료 등)를 측정한다. Scope 2는 간접 배출로, 구매한 전력이나 열에너지 사용량을 측정한다. Scope 3은 기타 간접 배출로, 참가자 이동, 공급망, 폐기물 처리 과정에서 발생하는 배출량을 측정한다. 실시간 데이터 수집을 위해 IoT 센서와 스마트 미터를 활용한다.

2단계는 보고(Reporting)이다. 클라우드 기반 데이터 관리 플랫폼을 구축한다. GRI 표준을 준수하여 연례 ESG 보고서를 발간한다. 투자자, 고객, 지역사회 등 이해관계자별로 맞춤형 정보를 공개한다. 대시보드를 통해 실시간 성과를 모니터링한다.

3단계는 검증(Verification)이다. ISO, SGS 등 제3자 외부 인증기관의 검증을 받는다. 블록체인 기반 기술을 활용하여 데이터의 무결성을 보장한다. 이해관계자의 의견을 수렴하고 그 피드백을 반영한다. PDCA(Plan-Do-Check-Act) 모델을 활용하여 지속적 개선 사이클을 운영한다.

이러한 MRV 체계는 MICE 산업의 ESG 활동에 대한 신뢰도를 높이는 데 필수적이다.

다. 신규 비즈니스 모델 개발

ESG 전환은 단순한 비용이 아닌 새로운 시장 기회를 창출하는 동력이다. 지속가능성을 핵심 가치로 하는 신규 비즈니스 모델 개발이 필요하다.

그린 이벤트 솔루션이 유망하다. 다회용기 컨설팅 서비스는 축제별 맞춤형 다회용기 시스템을 설계하고 운영한다. 탄소중립 이벤트 패키지는 측정-감축-상쇄가 통합된 솔루션을 제공한다. 포용적 공간 설계를 위해 유니버설 디자인 컨설팅과 시공을 제공한다. ESG 데이터 플랫폼은 MRV(측정-보고-검증) 시스템을 SaaS 서비스 형태로 제공한다.

지속가능성 인증 비즈니스도 가능하다. 국내 MICE 기업을 대상으로 ISO 20121 인증 컨설팅을 제공한다. 그린 MICE 인증제를 3단계 등급 시스템으로 운영한다. ESG 교육 프로그램을 통해 전문 인력을 양성한다.

이러한 솔루션과 비즈니스는 MICE 산업의 지속가능한 성장을 위한 핵심적인 동력이 될 것이다.

5. 종합 제언 및 결론

가. 정책 제언

국내 MICE 산업의 ESG경영 확산과 지속가능한 발전을 위해 다음과 같은 정책적 지원이 필요하다.

1) 정책 제언1: 중소 MICE 기업 ESG 표준화 플랫폼 지원

- 배경: 중소 MICE 기업들은 ESG경영의 필요성을 인식하고 있으나, 전문 인력과 예산의 부족으로 인해 실행에 어려움을 겪고 있다.
- 제언: 정부 주도로 중소기업 대상 무료 ESG 표준화 플랫폼을 구축해야 한다. 또

한, 이 플랫폼을 통해 측정-보고 템플릿, 모범 사례 데이터베이스(DB), 그리고 전문가 매칭 서비스를 제공해야 한다.

- 기대효과: 이러한 지원을 통해 ESG 진입 장벽을 완화할 수 있으며, 산업 전반의 지속가능성 수준을 향상시킬 것으로 기대된다

2) 정책 제언2: 사회(S) 성과 인센티브제 도입

- 배경: 환경(E) 영역에 비해 사회(S) 영역은 성과 측정이 어렵고 경제적 인센티브가 부족하다.
- 제언: 공공 행사 입찰 시 지역경제 기여도, 안전 관리 수준, 포용성 지표를 평가하여 가점을 부여해야 한다. 또한, 우수사례에는 재정 지원을 확대해야 한다.
- 기대효과: 이러한 인센티브 제도는 사회적 가치 창출 동기를 부여하고 지역사회와의 상생 문화를 확산시킬 것으로 기대된다.

3) 정책 제언3: ESG 전문인력 양성 프로그램

- 배경: 현재 MICE 산업에는 ESG경영을 실행할 전문인력이 부족하다.
- 제언: 대학 및 전문 교육기관과 협력하여 '지속가능 MICE 매니저' 자격증 과정을 개설해야 한다. 또한, 이 과정을 실무 중심의 교육 프로그램으로 운영해야 한다.
- 기대효과: 이러한 프로그램 운영은 전문인력의 공급을 확대하고 새로운 일자리를 창출할 것으로 기대된다.

4) 정책 제언 4: 국제표준 인증 비용 지원

- 배경: ISO 20121 등 국제 인증을 취득하는 비용이 높아 중소기업의 접근성이 낮다.
- 제언: 중소 이벤트 기업을 대상으로 국제인증 취득 비용의 50~70%를 정부가 지원해야 한다. 또한, 인증 컨설팅 바우처를 제공해야 한다.

- 기대효과: 이러한 지원은 국제 경쟁력을 강화하고, 글로벌 이벤트 유치 역량을 향상시킬 것으로 기대된다.

5) 정책 제언5: 그린 이벤트 산업 육성

- 배경: ESG로의 전환은 이벤트 산업에 새로운 시장 기회이자 신산업을 창출할 기회이다.
- 제언: 그린 이벤트 솔루션 스타트업 육성을 위해 전용 펀드를 조성해야 한다. 또한, 기술 개발을 위한 연구개발(R&D)을 지원해야 한다.
- 기대효과: 이러한 육성 정책은 신규 일자리를 창출하고, 이벤트 산업을 수출 산업으로 육성시키는 데 기여할 것으로 기대된다.

나. 산업 발전 방향

본 연구는 규범적-현황분석적-처방적(N-D-P) 프레임워크를 통해 국내 축제 및 이벤트 산업의 ESG경영 현황을 체계적으로 분석하고, 실현가능한 단계별 전환 전략을 제시하였다.

1) 핵심 시사점

- 표준화된 규범의 중요성: ISO 20121, 문화체육관광부 가이드라인 등 국제적 · 국내적 표준이 ESG경영의 토대를 형성하며, 이는 선택이 아닌 필수 요건이다.
- 정량적 성과 관리: 다회용기 CO_2 절감량, 전기발전차 감축률 등 구체적 수치 제시는 ESG 활동의 신뢰성을 확보하고, 투명한 거버넌스 요구를 충족한다.
- 첨단 기술 융합: AI 인파관리, MRV 시스템, 블록체인 공급망 추적 등 기술 기반 ESG 솔루션이 산업의 미래 경쟁력을 결정한다.
- 공급망 책임 확대: EU 실사 지침 등 글로벌 규제에 따라, 이벤트 주최사는 공급업체 전체의 ESG 수준을 관리해야 하는 책임이 확대되고 있다.

• 진정성의 가치: ESG는 단순한 마케팅이 아닌, 조직문화와 비즈니스 모델의 본질적 전환을 요구하며, 진정성 있는 실천만이 장기적 성과를 창출한다.

2) 학술적 · 산업적 기여

본 연구는 20년 이상의 현장 경험과 학문적 프레임워크를 융합하여, 이론과 실무의 간극을 메우는 실행 가능한 전략을 제시하였다. 특히 국내 축제 및 이벤트업계의 사례를 중심으로 국내 MICE 기업이 직면한 현실적 과제와 해결 방안을 구체화하였다.

ESG경영은 단기 이익을 넘어 장기 비즈니스 가치를 창출하는 전략적 선택이며, 지속가능한 미래를 위한 산업 전반의 책임이다. MICE 산업이 글로벌 경쟁력을 확보하고, 사회적 가치를 실현하며, 환경적 책임을 다하는 선도적 산업으로 발전하기를 기대한다.

국내 문헌

- 고려대학교. 2023. 석탑대동제 제로스테이션 운영 사례. 서울: 고려대학교.
- 고용노동부. 2024. 2024년 9월말 산업재해 현황 보고서. 세종: 고용노동부.
- 문화체육관광부. 2020. MICE 산업 통계 조사 연구. 세종: 문화체육관광부.
- 문화체육관광부. 2023. MICE ESG 운영가이드. 세종: 문화체육관광부.
- 보건복지부. 2024. 2023년 장애인 편의시설 설치 현황 조사 보고서. 세종: 보건복지부.
- 서울관광재단. 2023. 2023 국제회의・행사 업계 전망. 서울: 서울관광재단.
- 송도컨벤시아. 2023. 친환경 컨벤션 세부기준 및 ESG 가이드라인. 인천: 인천관광공사.
- 전라남도. 2023). 친환경 축제 다회용기 운영 성과 보고서. 전라남도청.
- 통계청. 2024). 굴뚝 없는 황금산업, MICE산업. 통계의 창 2024년 여름호. 대전: 통계청.
- 한국관광공사. 2019. 2019 MICE 산업통계 조사연구. 서울: 한국관광공사.

- 한국관광공사. 2022. MICE ESG 운영가이드. 서울: 한국관광공사.
- 한국관광공사. 2024. MICE 참가자조사 보고서. 서울: 한국관광공사.
- 한국문화예술위원회. 2023. 문화예술기관 ESG 이니셔티브. 서울: 한국문화예술위원회.
- 한국표준협회. 2022. ISO 20121 이벤트 지속가능성 경영관리 시스템 해설. 서울: 한국표준협회.
- 한국장애인개발원. 2024. 2023년 장애인 편의시설 설치 현황 분석. 서울: 한국장애인개발원.

국제 문헌

- Events Industry Council. 2023. Global Economic Significance of Business Events. Washington, DC: Events Industry Council.
- International Olympic Committee. 2021. Tokyo 2020 Sustainability Report. Lausanne: IOC.
- International Organization for Standardization. 2012. ISO 20121:2012 Event sustainability management systems – Requirements with guidance for use. Geneva: ISO.
- International Organization for Standardization. 2018. ISO 45001:2018 Occupational health and safety management systems. Geneva: ISO.
- International Organization for Standardization. 2010. ISO 26000:2010 Guidance on social responsibility. Geneva: ISO.
- Paris 2024 Organizing Committee. 2023. Carbon Neutrality Strategy Report. Paris: Paris 2024.
- United Nations. 2015. Transforming our world: The 2030 Agenda for Sustainable Development. New York: UN.
- United Nations World Tourism Organization(UNWTO). 2023. Tourism and Climate Change: Global Framework for Action. Madrid: UNWTO.

온라인 자료 및 웹사이트

- 킨텍스. 2024. S100 MICE 안전관리 시스템. Retrieved from https://www.kintex.com
- 무대공연시설 안전관리매거진. 2024. 안전을 만드는 사람. Retrieved from https://www.stagesafety.or.kr
- CertBetter. 2023. ISO 20121 인증 가이드. Retrieved from https://certbetter.com
- International Congress and Convention Association(ICCA). 2024. ICCA Statistics Report. Retrieved from https://www.iccaworld.org
- International Ice Hockey Federation(IIHF). 2023. Sustainability Guidelines. Retrieved from https://www.iihf.com
- International Skating Union(ISU). 2023. Green Ice Rink Operations Guide. Retrieved from https://www.isu.org

기타 자료

- 대한민국 정부. 2020. 2050 탄소중립 추진전략. 세종: 관계부처 합동.
- 대한민국 정부. 2021. 2030 국가 온실가스 감축목표(NDC) 상향안. 세종: 관계부처 합동.
- European Union. 2023. Corporate Sustainability Reporting Directive (CSRD). Brussels: European Commission.
- FIFA. 2022. Qatar 2022 FIFA World Cup Sustainability Strategy. Zurich: FIFA.

사례 14

스포츠 오버레이 시설의 ESG경영

홍 진 갑 (Spider Group 대표)

1. 오버레이란 무엇인가
2. 서론: 스포츠 인프라의 변화와 새로운 패러다임
3. 스포츠 오버레이와 ESG경영
4. 결론

1. 오버레이란 무엇인가

스포츠 오버레이(overlay) 시설물은 올림픽・월드컵・아시안게임・대형 스포츠 이벤트에서 기존 경기장이나 임시공간에 추가 설치하는 임시 시설물을 의미한다. 경기 운영, 관중 서비스, 방송 제작 등 대회를 원활하게 치르기 위해 필수적인 요소이지만 대회 종료 후 철거되는 것이 특징이다.

가. 오버레이의 정의 및 역할

'오버레이'는 기존 경기장 또는 유휴부지에 대회 기간만을 위해 설치・운영되는 임시 인프라 또는 구조물을 말한다. 여기에는 임시 관중석, 텐트, 캐빈(화장실, 매점 포함), 울타리, 조명・전력・통신설비, 방송용 플랫폼, 배리어, 표지판, 임시도로・동선 등이 포함된다. 오버레이는 경기장 설계 초기 단계부터 계획에 포함되는 경우가 많으며 행사 후 철거되는 것을 전제로 하지만, 일부 기반 인프라나 부대시설은 재활용 또는 영구 시설로 남기도 한다.

나. 주요 이벤트에서의 오버레이 사례

1) London 2012 Summer Olympics

이 대회에서 경쟁력이 낮은 '영구 경기장 건설' 대신 오버레이 중심의 배치가 대대적으로 이루어졌다. 전체 37개 경기장 중 단 6개만 영구 건축물로 설계되었고, 나머지는 기존 시설과 오버레이(임시 구조물)를 활용했다. 임시 좌석, 간이 매표소, 방송 시설, 안내・편의 구조물, 동선 설비 등이 포함되었다.

2) FIFA World Cup 및 글로벌 축구 이벤트들

한 경기장의 '엔드 스탠드(end stand)'를 임시 확장했다가 경기 종료 후 다시 철거하는 방식이 사용된 바 있다.

3) Paris 2024 Olympic and Paralympic Games

글로벌 이벤트 인프라 공급 기업인 GL events가 공식 오버레이 공급업체로 선정되었으며, 프랑스 전역의 복수 경기장을 대상으로 임시 좌석, 방송・중계 구조물, 조명 및 전력 설비, 내부 피팅, 방송 조합 구조물 등을 제공하였다. 전체 경기장 중 95% 이상이 기존 또는 임시 시설로 운영되었다.

4) Nussli Group 및 기타 이벤트 오버레이 사업

Nussli는 과거 유럽 선수권, 컨트리 이벤트, 비공식 경기 등을 포함해 임시 관중석, 미디어 타워, 플랫폼, 계단, 램프, 보도・교량 등 다양한 오버레이 구조물을 제공해 왔다.

다. 왜 오버레이가 더욱 중요해졌나, 배경과 변화

1) 비용 절감 및 지속가능성

대형 스포츠 이벤트에서 영구 경기장을 대량으로 짓는 것은 엄청난 비용과 유지관리 부담을 수반한다. 오버레이를 사용하면 초기 비용과 운영·유지비용을 낮추고 불필요한 '흰 코끼리(legacy burden)' 건설을 피할 수 있다.

2) 유연성 및 속도

임시 구조물은 기존 시설을 활용하거나 행사 장소가 결정된 후에도 빠르게 설치할 수 있어, 이벤트 준비 기간을 단축하고 변화에 대응하기 좋다.

3) 환경 및 지속가능성 고려 증가

최근 대형 이벤트에서는 오버레이 재료의 재활용, 에너지 효율 설비, 지속가능한 전력 시스템 등을 포함한 설계가 늘고 있다. 예로, 최근 오버레이 공급 과정에서도 재생 가능 에너지, 친환경 전력 시스템 등이 고려되고 있다.

2. 서론: 스포츠 인프라의 변화와 새로운 패러다임

스포츠 산업은 오랫동안 도시와 국가의 발전을 상징하는 대표적 공공 인프라로 여겨져 왔다. 특히 대형 국제스포츠 이벤트는 해당 도시의 인지도를 높이고 경제적·문화적 파급 효과를 불러일으킨다는 점에서 하나의 국가 프로젝트처럼 다루어지곤 했다. 그러나 지난 수십 년간 많은 도시와 국가들은 경기장 건설·보수·유지 비용의 급증, 시설 유휴화, 생태계 훼손 등 여러 문제를 경험하면서 '영구적 시설 중심의 스포츠 인프라 전략'에 근본적인 의문을 제기하기 시작했다. 과거에는 하나의 올림픽이나 월드컵을 유치하기 위해 수백억 원 규모의 신규 경기장을 짓고, 경기 종료 이후에는 한동안 활용 방안을 찾지 못해 애물단지로 전락하는 사례가 빈번했다. 이러한 현상은 국제사회에서 '화이트 엘리펀트(white elephant)'라는 용어를 만들어 낸 정도로 심각한

출처: 저자 촬영

그림1 · 2018 평창동계올림픽 빅에어

문제로 자리 잡았다. 이와 같은 비효율을 극복하기 위한 대안으로 등장한 개념이 바로 스포츠 오버레이(sports overlay)이다. 오버레이는 기존 시설을 보완하거나 활용하면서도 필요한 기능을 추가 구성할 수 있는 임시·모듈형 기반의 인프라 기술을 의미한다. 이는 새로 시설을 건설하는 대신 기존 공간을 스포츠 이벤트에 적합하게 재구성함으로써 자원을 절약하고 환경적 부담을 크게 줄일 수 있다는 점에서 주목받고 있다. 이러한 기술 혁신은 단순히 비용 절감 차원을 넘어, 지속가능성과 ESG경영이라는 시대적 요구에 부합하는 새로운 패러다임으로 자리 잡아가고 있다.

가. 연구 필요성: 왜 Overlay와 ESG를 함께 논해야 하는가

최근 글로벌 트렌드는 '지속가능성(sustainability)'과 '책임 있는 운영'이라는 키워드를 중심으로 재편되고 있다. 기업뿐 아니라 정부, 지방자치단체, 국제기구, 공공기관 등 모든 조직이 ESG(Environmental, Social, Governance) 관점에서 정책과 사업을 재정의하고 있다. 스포츠 산업 또한 예외가 아니다. 올림픽이나 월드컵 같은 거대 이벤트는 막대한 자금과 자원을 사용하며, 이 과정에서 환경적 · 사회적 · 경제적 영향이 매우 크기 때문에 ESG 기준으로부터 자유롭지 않다. 특히 오버레이 시설은 ESG 관점에서 매우 중요한 적용 가능성을 가진다. 영구 시설에 비해 폐기물이 적고, 자원 재활용성이 높으며, 설치와 철거 과정에서 탄소 배출도 상대적으로 낮다. 사회적으로는 지역 고용 창출 효과가 있거나 접근성을 개선할 수 있으며, 거버넌스 측면에서는 조달 과정의 투명성 개선을 요구한다. 이러한 점에서 오버레이 시설은 단순한 이벤트 장비나 임시 구조물이 아니라 '지속가능한 스포츠 인프라 모델'이라는 새로운 의미를 갖게 된다.

나. 스포츠 오버레이의 개념과 확장성

스포츠 오버레이는 단순한 임시 구조물을 넘어선 개념이다. 이는 '필요한 기간에만 존재하는 인프라'라고 정의할 수 있으며, 설치가 빠르고 철거가 용이하며 재사용성이 높다는 점에서 기존 방식과 구조적으로 다르다. 관람석, 임시경기장, 선수 · 미디어 공간, 조명 · 전력 · 통신 시스템, 운영 사무실 등 다양한 구조물이 오버레이 방식으로 구축된다. 이러한 오버레이 시설은 스포츠 이벤트의 특성과 공간 규모에 따라 자유롭게 조합할 수 있어 훨씬 더 경제적이고 환경친화적인 시스템을 만든다. 이 기술은 올림픽 같은 거대 국제 대회에서만 쓰이는 것이 아니라, 지역 축제, 생활체육 행사, 도심 마라톤, 대학 스포츠 행사, 실내 · 야외 이벤트 등 매우 다양한 활동에 확장될 수 있다. 특히 최근 급성장 중인 e스포츠 산업에서는 오버레이가 핵심 인프라로 자리 잡고 있다. 빠르게 전개되는 경기 일정과 복잡한 연출이 필요하기 때문에, 이동성 · 모듈성 · 전기 · 통신 인프라를 갖춘 오버레이 시스템은 e스포츠와 높은 적합성을 가진다.

다. ESG경영의 등장과 스포츠 산업의 변화

ESG는 단순히 환경보호 개념을 넘어, '조직이 사회에서 어떤 역할을 하는가'를 포괄하는 개념으로 진화해 왔다. 기업뿐 아니라 국가 기반 시설도 ESG 기준에 따라 평가받는 시대가 되었다. 특히 스포츠 산업은 사람들이 모이는 대형 이벤트를 운영하기 때문에 환경적 책임, 사회적 책임, 운영의 투명성 측면에서 ESG 평가가 매우 중요하다. 국제올림픽위원회(IOC)는 이미 지속가능성 전략을 발표하며 모든 개최도시에 지속가능한 운영을 요구하고 있다. 스포츠 오버레이 시설은 ESG경영을 가장 직접적으로 체현할 수 있는 구조를 가지고 있다. 임시 시설 특성상 영구 시설보다 환경 부담이 적으며, 재활용성이 높고, 운영 과정에서 탄소 저감 전략을 도입할 수 있는 여지가 크다. 또한 지역사회와 협력하여 시공 인력·자재 공급망을 구축하면 사회적 가치 창출 효과도 크다. 이러한 특징은 오버레이 시설이 ESG 시대의 '새로운 인프라 모델'로 자리 잡는 데 중요한 기반이 된다.

3. 스포츠 오버레이와 ESG경영

가. 환경(E) 측면: 자원 효율성과 탄소 저감의 핵심 모델

환경(E) 부문에서 오버레이의 장점은 가장 분명하게 드러난다. 영구 시설은 대규모 자재 투입이 필요하며, 건설 과정에서 발생하는 탄소와 오염물질도 막대하다. 하지만 오버레이는 필요한 만큼만 구조물을 설치하고, 사용 후 해체하여 재사용 또는 재활용할 수 있다는 점에서 환경적 효율이 매우 높다. 특히 알루미늄 모듈, 재생 플라스틱, FSC 인증 목재 등 친환경 자재를 활용하면 각 시설의 탄소 배출량을 크게 줄일 수 있다.

영구적 구조물을 최소화하고, 모듈형 시스템을 조립과 해체를 반복하도록 설계하면 자재 사용량 자체가 감소한다. 이는 장기적으로 탄소중립 목표에 기여할 수 있는 중요한 요소이다. 여기에 더해 오버레이 시설은 조명, 전력, 통신 등의 에너지 인프라를 친환경 에너지 기반으로 구축할 수 있다. 이동식 태양광 패널, 고효율 LED 조명, 스마트 전력 관리 시스템 등은 설치와 운영 과정에서 에너지 절감 효과를 증대하며, 탄소 배출 경감에도 기여한다.

나. 사회(S) 측면: 지역사회와 함께 성장하는 모델

오버레이는 지역사회와의 연결성이 매우 높다. 영구 시설은 건설 전부터 지역 반발을 일으키기도 하지만, 오버레이는 기존 시설을 활용하거나 단기 점유 방식이기 때문에 지역 환경을 크게 훼손하지 않는다. 또한 설치와 운영 과정에서 지역 인력을 우선적으로 고용하면 지역경제 활성화와 일자리 창출 효과가 크다. 특히 사회적 약자 접근성 측면에서도 오버레이는 유연한 설계가 가능하다는 장점이 있다. 장애인

출처: 저자 촬영

그림2 · 2019 광주 세계수영선수권대회 하이다이빙

관람석, 휠체어 접근로, 임시 화장실 등 다양한 편의시설을 설치할 수 있어 사회적 포용성을 높이는 데 효과적이다. 또한 지역 소상공인과의 연계를 통해 관광・식음료・숙박업 등 다양한 경제 활동을 활성화할 수 있다. 이런 점에서 오버레이 시설은 단순히 스포츠 경기를 위한 인프라가 아니라 지역사회가 참여하고 성장할 수 있는 플랫폼이라고 볼 수 있다.

다. 지배구조(G) 측면: 투명성과 책임성의 강화

경기장 건설은 전통적으로 예산 낭비, 불투명한 조달, 공정성 논란 등이 자주 발생하던 분야였다. 오버레이는 이러한 지배구조(G) 문제를 개선할 수 있는 잠재력을 갖고 있다. 오버레이는 규모가 정해져 있고, 자재 수량과 설치 기준이 명확하기 때문에 조달 과정에서 투명한 관리가 가능하다. 또한 블록체인 기반 조달 시스템, 디지털 문서 관리, 실시간 공정 모니터링 등을 도입하면 불투명한 예산 사용이나 비효율적 지출을 크게 줄일 수 있다. 거버넌스는 단순히 부패를 줄이는 문제가 아니라, 안전과 직결된 중요한 문제이기도 하다. 오버레이 시설은 기후변화에 따른 기상 위험, 구조물 안정성, 전력 공급의 안전성 등 다양한 리스크를 관리해야 한다. 이를 위해 전문 조직과 시스템적인 관리 체계를 구축해야 한다. 투명하고 안전한 운영 체계는 ESG의 G 요소를 강화하는 핵심 기반이 된다.

라. 스포츠 오버레이 시설의 환경(E) 전략 심층 분석 - 지속가능한 설계와 자원 효율

환경적 지속가능성은 오버레이 시설에서 가장 먼저 고려해야 할 요소이다. 기존 영구 구조물과 달리 오버레이는 설치 기간이 한정적이므로 자원의 효율적 사용과 재사용성이 핵심이다. 이를 위해 알루미늄 모듈, 재활용 플라스틱, FSC 인증 목재 등 친환경 자재를 채택할 수 있으며, 이러한 모듈은 설치와 철거를 반복하면서 재사용이 가능하도록 설계되어야 한다.

에너지 사용 또한 중요한 고려 사항이다. 태양광 발전을 활용한 임시 전력 공급, 고효율 LED 조명, IoT 기반 스마트 전력 관리 시스템은 이벤트 기간 동안 탄소 배출

출처: 저자 촬영

그림3 · 2022 포뮬러 e월드 챔피언십 오버브릿지

을 최소화하고 비용 효율성을 높인다. 또한 설치 과정에서 발생할 수 있는 폐기물과 오염물은 철저한 계획을 통해 최소화하며, 재사용 및 재활용률을 KPI로 설정하여 운영의 지속성을 확보한다.

마. 사회(S) 전략 – 지역사회와의 상생

오버레이 시설의 사회적 가치는 지역사회와의 협력에서 비롯된다. 대회 준비 과정에서 지역 인력을 채용하고, 소규모 사업자와 연계하여 지역경제 활성화를 도모할 수 있다. 예를 들어 식음료, 기념품, 서비스 관련 지역 업체를 참여시키면 경제적 파급 효과가 극대화된다. 안전 관리 또한 사회적 책임의 핵심이다. 임시 구조물 특성상 안전사고의 위험이 높으므로 실시간 모니터링과 안전 검증 시스템을 구축해야 한다. 장애인 접근성, 노년층 및 유아 시설 등 포용적 설계는 관람객 만족도와 사회적 가치를 동시에 높이는 전략이다. 이와 함께 행사 참여자에게 ESG 교육을 제공하거나 자원봉사 프로그램을 운영하면 사회적 책임을 강화할 수 있다.

바. 지배구조(G) 전략 – 투명성과 책임 강화

지배구조 측면에서 오버레이 시설은 조달과 계약 과정의 투명성이 핵심이다. 블록체인 기반의 계약 관리, 전자 입찰, 실시간 모니터링을 통해 부정 조달 및 담합 가능성을 최소화할 수 있다. 또한 공급망 관리가 중요하다. ESG 기준을 충족하는 공급자를 선별하고, 국제 인증을 확보한 자재를 사용하는 것이 바람직하다. 운영 단계에서도 안전, 환경, 사회적 요소를 데이터 기반으로 관리하며, 리스크 발생 시 신속히 대응할 수 있는 체계를 갖추어야 한다. 이러한 투명성과 책임성은 장기적으로 기업 및 행정기관의 신뢰도를 높이는 중요한 요인이다.

사. 국내·국제 사례 분석 – ESG 적용 현황

1) 국제 사례

- 런던올림픽 2012: 재사용 기반 오버레이 전략을 선도했으며, 경기장 재활용률이 70% 이상으로 보고되었다. ISO 20121 지속가능성 인증을 최초로 획득하였다.
- 도쿄올림픽 2020: 기존 시설 활용률이 90% 이상이었고, 모듈형 구조 도입으로 폐기물을 최소화하였다.
- 카타르 월드컵 2022: 이동식 모듈형 경기장과 임시 관람시설로 탄소 배출 절감과 비용 효율성을 달성하였다.

2) 국내 사례

- 평창동계올림픽 2018: 일부 임시 관람석의 재사용에 성공했고, 에너지 효율 장치의 도입, 지역사회 고용 창출 등을 달성하였다.
- 대규모 체육 행사: 아직 국제 기준 대비 ESG 적용 수준이 낮고, 재사용률과 안전관리 체계가 미비하다.

3) 사례 비교 및 시사점

국제 사례는 ESG 기반 설계를 통해 환경 부담과 비용을 동시에 줄였으며, 지역사회 참여와 안전 관리도 강화되었다. 반면 국내 사례은 제도적 제한, 예산 부족, 경험 부족으로 인해 ESG 적용이 제한적이었다. 이를 통해 국내 스포츠 오버레이 시설에도 표준화된 ESG 가이드라인과 교육, 정책적 지원이 필요함을 확인할 수 있다.

아. ESG 통합 전략 모델 – 프레임워크 제안

오버레이 시설의 ESG 통합 전략은 환경, 사회, 지배구조 세 요소를 동시에 관리하는 통합 운영 프레임워크로 구성된다.

- 환경: 자원 효율, 에너지 절감, 폐기물 재사용
- 사회: 지역사회 참여, 안전, 포용성
- 지배구조: 투명한 조달, 데이터 기반 관리, 리스크 모니터링

이 모델은 요소별 KPI를 설정하여 운영 성과를 정량적으로 평가하며, 지속가능성을 실천 가능하게 만든다.

자. ESG 성과 측정 KPI

- 환경(E): 탄소 배출 감축률, 재사용률, 에너지 소비 절감률
- 사회(S): 지역사회 참여 인원, 안전사고 발생률, 장애인 접근성 확보율
- 지배구조(G): 조달 투명성 점수, 리스크 대응 성공률, 데이터 기반 의사결정 활용률

차. 정책 제언

- ESG 인증 제도 및 표준화: 정부와 국제스포츠 기구가 공동으로 임시 시설 ESG 인증제 마련
- 공공 조달 ESG 의무화: 예산 집행과 자재 구매 과정에서 ESG 기준 적용

- 교육 및 전문 인력 양성: 오버레이 시설 설계·운영 전문가 대상 ESG 교육 프로그램 운영
- 기술적 적용 - 디지털 기반 운영. IoT 센서를 활용한 실시간 구조물 안전 모니터링, BIM 기반 설치 계획, 데이터 분석을 통한 자원 최적화 등 디지털 기술은 ESG 운영 효율성을 높이는 핵심 도구이다. 데이터 기반 관리로 운영 리스크를 줄이고, 자원 재사용과 에너지 절감을 체계적으로 달성할 수 있다.

카. 경제적 효과 분석

오버레이 시설은 영구 시설 대비 초기 건설 비용을 크게 줄일 수 있으며, 반복 사용을 통해 장기적으로 비용 효율성을 높인다. 또한 지역사회 참여와 고용 창출로 경제적 파급 효과가 확대된다. ESG 적용 시 기업과 정부는 환경 비용 절감, 안전사고 감소, 사회적 신뢰 확보 등 간접적 경제 효과도 함께 얻을 수 있다.

타. 위험 요소와 개선 방안

오버레이 시설 운영에는 기상 위험, 구조물 안정성, 인력 관리, 자재 조달 문제 등 다양한 위험이 존재한다. 이를 개선하기 위해 리스크 평가와 대응 계획을 사전에 수립하고, ESG 기준과 연계된 모니터링 체계를 구축해야 한다. 특히 안전사고 예방과 폐기물 관리 체계는 필수적으로 강화해야 한다.

파. 향후 전망

향후 스포츠 산업은 ESG 기반 오버레이 시설 수요가 더욱 증가할 것으로 예상된다. 기후위기 대응, 탄소중립 목표, 국제스포츠 기구의 지속가능성 의무 강화 등이 배경이며, 디지털 기술과 결합한 스마트 오버레이 시설이 등장할 가능성도 높다. 지역사회 연계, 재사용 기반 설계, 정책적 지원이 결합될 때 진정한 지속가능 인프라 모델로 자리잡을 수 있을 것이다.

4. 결론

스포츠 오버레이 시설의 ESG경영은 단순히 환경(Environmental), 사회(Social), 지배구조(Governance)의 각 요소를 별개로 관리하는 전략이 아니라, 시설 운영 전반에서 탄소 배출 감축과 자원 효율성 증진을 통한 환경적 지속가능성을 확보하고, 이용자·커뮤니티·이해관계자와의 신뢰를 바탕으로 사회적 책임과 포용성을 강화하며, 투명하고 책임 있는 거버넌스 구조를 확립함으로써 장기적으로 지속가능한 시설 운영과 스포츠 산업의 긍정적 영향력을 극대화하려는 체계적이고 통합적인 경영 방식이다. 이는 스포츠 산업이 직면한 환경적 도전과 사회적 기대에 부응하는 동시에 이해관계자 신뢰를 확보하고 시설의 경쟁력과 사회적 가치를 모두 높이는 필수적인 전략임을 보여준다.

제3부

한국 스포츠 ESG의 현재와 미래

한국 스포츠 ESG의 현재와 미래

박 재 신 (국민대 아시아올림픽대학원 교수)

1. 사례에서 드러난 한국 스포츠 ESG의 과제

가. 환경(Environmental)

1) 환경(E) 활동의 공통 양상

환경(Environment)은 ESG경영의 출발점이자, 가장 높은 비중으로 노력이 기울여지는 영역이다. 비즈니스 조직에서와 같이 스포츠 분야에서도 기후위기와 탄소중립이라는 글로벌 담론이 빠르게 확산되었다. 국민체육진흥공단, 대한체육회 등 스포츠 분야 공공기관들은 공적인 가치를 추구하는 사명 속에서, 또 야구, 축구 등 프로 스포츠 구단들은 스포츠 팬과 대중의 요구에 부응하고 선진 이미지를 구축하는 노력의 하나로 다양한 친환경 활동을 전개하고 있다.

우선 공통으로 나타나는 환경 활동은 일회용품 감축과 폐기물 관리이다. 국제스포츠 이벤트와 국내 대회를 중심으로 다회용 물병 지급, 플라스틱 사용 최소화, 분리배출 강화와 같은 실천이 거듭 확인된다. 이는 비교적 적은 비용으로도 실행이 가능하며, 참가자와 관중에게 환경 메시지를 직접적으로 전달할 수 있다는 점에서 스포츠 조직들이 선호하는 접근 방식이다. 이러한 활동은 팬과 대중의 환경 인식 제고라는 측면에서 의미 있는 출발점이다.

둘째, 에너지 효율 개선을 중심으로 한 시설 운영 개선도 공통으로 확인된다. LED 조명 교체, 고효율 설비 도입, 전력 사용 절감 노력 등은 여러 종목과 시설에서 빈번히 언급된다. 특히 빙상 경기장이나 대형 실내 체육시설을 운영하는 사례에서는 에너지 비용 절감과 환경 부담 완화를 동시에 고려한 조치들이 시도되고 있다. 이러한 활동은 스포츠 조직 자체의 친환경화가 보편적 가치 측면에서 의미 있을 뿐만 아니라 운영 효율성과 재무적인 실익과도 연결될 수 있음을 보여준다.

셋째, 국제스포츠 기구나 일부 선도기관의 사례에서는 기후행동 선언과 국제 아젠다에의 참여가 나타난다. 유엔 지속가능발전목표(SDGs) 또는 스포츠 기후행동 프레임워크와의 연계 등은 스포츠 조직이 글로벌 규범과 궤를 같이하며 노력을 기울이고 있음을 보여준다. 이러한 활동은 조직의 정체성과 이미지를 국제 기준에 맞추는 데 중요한 역할을 한다.

그러나 사례연구 조직들의 활동 양상은 한편으로 환경(E) 영역이 아직 선언적・분절적 이니셔티브 단계에 머물러 있다는 것 역시 보여준다. 대부분의 사례에서 환경 활동은 개별 프로그램이나 이벤트 단위로 소개되며, 장기적인 목표 설정이나 성과관리 체계와 명확히 결합되어 있는 경우는 찾기 드물다. 환경(E) 관련 '무엇을 하고 있는가'라는 투입(input) 활동은 많이 나열하고 있지만, '어떤 결과를 향해 얼마나 개선되었는가'를 보여주는 결과(output)와 성과(outcome) 측면은 명확히 제시되고 있지 않은 실정이다.

종합하면, 제2부의 사례들은 스포츠 분야에서 환경(E)이 이미 중요한 의제로 인식되고 있으며, 다양한 실천이 시도되고 있음을 보여준다. 그러나 이들 사례는 환경(E)이 아직 체계적 관리와 전략적 운영의 단계로까지는 나아가지 못했음도 보여준다. 왜 이러한 상황이 공통으로 관찰되는지 이해할 필요가 있다.

2) 환경(E) 노력의 구조적 한계

사례들이 드러낸 환경(E) 노력의 한계는 데이터 기반 관리 체계와 표준화된 운영 기준의 부재가 공통으로 관찰되고 있다는 측면에서 구조적이라고 할 말 하다. 개별 기관의 의지 부족이라기보다는, 스포츠 ESG 전반이 아직 제도화 단계에 이르지 못한 것으로 평가할 수 있는 것이다.

가장 두드러진 한계는 환경적 성과를 정량적으로 측정・보고・검증(MRV)하는 체계의 미흡이다. 다수의 사례에서 에너지 절감, 친환경 운영, 탄소 감축 노력이 언급되지만, 실제로 온실가스 배출량이 얼마나 발생하고 있으며 해당 활동을 통해 어느 정도 감축이 이루어졌는지를 수치로 제시하는 경우는 거의 없었다. 특히 국제적으로 통용되는 Scope 1・2・3 기준에 따른 배출량 산정은 대부분의 스포츠 조직에서 아직 도입되지 않은 상태다. 이에 따라 환경(E) 활동의 성과는 비교・검증이 어려운 상태로 남아 있다.

둘째, 환경 관리 기준의 비표준화 역시 중요한 문제이다. 냉매 사용, 용수 관리, 에너지 효율, 폐기물 처리 등 스포츠 시설의 운영에서 핵심적인 환경 요소들이 종목, 시설, 운영 주체에 따라 서로 다른 방식으로 관리되고 있다. 예를 들어, 빙상 경기장, 실내 체육관, 야외 경기장은 환경에 미치는 부담의 구조가 크게 다름에도 불구하고, 이를 반영한 환경 기준은 명확히 정립되어 있지 않다. 그 결과 환경(E)은 각 조직의 자의적 판단에 맡겨지고 있으며, 이는 조직별 성과의 편차를 확대시키는 요인으로 작용한다.

셋째, 환경(E) 노력에 대한 조직 내 책임 구조의 부재도 공통으로 확인된다. 다수의 사례에서 환경 관련 업무는 특정 부서나 담당자의 명확한 책임 아래 운영되기보다는, 기존 운영관리・홍보 업무의 일부로 흡수되어 있다. 이에 따라 환경(E)은 전략적 의사결정의 대상이 되기보다는, 위험관리 또는 이미지 제고를 위한 과제로 취급되는 경향이 강하다. 전담 인력과 예산이 뒷받침되지 않는 상황에서는 장기적인 환경 전략 수립이나 지속적인 성과관리가 어려울 수밖에 없다.

이러한 데이터와 표준의 부재는 환경(E) 활동이 이미지 중심의 ESG로 머물 위험성을 내포한다. 환경 캠페인이나 상징적 실천은 대외적 메시지 전달에는 효과적일 수 있으나, 객관적 지표와 관리 체계가 결여될 경우 지속성과 신뢰성을 확보하기 어렵다. 특히 국제대회 유치, 공공 재정 지원, 글로벌 파트너십이 확대되는 상황에서 환경 성과를 입증하지 못하는 스포츠 조직은 점점 강화되는 지속가능성 평가에서 경쟁력을 상실할 가능성도 존재한다.

결국 환경(E) 영역의 핵심 과제는 '무엇을 하고 있는가'에서 '어떤 성과를 창출하고 있는가'로의 전환이라 할 수 있다. 제2부 사례들은 스포츠 현장에서 환경(E)에 대한 문제의식과 실천 의지가 이미 형성되었음을 보여주지만, 동시에 이를 체계적으로 관리할 제도적 기반이 충분히 마련되지 않았음을 드러낸다. 이러한 구조적 한계는 향후 스포츠 ESG가 선언적 수준을 넘어 실질적 지속가능경영 방법론으로 발전하기 위해 반드시 극복해야 할 장애물이다.

3) 환경(E) 과제의 본질적 원인

앞에서 스포츠 분야의 환경(E) 활동은 실천 의지에도 불구하고 데이터와 표준의 부재라는 구조적 한계 속에 제약되고 있음을 확인했다. 이러한 한계는 단순히 개별 조직의 노력 부족에서 비롯된 것이 아니라, 스포츠 생태계가 지닌 조직 구조적 특성과 ESG 역량 축적의 미흡에 기인한다는 점에서 더 근본적인 접근이 필요하다.

우선, 스포츠 분야의 환경(E) 활동 관리가 어려운 이유 중 하나는 시설 소유와 운영 주체의 분절 구조이다. 다수의 스포츠 경기장과 훈련시설은 지방자치단체, 공공기관, 학교, 민간 기업 등 다양한 주체에 의해 소유·관리되고 있으며, 실제로 이를 사용하는 스포츠 단체나 구단은 운영 권한이 제한적인 경우가 많다. 이에 따라 에너지 설비 교체, 친환경 설계 도입, 재생에너지 전환과 같은 중·장기적 환경 투자에 대해 스포츠 조직이 독자적으로 추진하기 어렵다. 환경(E) 요소의 필요성을 인식하고 있음에도 불구하고, 구조적으로 관리 책임은 있으나 결정 권한은 제한된 상황에서는 운신의 폭이 제한적일 수밖에 없다.

둘째, 스포츠 조직 내부의 환경 전문성 및 ESG 역량 축적의 미흡도 중요한 원인이다. 사례들이 보여준 바와 같이, 대부분의 스포츠 조직은 경기 운영, 선수 관리, 행정 업무에 인력과 자원이 집중되어 있으며, 환경 관리나 기후행동을 전담할 전문 인력을 보유한 경우는 드물다. 그 결과 환경(E)은 기존 사업 또는 홍보 부서의 부수적 또는 이벤트적 업무로 수행되고, 전략적 기획이나 체계적 성과관리의 대상이 되지 못한다. 이는 환경(E)이 단기적 실천 수준에 머무르고, 장기적인 로드맵으로 발전하지 못하는 구조적 이유 중 하나이다.

셋째, 스포츠 분야는 오랫동안 환경 성과에 대한 외부 평가와 압력이 상대적으로 약했던 영역이라는 점도 지적할 수 있다. 기업의 경우 투자자, 금융시장, 규제기관의 요구로 인해 환경 정보 공시와 관리가 빠르게 제도화되었으나, 스포츠 조직은 상대적으로 이러한 압력에서 자유로웠다. 그 결과 환경(E)은 윤리적·실험적 과제로 인식될 뿐, 아직 경영 성과와 직결되는 핵심 요소로 자리 잡지 못하고 있다. 이는 스포츠 ESG가 기업 ESG에 비해 후발적으로 확산해 온 배경과도 맞닿아 있다.

마지막으로, 스포츠 특유의 이벤트 중심 운영 구조 역시 환경(E) 관리의 체계화를 어렵게 만드는 요인이다. 스포츠 조직은 연중 상시 운영되는 제조업이나 서비스업과 달리, 특정 시기와 장소에 집중되는 이벤트 중심의 활동이 많다. 이에 따라 환경 부담 역시 일시적·집중적으로 발생하며, 이를 지속적으로 추적·관리하는 시스템을 구축하는 데 어려움이 따른다. 환경(E) 요소가 행사 준비 과정의 체크리스트 수준에 머무를 경우, 장기적 개선 효과를 축적하기 어렵다.

종합하면, 스포츠 분야 환경(E) 과제의 본질은 인식이나 의지의 문제가 아니라, 권한 구조, 전문성, 제도적 압력, 운영 방식이 결합된 구조적 문제라 할 수 있다. 이러한 구조적 성격을 이해하지 않고서는 환경(E)에 대한 실질적인 개선도 기대하기 어렵다. 따라서 환경(E)을 스포츠 ESG의 내실 있는 활동 영역으로 전환하기 위해서는, 개별 실천의 확대를 넘어 조직 구조와 제도 환경을 함께 개선하는 접근이 필요하다. 이는 다음 장에서 제시될 제언들이 단순한 권고를 넘어, 구조 전환에 초점을 맞추고 있는 이유이기도 하다.

나. 사회(Social)

1) 사회(S) 활동의 공통 양상

제2부에 제시된 스포츠 ESG 사례들을 살펴보면, 사회(S) 영역은 환경(E)과 더불어 대부분의 스포츠 조직에서 비교적 활발하게 다루어지고 있는 영역임을 알 수 있다. 이는 스포츠가 본질적으로 사람을 중심으로 구성된 활동이며, 선수·코치·관중·지역사회 등 다양한 이해관계자와의 관계 속에서 사회적 책임이 자연스럽게 요구되는 영역이기 때문일 것이다. 실제로 다수의 사례에서 사회(S)는 스포츠 ESG의 핵심 정체성을 형성하는 요소로 인식되고 있다.

가장 두드러진 공통 양상은 선수 보호와 복지에 대한 문제의식의 확산이다. 폭력과 가혹행위, 인권 침해에 대한 사회적 경각심이 높아지면서, 선수 인권 보호는 많은 스포츠 조직에서 가장 중요한 사회(S) 과제로 언급된다. 특히 아동·청소년 선수, 장애인 선수, 엘리트 선수의 신체적 · 심리적 안전과 인권에 관한 관심이 사례 전반에 걸쳐 공통으로 나타난다. 이는 국제올림픽위원회(IOC)와 국제연맹들(IFs)이 강조해 온 선수 보호(safeguarding) 기조가 국내 스포츠 현장에서도 널리 채택되고 있음을 보여준다.

둘째, 포용성과 접근성 확대를 위한 노력 역시 사회(S) 영역의 공통된 특징으로 나타난다. 장애인스포츠 활성화, 시니어 · 어린이 스포츠 참여 확대, 취약계층을 위한 스포츠 프로그램 운영 등은 여러 사례에서 긍정적으로 소개되고 있다. 특히 장애인스포츠 기관이나 특수 목적 스포츠 조직의 사례에서는 사회(S)가 단순한 부가적 활동이 아니라, 조직의 설립 목적과 정체성 자체를 구성하는 핵심 요소로 기능하고 있음이 드러난다. 이러한 사례들은 스포츠가 사회적 포용을 실현하는 강력한 플랫폼이 될 수 있음을 보여준다.

셋째, 지역사회 기여 활동의 확대도 공통으로 관찰된다. 유소년 스포츠 프로그램, 지역 주민 대상 체육 교실, 스포츠 이벤트를 통한 지역경제 활성화 시도 등은 다수의 스포츠 조직에서 사회적 활동의 성과로 제시하고 있다. 특히 연고지를 기반으로 활동하는 프로 스포츠 구단이나 지방자치단체 · 공공기관 스포츠구단의 경우, 지역사회와의 관계는 단순한 사회공헌을 넘어 조직의 지속가능성과 직결되는 요소로 인식된다. 스포츠를 매개로 한 지역 공동체 형성은 사회(S) 영역에서 가장 가시적인 성과 중 하나로 평가할 수 있다.

이와 함께, 최근 사례들에서 관중과 팬을 사회(S)의 주요 이해관계자로 포함하여 관리하는 경향도 점차 확대되고 있다. 경기장 안전 관리, 차별 · 혐오 없는 관람 환경 조성, 가족 친화적 이벤트 운영 등은 스포츠 소비자의 권리와 책임을 사회(S) 범주로 포괄하려는 시도로 이해된다. 이는 스포츠가 단순한 경기 제공을 넘어, 안전하고 포용적인 사회적 공간을 제공해야 한다는 인식이 확산되고 있음을 의미한다.

종합하면, 제2부 사례들은 스포츠 분야에서 사회(S) 요소의 중요성이 이미 폭넓게 인식되고 있으며, 선수 보호, 포용성, 지역사회 기여, 팬과 관중의 권리 등 다양한 차원에서 실천이 이루어지고 있음을 보여준다. 그러나 동시에 이러한 사회(S) 활동이 주로 가치 지향적·프로그램 중심으로 전개되고 있음도 알 수 있다. 이는 다음 절에서 사회(S) 영역의 구조적 불균형과 제도적 한계를 논의하는 이유이기도 하다.

2) 사회(S) 노력의 불균형

앞에서 스포츠 분야의 사회(S) 영역은 선수 보호, 포용성, 지역사회 기여 등 다양한 차원에서 의미 있는 성과를 보여주고 있음을 살펴보았다. 그러나 사례들을 보다 자세히 검토하면, 이러한 성과가 모든 영역에서 균형 있게 나타나고 있다고 평가하기는 어렵다. 오히려 사회(S) 활동은 특정 영역에 집중되고, 다른 영역에서는 공백이 발생하는 불균형을 보이고 있다.

가장 뚜렷하게 나타나는 불균형은 선수 보호와 복지 수준의 기관·종목 간 격차이다. 일부 국제기구나 공공기관, 특정 종목단체의 경우 선수 인권 보호, 폭력 예방, 의료·심리 지원 체계를 체계적으로 구축하고 있지만, 그렇지 못한 조직도 적지 않다. 특히 종목의 인기도, 재정 규모, 국제 기준과의 연계 여부에 따라 선수 복지의 수준이 크게 달라지는 양상이 확인된다. 이는 선수 보호가 보편적 권리라기보다는, 조직의 여건에 따라 선택적으로 제공되고 있는 현실을 보여준다.

둘째, 선수 생애주기 전반을 아우르는 사회(S) 접근의 부재도 중요한 문제로 지적할 수 있다. 다수의 사례에서 사회(S)는 현역 선수의 안전과 경기 환경 개선에 집중되어 있으며, 은퇴 이후의 진로, 교육, 심리적 적응에 대한 지원은 상대적으로 제한적이다. 이는 스포츠 조직이 선수의 '경기력 창출 단계'에는 적극적으로 개입하지만, 경기력을 상실한 이후의 삶에 대해서는 제도적 책임을 충분히 지지 않고 있음을 의미한다. 사회(S)가 선수의 삶 전반을 포괄하지 못할 경우, 스포츠의 지속가능성 역시 근본적으로 흔들릴 수밖에 없다.

셋째, 지역사회 기여 활동의 비체계성도 사회(S) 영역의 불균형을 심화시키는 요인으로 작용한다. 사례들이 보여준 지역사회 연계 활동은 대체로 긍정적으로 평가할 수 있으나, 상당수가 단발성 행사나 홍보 중심 프로그램에 머물러 있다. 특정 시기나 이벤트에 맞춰 시행되는 사회공헌 활동은 가시성은 높을 수 있으나, 장기적으로 사회적 성과를 축적하기에는 한계가 있다. 또한 지역사회 기여의 성과를 어떻게 측정하고 평가할 것인지에 대한 기준이 정립되어 있지 않아, 활동의 지속성과 개선 가능성을 판단하기 어렵다.

이러한 불균형은 사회(S)가 여전히 제도화된 권리와 의무의 영역이라기보다는, 조직의 가치관과 여건에 따른 선택에 의존하는 영역으로 남아 있음을 보여준다. 사회(S) 활동이 조직의 리더십 변화나 재정 상황에 따라 쉽게 축소·중단될 수 있다면, 그 지속가능성은 담보되기 어렵다. 이는 환경(E) 영역에서 나타난 문제와 마찬가지로, 사회(S) 역시 체계적 관리와 표준화된 기준이 필요함을 시사한다.

결국 사회(S) 영역의 핵심 과제 역시 '무엇을 하고 있는가'의 문제가 아니라, '누구에게, 어느 수준까지 책임을 지고 있는가'라는 질문으로 귀결된다. 제2부 사례들은 스포츠 분야에서 사회적 책임에 대한 인식이 확산되고 있다는 긍정적인 모습과 그 책임이 아직 균형 있고 구조적으로 이행되고 있지 않다는 아쉬움을 함께 보여주고 있다.

3) 사회(S) 과제의 구조적 원인

앞서 살펴본 사회(S) 영역의 불균형은 개별 사례의 특수성에서 비롯된 문제가 아니라, 스포츠 생태계 전반에 내재된 구조적 한계에서 기인한다. 그 핵심 원인은 사회(S) 영역에서의 노력이 지속가능한 제도로 정착되는데 필요한 표준화와 제도화의 부재라 할 수 있다.

우선, 선수 인권과 복지에 관한 최소 기준(minimum standard)이 명확히 설정되어 있지 않다는 점이 가장 근본적인 문제이다. 일부 국제기구와 선도적인 기관은 폭력 예방, 심리적 안정, 의료 지원 등에 대한 가이드라인을 자체적으로 마련하고 있으나, 국내 스포츠 전반에 적용되는 공통 기준은 아직 미흡하다. 이에 따라 선수 보호 수준은 종목, 기관, 조직의 재정 여건과 리더십에 따라 크게 달라지며, 선수의 권리는 보편적 권리가 아닌 선택적 보호의 대상이 되는 위험에 놓인다.

둘째, 사회(S) 영역의 활동이 제도적 의무가 아닌 자율적 선택으로 인식되고 있다는 점도 지적되어야 한다. 사회공헌 프로그램, 지역사회 연계 활동, 포용성 증진 노력 등은 대부분 조직의 가치관이나 이미지 전략의 일환으로 추진된다. 이러한 접근은 단기적으로 긍정적인 평가를 받을 수 있으나, 조직의 우선순위 변화나 재정 압박이 발생할 경우 지속성을 확보하기 어렵다. 사회(S)가 제도적 책임으로 자리 잡지 못할 경우, 성과는 축적되거나 심화되지 않고 피상적인 단계에 머물 위험이 크다.

셋째, 사회(S) 성과를 측정・평가하는 체계의 부재도 중요한 문제이다. 환경(E) 영역과 마찬가지로, 사회(S) 활동 역시 정성적 서술에 의존하는 경향이 강하다. 선수 복지, 지역사회 기여, 포용성 확대가 실제로 어떤 변화를 만들어냈는지를 체계적으로 평가할 지표와 방법론이 충분히 정립되지 않았다. 그 결과 사회(S)는 '좋은 일을 하고 있다'는 홍보적 수준에 머무르는 경우가 많고, 정책 개선이나 전략 수정으로 이어지는 사례는 희귀하다.

마지막으로, 스포츠 조직의 거버넌스(G)와 사회(S)의 연계 부족도 구조적인 과제 중 하나이다. 사회(S) 이슈는 종종 현장 실무 차원에서 다루어질 뿐, 이사회나 최고 의사결정 기구에서 전략적으로 논의되는 경우는 제한적이다. 이는 사회(S)가 조직 운영의 핵심 요소가 아니라 부가적 활동으로 인식되고 있음을 반영한다. 사회(S)가 거버넌스 구조와 분리되어 있으면, 책임 주체는 조직 하부로 전가되고 장기적 전략 수립도 어려워진다.

종합하면, 스포츠 분야 사회(S)의 핵심 과제는 개별 프로그램의 확대가 아니라, 권리・책임・성과를 연결하는 제도적 틀의 구축에 있다. 선수 보호와 지역사회 기여가 조직의 선의나 일시적 관심에 의존하는 한, 사회(S)가 지속가능한 ESG 요소로 자리 잡기 어렵다. 사례들이 보여주는 다양한 시도와 한계를 발판으로, 사회(S)를 표준화하고 제도화하려는 노력이 향후 스포츠 ESG 확산의 중요한 전환점이 될 것이다.

다. 거버넌스(Governance)

1) 거버넌스(G)의 현주소

환경(E)과 사회(S) 영역이 스포츠 ESG의 가시적 활동과 직접적으로 연결되는 영역이라면, 거버넌스(G)는 이들 활동이 지속적으로 작동하게 해주는 기반이다. 그런 측면에서 거버넌스가 ESG의 가장 중요한 영역으로 여겨져도 무방하다. 그러나 제 2부 사례들을 살펴보면, 스포츠 분야에서 거버넌스(G)는 가장 취약한 영역으로 나타난다. 이는 거버넌스가 단기간에 변화와 성과를 창출하기 어려운 구조적 요소이며, 기존의 조직 문화와 권력 구조를 변화시켜야 하는 영역이기 때문일 것이다.

우선, 다수의 스포츠 조직에서 ESG가 조직 운영의 핵심 의사결정 구조에 유기적으로 통합되어 있지 못하고 있음이 확인된다. 일부 공공기관이나 국제기구는 ESG 또는 지속가능성을 전담하는 부서나 담당 체계를 갖추고 있으나, 상당수 스포츠 단체와 조직에서는 ESG가 기존 부서에 편입되어 추진되고 있다. 이 경우 ESG는 독립적인 전략 영역이 아니라, 보고서 작성이나 외부의 요구에 대응하기 위한 부가적 업무로 인식될 가능성이 있다.

특히 이사회나 최고 의사결정 기구 차원에서 ESG를 전략적으로 논의하는 구조가 미흡하다는 점도 공통적이다. 스포츠 조직의 이사회는 전통적으로 경기력, 대회 운영, 예산 집행과 같은 단기적 현안에 집중해 왔으며, 환경・사회・지배구조와 같은 비재무적 요소는 상대적으로 우선순위에서 밀려 있었다. 그 결과 ESG는 조직의 중장기 비전이나 리스크 관리 전략과 충분히 연계되지 못하고, 개별 사업 단위에서 분절적으로 추진되는 경향을 보인다.

ESG 책임 주체의 불명확성도 거버넌스(G)의 미성숙을 보여주는 특징이다. 환경(E)이나 사회(S)와 관련된 활동은 존재하지만, 이를 총괄적으로 관리・조정・평가하는 책임자가 명확히 지정되지 않은 경우가 많다. 책임 주체가 분명하지 않을 경우, ESG 성과는 개인의 헌신이나 특정 시점의 관심에 의존하게 되며, 조직 차원의 지속성은 확보되기 어렵다. 이는 ESG가 조직 문화로 내재화되지 못하고 있음을 의미한다.

한편, 거버넌스(G) 영역에서의 투명성 확보 노력 역시 초기 단계에 머물러 있다. 일부 기관은 지속가능경영보고서나 ESG 공시를 통해 환경과 사회 성과를 공개하고 있으나, 그 범위와 깊이는 기관별로 큰 차이를 보인다. 특히 스포츠 조직이 기획재정부의 '공공기관 경영평가' 대상기관이 아닌 경우, 비영리・공공 조직이라는 특성으로 인해 재정 및 의사결정 과정 구조에 대한 외부 감시와 압박이 상대적으로 느슨하게 작동해 왔다. 이는 거버넌스 개선에 대한 내부 동기를 약화시키는 요인으로 작용한다.

종합하면, 제2부 사례들은 스포츠 분야에서 거버넌스(G)가 아직 ESG를 전략적이고 지속적으로 견인하는 수준에 이르지 못했음을 보여준다. 환경(E)과 사회(S)에 대한 다양한 시도가 거버넌스 구조 속에 체계적으로 통합되지 않는 한, ESG는 선별적인 개별 활동의 집합에 머물 가능성이 크다.

2) 거버넌스(G)의 구조적 한계와 위험

거버넌스는 환경(E)과 사회(S) 성과를 가능하게 하는 토대이자, 조직의 신뢰와 정당성을 유지하는 핵심 요소이다. 그러나 제2부 사례를 종합하면, 스포츠 분야의 거버넌스는 아직 투명성과 책임성이 충분히 제도화되지 않은 상태에 머물러 있으며, 이는 ESG 전반의 실효성을 약화시키는 요인으로 작용하고 있다.

우선, 의사결정 과정의 투명성 부족은 반복적으로 지적되는 문제이다. 스포츠 조직의 주요 의사결정은 종종 제한된 내부 인원에 의해 이루어지며, 그 과정과 기준이 외부에 충분히 공유되지 않는 경우가 많다. 이는 예산 배분, 인사, 선수 선발, 사업 우선순위 설정 등 다양한 영역에서 불신을 초래할 수 있다. 특히 공공 재원이 투입되거나 사회적 영향력이 큰 스포츠 조직일수록, 투명성 부족은 조직의 공공성과 정당성을 훼손하는 결과로 이어질 가능성이 크다.

둘째, 책임성(accountability)의 불분명함도 거버넌스(G)의 핵심적 한계로 나타난다. 환경(E)이나 사회(S)와 관련된 목표가 설정되더라도, 그 목표 달성에 대한 책임이 누구에게 있는지 명확히 규정되지 않는 경우가 많다. 목표 미달성에 따른 평가와 개선 메커니즘이 부재할 경우, ESG는 선언적 약속에 그칠 위험이 있다. 책임성이 확보되지 않은 거버넌스 구조에서는 장기적 전략 수립과 지속적인 성과 관리가 어렵다.

셋째, ESG 공시와 보고의 비일관성 역시 거버넌스(G)의 취약성을 드러낸다. 일부 스포츠 기관은 지속가능경영보고서나 ESG 보고서를 발간하고 있으나, 보고 주기, 범위, 지표는 기관별로 상이하다. 이에 따라 이해관계자들은 스포츠 조직의 ESG

성과를 비교하거나 평가하기 어렵다. 공시는 존재하지만 표준화되지 않은 상황은, 오히려 ESG의 신뢰성을 약화시키는 결과를 초래할 수 있다.

이러한 투명성과 책임성의 결핍은 단순한 행정상의 문제가 아니라, 스포츠 ESG의 지속가능성을 위협하는 구조적 위험 요인이다. 거버넌스가 취약할 경우, 환경(E)과 사회(S) 영역에서의 성과는 특정 인물이나 시기의 관심에 의존하게 되며, 조직의 장기 전략으로 내재화되지 못한다. 또한 외부 이해관계자—팬, 선수, 후원자, 정부, 국제기구—의 신뢰를 상실할 경우, 스포츠 조직은 궁극적으로 재정적・제도적 지원에서도 불리한 위치에 놓일 수 있다.

결국 거버넌스(G)의 핵심 과제는 투명한 의사결정 구조와 명확한 책임 체계를 통해 ESG를 경영의 중심에 정립시키는 것이다. 제2부 사례들은 스포츠 조직이 이 과제를 더 이상 미룰 수 없음을 보여준다. 거버넌스(G)가 개선되지 않는 한, 환경(E)과 사회(S)의 성과는 일시적 성취에 머물 가능성이 크다. 이런 맥락에서 다음에 제시될 전략적 제언들은 거버넌스 개선과 맞물려 추진될 때 비로소 의도하는 효과가 현실화될 수 있을 것이다.

2. 한국 스포츠 ESG 확산을 위한 7가지 제언

가. 경기장・시설 탄소중립化 전환 로드맵 수립

앞에서 살펴본 환경(E) 영역의 사례 분석은 스포츠 분야에서 친환경 실천에 대한 인식과 의지가 상당 수준 형성되어 있음을 보여주었다. 그러나 동시에 이러한 노력이 개별 프로젝트나 단기적 개선에 머물러 있으며, 장기적 목표 설정과 체계적인 관리 체계로 연결되지 못하고 있다는 한계를 드러냈다. 이러한 문제를 해결하기 위해서는 스포츠 경기장과 시설을 탄소중립化 하기 위한 전환 로드맵 수립이 필요하다.

스포츠 경기장과 훈련시설은 조명, 냉・난방, 냉각 시스템, 잔디 및 수질 관리 등으로 인해 에너지 소비와 탄소배출이 집중되는 공간이다. 특히 빙상장, 실내 종합체육관, 대형 스타디움과 같이 상시 운영되는 시설은 환경(E) 측면에서 스포츠 조직의 가장 큰 부담 요인으로 작용한다. 그런데도 제2부 사례에서 확인된 바와 같이, 다수의 스포츠 조직은 시설 운영 전반을 포괄하는 탄소 감축 전략을 마련하고 있지 않다.

이에 따라 본 제언은 스포츠 시설의 특성을 반영한 단계적 탄소중립化 전환 로드맵을 수립할 것을 제안한다. 단기적으로는 에너지 사용량과 온실가스 배출 현황을 파악하는 진단 단계가 필요하다. 이 단계에서는 전력, 연료, 냉매 사용 현황을 체계적으로 파악하고, 시설 유형별 주요 배출원을 식별하는 것이 핵심이다. 중기적으로는 LED 조명 교체, 고효율 설비 도입, 에너지 관리 시스템 구축과 같은 기술적 개선을 통해 에너지 효율을 높이는 전략이 요구된다. 장기적으로는 재생에너지 전환, 친환경 설계 도입, 탄소중립 인증 획득 등을 목표로 설정할 수 있다.

중요한 점은 이러한 로드맵이 모든 스포츠 조직에 일률적으로 적용되는 단일 모델이 아니라, 종목과 시설 유형에 따라 차별화된 형태로 설계되어야 한다는 것이다. 실내 빙상 시설과 야외 구기 종목 경기장은 환경 부담의 구조가 다르며, 이에 따라 우선순위와 투자 전략도 달라져야 한다. 또한 시설 소유와 운영 주체가 분리된 경우에는 지방자치단체, 공공기관, 민간사업자와의 협력을 전제로 한 로드맵이 필요하다.

경기장·시설 탄소중립化 전환 로드맵은 단순한 환경 정책을 넘어, 스포츠 조직의 중장기 경영 전략으로 기능할 수 있다. 에너지 비용 절감과 운영 효율성 제고는 재정적 안정성에 기여하며, 국제대회 유치와 글로벌 파트너십에서도 긍정적인 평가 요소로 작용할 수 있다. 나아가 스포츠 경기장은 수많은 관중과 미디어가 집중되는 공간이라는 점에서, 탄소중립 실천의 상징적 무대이기도 하다.

결국 경기장과 시설의 탄소중립化 전환 로드맵은 스포츠 ESG의 환경(E) 영역을 선언적 수준에서 벗어나 실제 성과를 창출하는 영역으로 전환시키는 핵심 수단이다. 앞에서 논의한 환경(E)의 구조적 한계를 극복하기 위해서는, 개별 실천의 나열이 아니라 목표·단계·책임을 명확히 한 로드맵을 구축하고 이를 실천해 나가야 한다.

나. 스포츠 용수·냉매·자원 관리 표준 마련

스포츠 분야의 환경(E) 과제는 탄소배출과 에너지 관리에 국한되지 않는다. 경기장과 훈련시설의 운영 과정에서는 대량의 용수 사용, 냉매 활용, 다양한 자원과 소재의 소비가 빈번하고 지속적으로 발생한다. 그러나 이러한 요소들은 에너지에 비해 상대적으로 덜 주목받아 왔으며, 관리 방식 역시 기관·시설별로 상이한 수준에 머물러 있다. 따라서 스포츠 ESG의 환경(E) 성과를 실질적으로 개선하기 위해서는 용수·냉매·자원 관리에 대한 스포츠 분야 공통 표준의 마련이 필요하다.

용수 관리는 종목과 시설 유형에 따라 환경 부담의 성격이 크게 달라지는 영역이다. 수영장과 빙상 시설은 수질 관리와 순환 시스템이 핵심 이슈이며, 잔디 경기장은 살수와 배수, 토양 관리가 중요한 과제이다. 그런데도 제2부 사례들에서 이러한 차이가 반영된 체계적인 용수 관리 기준은 확인되지 않는다. 용수 사용량 절감, 재이용 시스템 도입, 수질 관리 기준 설정 등은 개별 시설의 방침에 맡겨져 있는 경우가 많다. 스포츠 표준의 부재는 환경 성과의 편차를 확대시키고, 장기적인 자원 관리 전략 수립을 어렵게 만든다.

냉매 관리는 스포츠 시설, 특히 빙상장과 대형 실내 체육시설에서 매우 중요한 환경 이슈임에도 불구하고 상대적으로 간과되어 왔다. 냉매는 지구온난화지수(GWP)가 가장 높은 물질이 포함되어 있어, 누출이나 관리 부실은 환경에 부정적인 영향을 초래한다. 그러나 사례조사 결과 냉매의 종류, 사용량, 누출 관리, 교체 계획 등이 체계적으로 관리·공개하는 사례는 제한적이었다. 이는 냉매 관리가 여전히 기술적 영역으로만 인식되고, ESG 차원의 관리 대상으로 인식되지 못하고 있음을 보여준다.

자원과 소재 관리 역시 스포츠 ESG에서 중요한 과제로 부상하고 있다. 스포츠 이벤트와 경기장 운영 과정에서는 일회성 구조물, 홍보물, 유니폼, 장비, 포장재 등 다양한 자원이 소비된다. 사례연구에서 일회용품 감축이나 재활용 시도가 일부 확인되지만, 자원 사용 전반을 포괄하는 관리 체계는 아직 초기 단계에 머물러 있다. 특히 대규모 이벤트의 경우, 행사 종료 이후 발생하는 폐기물과 오버레이 시설 해체 자재의 처리 방식은 환경(E) 성과를 좌우하는 핵심 요소이다.

이에 따라 본 제언은 스포츠 분야의 특성을 반영한 용수・냉매・자원 관리 표준을 단계적으로 마련할 것을 제안한다. 이 표준은 종목과 시설 유형별로 차별화된 관리 항목과 최소 기준을 제시하고, 점진적으로 강화될 수 있는 구조로 설계되어야 한다. 또한 환경(E) 성과를 단순히 규제하는 것이 아니라, 관리 수준을 비교・평가하고 개선을 유도하는 도구로 활용될 필요가 있다.

다. 선수 인권・복지 최소 기준 설정

앞 장에서 살펴본 사회(S) 영역 사례 분석은 선수 보호와 복지에 대한 인식이 스포츠 전반에서 확산되고 있음을 보여준다. 폭력 예방, 인권 보호, 안전한 훈련 환경 조성은 이제 스포츠 조직이 외면할 수 없는 시대적 대세가 되었다. 그러나 동시에 사례들은 선수 인권과 복지의 수준이 종목과 기관에 따라 크게 다른 상태이며, 이러한 격차를 조정할 공통 기준이 부재하다는 한계도 드러낸다. 스포츠 ESG의 실질적 확산을 위해서는 선수 인권・복지에 대한 최소 기준(minimum standard)의 설정이 필요하다.

선수 인권・복지의 최소 기준이란, 모든 선수에게 보편적으로 보장되어야 할 기본적 권리와 보호 수준을 명확히 규정하는 것을 의미한다. 이는 특정 종목이나 조직의 여건에 따라 선택적으로 제공되는 복지가 아니라, 스포츠 활동에 참여하는 모든 선수에게 적용되는 공통의 기준이어야 한다. 사례연구에서 확인된 바와 같이, 일부 조직은 국제 기준에 부합하는 보호 체계를 갖추고 있지만, 그렇지 못한 조직도 여전히 존재한다. 이러한 상황에서 최소 기준의 부재는 선수 보호를 조직의 리더십이나 재정 여건에 의존하게 만드는 구조적 문제를 낳는다.

최소 기준에 포함되어야 할 핵심 요소로는 무엇보다도 폭력・학대 예방과 대응 체계를 들 수 있다. 신체적・정신적・성적 폭력에 대한 명확한 금지 원칙, 예방 교육, 신고 및 보호 절차는 선수 인권 보호의 출발점이다. 여기에 선수의 신체적 안전과 의료 접근성 역시 기본 권리로 포함되어야 한다. 과도한 훈련으로 인한 신체적 손상, 심리적 압박과 소진은 경기력뿐 아니라 선수의 삶 전반에 장기적 영향을 미치기 때문이다.

또한 선수 인권・복지의 최소 기준은 선수의 생애주기 전반을 포괄해야 한다. 현역 시기의 보호뿐 아니라, 은퇴 이후의 진로와 사회 적응을 지원하는 체계 역시 사회(S) 영역의 중요한 요소이다. 은퇴 선수 지원은 여전히 제도화되지 않은 영역으로 남아 있으며, 이는 스포츠의 지속가능성에 대한 중요한 도전 과제이다. 최소 기준이 설정될 경우, 은퇴 이후 지원 역시 선택적 배려가 아닌 조직의 책임으로 인식될 수 있을 것이다.

이러한 최소 기준은 스포츠 조직의 자율성을 과도하게 제한하는 규제가 아니라, 선수 보호의 하한선을 명확히 하는 공통 규범으로 기능해야 한다. 국제올림픽위원회(IOC)와 국제연맹들(IFs)이 제시하는 선수 보호 가이드라인과의 정합성을 확보하고, 국내 스포츠 환경에 맞게 단계적으로 적용하는 방식이 바람직하다. 이를 통해 종목 간, 기관 간 선수 보호 수준의 격차를 완화하고, 사회(S) 성과의 일관성을 높일 수 있다.

선수 인권・복지 최소 기준의 설정은 스포츠 ESG의 사회(S) 영역을 선언적 가치에서 제도화된 책임 영역으로 전환시키는 핵심 기제이다. 이는 선수 개인의 권리를 보호하는 데 그치지 않고, 스포츠 조직의 신뢰와 정당성을 강화하며, 장기적으로는 스포츠 생태계 전체의 지속가능성을 높이는 기반이 될 것이다. 사회(S)가 진정한 ESG 요소로 기능하기 위해서 이러한 최소 기준의 확립은 더 이상 미룰 수 없는 과제가 되었다.

라. 지역사회 연계 프로그램의 전략화

스포츠는 선수와 조직 내부에 국한되지 않고, 지역사회와 긴밀히 연결된 사회적 제도이다. 경기장과 훈련시설은 특정 지역에 위치하며, 스포츠 이벤트는 지역 주민의 일상과 도시 환경에 직접적인 영향을 미친다. 앞 장에서 살펴본 사회(S) 영역의 사례 분석에서도 확인되었듯이, 많은 스포츠 조직이 지역사회 기여 활동을 수행하고 있다. 그러나 이러한 활동은 대체로 단발적・비체계적 성격을 띠고 있으며, 스포츠 ESG의 전략적 성과로 축적되지 못하는 한계를 보인다. 스포츠 ESG의 사회(S) 가치를 실질적으로 확장하기 위해서는 지역사회 연계 프로그램의 전략화가 필요하다.

앞 장의 사례들에서 나타난 지역사회 기여 활동은 유소년 스포츠 교실, 취약계층 대상 체육 프로그램, 경기장 주변 상권과의 연계 이벤트 등 다양한 형태로 이루어지고 있었다. 이러한 활동은 지역 주민과의 접점을 넓히고 스포츠 조직에 대한 호감과 신뢰를 형성하는 데 긍정적으로 기여한다. 그러나 상당수 프로그램은 특정 행사나 시즌에 맞추어 시행되며, 장기적 목표나 성과 지표 없이 운영되는 경우가 많아 보인다. 그 결과 사회적 영향은 일시적으로 나타날 뿐, 지속가능한 지역사회 가치의 창출로 이어지기 어렵다.

지역사회 연계 프로그램의 전략화란, 이러한 활동을 단순한 사회공헌이나 긍정적 이미지 형성·홍보 수단이 아니라 조직의 중장기 ESG 전략의 일부로 재구성하는 것을 의미한다. 이를 위해서는 먼저 스포츠 조직이 지역사회와 맺고 있는 관계의 특성을 명확히 인식할 필요가 있다. 프로 스포츠 구단의 경우 연고지 기반 팬덤과 지역 정체성이 핵심 자산이며, 공공 스포츠 기관은 지역 주민의 건강과 스포츠 접근성 확대라는 공적 책임을 지닌다. 조직의 성격에 따라 지역사회 연계의 목표와 방식이 달라져야 하는 것이다.

전략화의 핵심은 지속성과 측정 가능성이다. 단기 프로그램이 아닌 중장기적으로 추진될 로드맵을 설정하고, 지역 학교, 지방자치단체, 지역 기업 등과의 협력을 통해 연계 프로그램을 지속적으로 운영할 필요가 있다. 예를 들어, 유소년 스포츠 프로그램은 단순 체험 행사에 그치지 않고, 교육·진로·건강 관리와 연계된 장기 프로그램으로 발전할 수 있다. 이러한 접근은 스포츠 조직이 지역사회 문제 해결과 목표 달성의 파트너로 인식되도록 만든다.

또한 지역사회 연계 활동의 성과를 사회(S) 성과로 평가할 수 있는 기준을 마련하는 것도 중요하다. 참여 인원, 지속 기간, 대상 집단의 다양성, 지역 파트너십의 확대 여부 등은 사회적 가치를 가시화할 수 있는 지표가 될 수 있다. 성과 측정이 가능해질 때, 지역사회 기여는 조직의 임의적 선택이 아니라 책임 있는 ESG 활동으로 자리 잡게 된다.

지역사회 연계 프로그램의 전략화는 스포츠가 사회의 '지속가능발전을 위한 스포츠(S4SD)'로 기능할 수 있는 핵심 경로이기도 하다. 스포츠는 지역사회에 긍정적 영향을 미칠 수 있는 강력한 사회적 자산이며, 이를 체계적으로 활용할 때 사회(S) 영역의 ESG 성과는 질적으로 도약할 수 있다. 단발성 기여를 넘어 전략적 연계로 나아갈 때, 스포츠 ESG는 지역사회와 함께 성장하는 지속가능한 모델로 자리매김할 것이다.

마. 스포츠 ESG 공시・보고・평가 체계 도입

앞 장에서 살펴본 거버넌스(G) 영역의 사례 분석은 스포츠 분야에서 ESG 활동이 점차 확대되고 있음에도 불구하고, 이를 체계적으로 정리하고 책임 있게 관리하는 공시・보고・평가 체계가 정착되지 않았음을 보여준다. 환경(E)과 사회(S) 영역에서 다양한 시도가 이루어지고 있음에도, 그 성과가 측정・평가・축적되지 않는다면 ESG는 단편적 활동의 집합에 머물 위험이 크다. 이에 따라 한국 스포츠 ESG의 실질적 확산을 위해서는 스포츠 분야에 적합한 ESG 공시・보고・평가 체계의 도입이 필수적이다.

현재 일부 국제스포츠 기구와 공공기관은 지속가능성 보고서 또는 ESG 보고서를 발간하고 있으나, 제2부 사례들에서 확인되듯이 아직 정기적인 보고서 발간이나 공시의 단계까지 나아가지 못한 기관들이 대부분이다. 또한 어떤 기관은 환경과 사회 성과를 비교적 상세히 공개하는 반면, 다른 기관은 단편적인 활동 소개에 그치기도 한다. 이러한 비일관성은 이해관계자가 스포츠 조직의 ESG 수준을 객관적으로 평가하기 어렵게 만들며, 결과적으로 ESG에 대한 신뢰를 약화시킨다.

스포츠 ESG 공시・보고 체계의 핵심은 표준화와 단계적 적용이다. 글로벌 기업과 공공기관에서 널리 활용되는 지속가능성 보고 기준은 스포츠 분야에도 중요한 참고 기준이 될 수 있으나, 이를 그대로 적용하기에는 스포츠 조직의 특수성이 존재한다. 따라서 환경(E), 사회(S), 거버넌스(G)의 핵심 항목을 중심으로 한 스포츠 맞춤형 ESG 보고 프레임이 필요하다. 예를 들어 환경(E)에서는 경기장 운영과 이벤트 중심의 배출 관리가, 사회(S)에서는 선수 보호와 지역사회 기여가, 거버넌스(G)에서는 의사결정 구조와 윤리・책임 체계가 핵심 지표로 설정될 수 있다.

공시는 단순히 정보를 공개하는 데 그쳐서는 안 된다. 평가와 피드백 메커니즘이 함께 작동할 때 ESG가 경영 개선의 도구로 기능할 수 있다. 스포츠 조직 내부에서는 ESG 성과를 정기적으로 점검하고, 목표 대비 성과를 평가하는 체계를 마련할 필요가 있다. 외부적으로는 공공기관, 정부, 국제기구, 학계 등이 참여하는 평가 체계를 통해 투명성과 신뢰성을 높일 수 있다. 이는 스포츠 조직이 스스로의 ESG 수준을 객관적으로 인식하고 개선 방향을 모색하는 데 중요한 역할을 한다.

또한 ESG 공시·보고·평가 체계는 책임성 강화의 수단이기도 하다. 목표가 공개되고 성과가 평가될 경우, 환경(E)과 사회(S)는 더 이상 일시적 관심사로 머물 수 없다. 이는 거버넌스(G)를 통해 ESG를 조직 운영의 중심으로 끌어올리는 유도 효과를 갖는다. 특히 공공 재원이 투입되거나 사회적 영향력이 큰 스포츠 조직일수록, ESG 성과에 대한 책임 있는 설명은 조직의 정당성과 신뢰를 유지하는 데 필수적이다.

결국 스포츠 ESG 공시·보고·평가 체계의 도입은 ESG를 '때때로 하는 활동'에서 '공들여 관리되는 성과'로 전환시키는 과정이다. 이는 스포츠 조직이 환경과 사회에 미치는 영향을 스스로 점검하고, 이해관계자와 소통하며, 지속적으로 개선해 나갈 수 있는 기반을 제공한다. 거버넌스(G)가 실질적으로 작동하기 위해서는 이러한 체계적 공시와 평가가 반드시 병행되어야 한다.

바. SDGs, K-ESG와의 제도적 연동

스포츠 ESG가 지속가능한 경영 프레임으로 자리 잡기 위해서는 개별 조직 차원의 노력에 머물지 않고, 국가 및 국제 차원의 지속가능성 아젠다와 유기적으로 연결될 필요가 있다. 제1부에서 ESG는 지속가능발전(Sustainable Development)을 조직 차원에서 구현하기 위한 제도화된 실천 도구임을 살펴보았다. 스포츠 ESG 역시 유엔 지속가능발전목표(SDGs) 및 국내 K-ESG 정책 체계와의 제도적 연동 속에서 추진되고 성과가 관리될 필요가 있다.

우선, 스포츠는 SDGs 달성에 기여할 수 있는 잠재력이 매우 큰 분야이다. 건강과 복지(SDG 3), 성평등(SDG 5), 지속가능한 청정에너지(SDG 7), 불평등 해소(SDG 10), 지속가능한 도시와 공동체(SDG 11), 지속가능한 소비와 생산(SDG 12), 기후변화 대응(SDG 13) 등 다수의 목표는 스포츠 활동과 직접적으로 연결된다. 그러나 제2부 사례들에서 확인된 바와 같이, 많은 스포츠 조직의 ESG 활동은 SDGs와의 명시적 연계 없이 개별 프로그램 차원에서 추진되는 경우가 많다. 이에 따라 스포츠가 창출하는 사회적·환경적 가치는 국제적 지속가능성 관점에서 충분히 평가·확산되지 못하고 있다.

이에 따라 우리는 스포츠 ESG의 각 영역을 SDGs의 세부 목표와 체계적으로 매핑(mapping)하는 접근을 제안한다. 예를 들어, 선수 인권과 복지 정책은 SDG 3과 SDG 8(좋은 일자리와 경제 성장)과 연계될 수 있으며, 지역사회 스포츠 프로그램은 SDG 11과 SDG 10의 실행사례로 제시될 수 있다. 환경(E) 영역의 경기장 탄소중립化 전환과 자원 관리 전략은 SDG 12와 SDG 13과 직접적으로 연결된다. 이러한 연동은 스포츠 ESG 성과를 국제 기준에 따라 제대로 평가받게 만드는 중요한 수단이다.

국내적으로는 K-ESG 가이드라인과의 정합성 확보가 중요하다. K-ESG는 한국의 제도 환경과 산업 구조를 반영하여 ESG 항목을 표준화하려는 시도이며, 공공기관과 기업을 중심으로 점차 확산되고 있다. 스포츠 조직 역시 이러한 흐름에서 예외일 수 없다. 업종별 가이드라인이 아직 스포츠 분야에 이르기까지 구체화되어 있지 않지만, 공통 범주와 항목 지표체계도 스포츠 ESG를 추진하는 데 훌륭한 벤치마크로 기능할 수 있다. 특히 공공 스포츠 기관과 공적 자금의 지원을 받는 단체는 K-ESG 체계와의 연동을 통해 정책적 일관성을 확보할 가능성이 더욱 크다. 이는 스포츠 ESG를 개별 조직의 자율적 실천을 넘어, 국가 차원의 지속가능성 전략의 일부로 기능하게 만드는 과정으로 승화시킨다.

SDGs 및 K-ESG와의 제도적 연동은 스포츠 ESG의 정당성과 정책 활용도를 높이는 효과도 갖는다. 스포츠 조직이 수행하는 환경・사회 활동이 국가와 국제사회가 공유하는 목표와 연결될 때, 해당 활동은 단순한 조직 차원의 성과를 넘어 공공적 가치로 인식될 수 있다. 이는 정부 지원, 국제 협력, 민관 파트너십 확대에도 긍정적으로 작용한다.

결국 SDGs・K-ESG와의 연동은 스포츠 ESG를 고립된 경영 실천이 아니라, 국가와 국제사회의 지속가능성 전환 과정에 기여하는 제도적 수단으로 정렬시키는 작업이다. 스포츠가 가진 사회적 영향력과 상징성을 고려할 때, 이러한 연동은 선택이 아니라 필수에 가깝다. 스포츠 ESG가 사회 전체의 지속가능성 논의와 호흡을 맞출 때, 그 파급력과 정당성은 한층 강화될 것이다.

사. 민·관·학 협력 기반의 스포츠 ESG 플랫폼 구축

앞선 여섯 가지 제언은 스포츠 ESG의 환경(E), 사회(S), 거버넌스(G) 전 영역에 걸쳐 구조적 전환의 방향을 제시하였다. 그러나 이러한 제언들이 선언적 수준에 머무르지 않고 실제 현장에서 구현되기 위해서는, 이를 지속적으로 추진할 수 있는 협력 기반의 실행 플랫폼이 필요하다. 따라서 한국 스포츠 ESG 확산을 위한 핵심 인프라로서, 민·관·학 협력 기반의 스포츠 ESG 플랫폼 구축을 제안한다.

스포츠 ESG는 단일 조직이나 특정 주체만의 노력으로는 추진되기 어렵다. 경기장과 시설은 지방자치단체와 공공기관이 관리하는 경우가 많고, 선수 보호와 복지는 종목단체와 협회, 학교, 기업이 함께 관여한다. ESG 공시와 평가 역시 정부 정책, 국제 기준, 학술적 연구가 결합되어야 실효성을 높일 수 있다. 이러한 복합적 특성으로 인해 스포츠 ESG는 본질적으로 다중 이해관계자 間 협력 모델을 필요로 한다.

민·관·학 협력 플랫폼의 핵심 기능 중 하나는 데이터와 지식의 축적 및 공유이다. 제2부 사례연구에서 확인된 바와 같이, 스포츠 분야에는 아직 체계적으로 축적된 ESG 데이터가 부족하다. 플랫폼은 경기장 운영, 선수 보호, 지역사회 기여, ESG 성과 지표 등을 축적·분석하는 허브로 기능할 수 있으며, 이를 통해 스포츠 ESG의 현황을 객관적으로 진단하고 비교 가능성을 높일 수 있다. 이는 정책 수립과 추진·확산 전략 설계의 기초 자료로 활용될 수 있다.

둘째, 플랫폼은 정책 실험과 표준 개발의 장으로 기능할 수 있다. 앞선 제언에서 제시된 탄소중립 로드맵, 자원 관리 표준, 선수 인권 최소 기준, ESG 보고 프레임 등은 한 번에 전면 도입되기보다는 시범 적용과 점진적 확산이 필요하다. 민·관·학 협력 플랫폼은 이러한 시범 사업을 설계하고 평가하며, 현장의 피드백을 반영해 제도를 정교화하는 역할을 수행할 수 있다. 이는 스포츠 ESG 정책의 실효성을 높이는 데 중요한 장치가 된다.

셋째, 플랫폼은 전문인력 양성과 역량 강화의 거점이 될 수 있다. 스포츠 ESG는 환경 관리, 인권, 거버넌스, 국제 규범에 대한 복합적 이해가 필요한 분야이다. 대학과 연구기관은 이론과 분석 역량을 제공하고, 정부와 공공기관은 정책 경험을 공유하며, 민간과 스포츠 조직은 현장 사례를 제공할 수 있다. 이러한 협력을 통해 스포츠

ESG 전문인력을 체계적으로 양성하고, 현장의 실행 역량을 강화할 수 있다.

마지막으로, 민・관・학 협력 플랫폼은 스포츠 ESG의 사회적 정당성과 확산력을 높이는 역할을 한다. 스포츠는 사회적 영향력이 큰 영역인 만큼, ESG 활동 역시 투명하고 개방적인 구조 속에서 추진될 필요가 있다. 다양한 주체가 참여하는 플랫폼은 스포츠 ESG가 특정 기관의 이해관계를 넘어 공공적 가치의 추구라는 점을 분명히 하며, 사회적 신뢰를 형성하는 데 기여한다.

결국 민・관・학 협력 기반의 스포츠 ESG 플랫폼 구축은 앞선 여섯 가지 제언을 연결하고 지속시키는 구조적 기반이다. 이는 스포츠 ESG를 일회성 정책이나 개별 조직의 선진 성과로 머물지 않고, 한국 스포츠 생태계 전반을 지속가능하게 전환시키는 데 핵심 인프라가 될 것이다.

3. 지속가능한 스포츠를 향하여

가. 왜 사례연구가 중요한가

제2부에 수록된 사례연구들은 한국 스포츠 ESG경영의 현재 수준과 가능성을 동시에 보여주는 중요한 출발점이다. 특히 본 연구가 대학원 교육 과정에서 수행된 학생들의 집단적 작업이라는 점은, 학문적・실무적・사회적 차원에서 특별한 의미를 지닌다. 스포츠 ESG가 더 이상 학계 전문가나 정책 담당자의 전유물이 아니라, 차세대 스포츠 인재와 실무자들에 의해 현장에서 고민되고 확장되고 있음을 보여주기 때문이다.

첫째, 학생들의 사례연구는 현장 내부자의 시선을 담고 있다는 점에서 중요한 가치를 지닌다. 사례연구 저자들은 단순한 외부 관찰자가 아니라, 현역 선수, 공공기관 종사자, 스포츠 기업 경영자들로서 각자의 조직과 현장을 직접 경험해 왔다. 이러한 포지션은 문헌 연구나 외부 컨설팅 보고서에서는 포착하기 어려운 조직 내부의 현실, 제도와 관행 사이의 간극, 실천 과정에서의 제약을 생생하게 드러낸다. 이로써 스포츠 ESG 논의가 학술적 담론에 머물지 않고, 실제 현장의 언어로 재구성될 수 있었다.

둘째, 본 사례연구들은 스포츠 ESG 분야의 기초 데이터 축적이라는 학문적 의미가 있다. 국내 스포츠 분야에서는 ESG를 체계적으로 분석한 연구와 사례가 아직 충분히 축적되지 않은 상황이다. 이러한 맥락에서 각 사례는 개별 조직의 분석을 넘어, 향후 비교 연구와 종합 분석을 가능하게 하는 기초 자료로 기능할 수 있다. 동일한 분석 틀과 문제의식을 공유한 다수의 사례가 축적되었다는 점은, 스포츠 ESG 연구의 방법론적 토대를 마련한다는 점에서도 의미가 크다.

셋째, 현업에 종사하고 있는 학생들의 작업은 교육과 실무를 연결하는 매개로서의 가치를 지닌다. 사례연구 과정에서 학생들은 ESG라는 추상적 개념을 자신의 조직과 역할에 대입해 해석하고, 개선 방향을 스스로 도출하였다. 이는 ESG를 '배워야 할 개념'이 아니라 '적용해야 할 실천 도구'로 인식하게 만드는 중요한 학습 경험이다. 이러한 경험은 향후 학생들이 스포츠 조직, 공공기관, 국제기구 등에서 실무를 수행할 때 ESG를 자연스럽게 고려하는 기반이 된다.

넷째, 본 연구는 차세대 스포츠 리더십 형성의 관점에서도 의미를 갖는다. 스포츠 ESG의 확산은 제도와 정책만으로는 충분하지 않으며, 이를 이해하고 실천할 수 있는 인적 자원이 뒷받침되어야 한다. 이 책의 저자들은 향후 스포츠 현장에서 의사결정에 참여하거나 정책과 프로그램을 설계할 가능성이 큰 인재들이다. 이들이 ESG 관점에서 조직을 바라보고 문제를 정의한 경험은, 장기적으로 한국 스포츠 생태계의 의사결정 문화를 변화시키는 잠재력이 된다.

결국 아시아올림픽대학원생들의 사례연구는 단순한 학습 결과물이 아니라, 스포츠 ESG의 미래를 준비하는 집단적 노력이자 축적의 과정이었다고 할 수 있다. 제2부에 담긴 각각의 분석은 완결된 답이라기보다는, 더 많은 질문과 후속 연구를 촉발하는 출발점에 가깝다. 이러한 점에서 본 연구는 단순히 '현장에서는 지금 무엇을 어떻게 하고 있는가'를 보여주는 것을 넘어, '지속가능한 스포츠를 위하여 앞으로 무엇을 함께 추진해 갈 것인가'에 대한 가능성을 제시하고 있다.

나. 학문적 · 정책적 확장성

이 책이 갖는 가치는 제2부에 제시된 개별 사례의 분석을 넘어, 스포츠 ESG라는 아직 충분히 체계화되지 않은 분야에서 학문적 · 정책적 확장의 출발점을 제시한다는 데에 있다. 앞서 언급한 대로, 이 책은 교육 과정에서 수행된 학생들의 사례연구를 토대로 하고 있지만, 그 축적 효과와 활용 가능성은 교육적 맥락을 넘어선다.

우선, 본 연구는 스포츠 ESG 분야의 기초 데이터셋으로서 중요한 의미를 갖는다. 국내 스포츠 분야에서는 ESG를 체계적으로 적용·분석한 실증 자료가 아직 충분히 축적되지 않은 상황이기에, 다양한 유형의 조직을 포괄하고, 동일한 문제의식과 분석 틀을 공유하고 있는 제2부의 사례들은 학문적 활용 가치가 크다. 향후 스포츠 ESG 연구가 개별 사례 소개를 넘어, 비교와 종합 분석의 단계로 나아갈 수 있는 기초 자료로 기능할 수 있다.

이러한 기초 데이터는 향후 학술 논문으로의 확장 가능성을 지닌다. 환경(E), 사회(S), 거버넌스(G) 각각의 영역에 대해 종목 간 비교 연구, 공공과 민간 스포츠 조직 간 차이 분석, 국제 기준과 국내 현실의 격차 분석 등 다양한 연구 주제가 도출될 수 있다. 특히 스포츠의 지속가능발전(SDoS)과 지속가능발전을 위한 스포츠(S4SD)라는 이론적 틀을 적용한 실증 연구는 국내외 학술 담론에서도 의미 있는 기여를 할 수 있을 것이다.

정책적 활용 가능성 역시 크다. 본 연구에서 제시된 사례와 제언은 정책 보고서 및 가이드라인 개발로 확장될 수 있는 실천적 근거를 제공한다. 정부, 지자체, 스포츠 공공기관이 스포츠 ESG 정책을 설계하거나 평가 기준을 마련하는 과정에서, 본 연구는 현장 기반의 참고자료로 활용될 수 있다. 특히 경기장 운영, 선수 보호, 지역사회 기여, ESG 공시 체계 등은 정책 개입의 필요성이 높은 영역으로, 본 연구의 분석과 제언은 정책 설계의 현실성을 높이는 데 기여할 수 있다.

더 나아가, 이 책은 국제 비교 연구로의 확장 가능성도 내포하고 있다. 스포츠 ESG는 국제스포츠 기구와 글로벌 이벤트를 중심으로 빠르게 확산되고 있으며, 국가별 제도와 문화에 따라 다양한 양상을 보인다. 본 연구에서 축적된 국내 사례는 향후 다른 국가의 스포츠 조직과 비교 분석함으로써, 한국 스포츠 ESG의 특징과 과제를 국제적 맥락 속에서 살펴볼 수 있는 출발점이 될 수 있다. 이는 국제 학술 교류와 글로벌 정책 논의에서도 의미 있는 기여가 될 것이다.

이러한 학문적·정책적 확장 가능성 위에서, 이 책이 궁극적으로 던지는 메시지는 분명하다. 스포츠 ESG는 '해야 할 일이기 때문에 하는 선택'이 아니라, '하지 않으면 안되는 스포츠의 지속가능 조건'이라는 점이다. 기후위기, 인권과 안전에 대한 사회적 요구, 투명성과 책임성에 대한 신뢰의 문제는 더 이상 부차적 이슈가 아니다. 스포츠 역시 이러한 변화의 흐름에서 예외일 수 없으며, ESG는 스포츠가 사회로부터 신뢰받고 지속발전하기 위한 최소 조건이 되고 있다. 스포츠의 미래가 지속가능하기 위해서 ESG는 더 이상 선택지가 아닌 필수 과제가 되어 있는 것이다.

찾아보기

가이드라인 18, 20, 23, 37, 38
감축 18 27, 36, 38, 40
거버넌스 14, 16, 22, 26, 31
공공기관 10, 23, 25, 27
공급망 11, 13, 18, 200
공시 11, 13, 23, 25
공정성 11, 14, 15, 20, 22
구매 141, 142, 168, 169, 176
국제대회 14, 36, 39, 48, 67
국제연맹 19, 22, 33, 70, 91
기후변화 10, 17, 37, 38, 77
기후위기 35, 37, 50, 83, 95
기후행동 16, 34, 35, 38, 39
노동 9, 11, 173, 174, 211
녹색 168, 169, 183, 185, 202
다양성 10, 11, 20, 34, 70
대기 61, 154, 185, 246, 260
도시 16, 21, 24, 43
리스크관리 22, 164
메가이벤트 19, 27, 258, 259, 265
미세먼지 19
반부패 9, 11, 14, 22, 127
배드민턴 24, 75, 78, 80
배출권 182, 183, 264, 270, 276
배출량 17, 35, 38, 54, 56
보건 44, 242, 266, 285, 287
분리수거 81, 143, 163, 184, 185
브랜드 16, 21, 22, 33, 39
빙상 16, 18, 24, 32
사회공헌 87, 88, 144, 166, 174
상쇄 95, 182, 200, 218, 219
생물다양성 10
선수보호 19, 67, 69, 104, 108
선수인권 19, 25, 185, 186, 333
성과지표 22, 49, 105, 255, 345
성평등 14, 16, 34, 44, 48
성폭력 22
성희롱 22, 67, 70
수소 18, 100, 263, 272, 275
수자원 18
순환경제 19, 78, 170, 199, 203
스포츠이벤트 16, 18, 20, 23
스폰서 14, 22
아시안게임 90, 110, 112, 113, 122
아이스하키 24, 31, 38, 40
안전관리 14, 19, 64, 66, 68
안전사고 20, 187, 208, 285, 298
안전성 119, 121, 124, 126, 127
에너지 10, 14, 16, 18, 27
오염 10, 19, 38, 52, 114
온실가스 17, 18, 35, 43, 58
올림픽 9, 19, 20, 22
완화 281, 330, 344
월드컵 27, 206, 213, 226, 264
윤리 9, 11, 14, 21, 22
의료 19, 20, 64, 66, 74

이사회 11, 22, 91, 92, 94
이해관계자 9, 10, 14, 15, 20
인권 9, 11, 14, 15, 19
자원봉사 40, 155, 157, 160, 163
자원순환 43, 85, 87, 95, 200
장애인 14, 20, 24, 31
재생에너지 18, 35, 53, 54, 56
재활용 18, 19, 38, 43, 53
적응 21, 113, 166, 335, 344
전기 14, 17, 83, 84, 102
전력 54, 56, 58, 60, 61
절수 187
접근성 14, 15, 19, 20, 26
조달 56, 61, 155, 156, 202
지속가능경영 11, 13, 23, 24, 167
지속가능발전 10, 13, 15, 16, 24
지속가능발전목표 10, 34, 154, 158
지역경제 21, 40, 53, 59, 65
지역사회 10, 11, 14, 16, 19
지자체 14, 25, 108, 125, 207
차별 18, 21, 64, 65
친환경 18, 37, 43, 55, 59
커뮤니티 43, 56, 58, 83, 87
컴플라이언스 177
탄소 10, 14, 16, 18
탄소발자국 42, 167, 200, 203, 260
탄소배출 10, 14, 16, 18, 27
탄소배출권 182, 183, 264, 270, 276
탄소상쇄 95, 182, 200, 218, 264
탄소세 107
탄소중립 10, 16, 25, 35
태양광 18, 37, 54, 56, 58
투명성 11, 14, 15, 22, 23
패럴림픽 31, 34, 151, 215, 217
폐기물 10, 14, 18, 35, 37
포용 11, 14, 19, 20
풍력 54, 264, 277
프로스포츠 21, 334, 345
플라스틱 37, 38, 81, 82, 85
필드하키 24, 112, 115, 117
하키 24, 31, 38, 40
환경 9, 16, 18, 21, 23
환경경영 35, 37, 38, 43, 81
환경교육 59, 164, 201
환경정책 171, 183, 229, 230, 341
AI 121, 124, 187, 200, 270
BWF 75, 78, 82, 83, 87
CSR 9, 11, 166, 258, 312
DEI 11, 104, 166
ESG 9, 29, 31
FIFA 20, 23, 206, 213, 226
FIH 113, 114, 118, 123, 125
GRI 13, 302, 306
IIHF 38, 43, 50, 108, 111
IOC 14, 19, 20, 22, 23
IPC 20, 23, 32, 35, 44
ISO 13, 63, 104, 127, 212
ISU 99, 101, 103, 105, 107
KPI 105, 127, 255, 301, 321
KSPO 23, 140, 168
MICE 25, 257, 262, 265
MRV 18, 305, 307, 309, 330
OCA 24, 110, 195, 197, 211
SDGs 10, 34, 44, 154, 266
UN 9, 13, 34, 35, 38
UNFCCC 10, 38, 77, 226, 228
UNGC 9
UNWTO 257, 260

저자소개

• 박재신

現 국민대학교 경영대학 및 아시아올림픽대학원 교수. 영국 케임브리지대학교에서 박사학위를 취득하고, 대통령비서실, 한국개발연구원(KDI), 한국국제협력단(KOICA) 등에서 근무했다.

• 김소영

現 인천국제공항공사 스카이몬스 배드민턴 선수. 2014 인천아시안게임 단체전 은메달, 2020 도쿄올림픽 동메달, 2022 항저우아시안게임 단체전 금메달 및 개인전 동메달을 수상했으며, 세계선수권대회 3년 연속 메달권에 드는 영광을 안았다.

• 문기준

現 국제스포츠 이벤트 유치 컨설팅 전문기업 모노플레인 기획팀 근무. 2027 충청세계대학경기대회, 2032 서울-평양 하계올림픽 유치 준비 등 다수의 국제대회 유치 프로젝트에 참여했으며, 최근에는 2036 하계올림픽 전주 유치 기획업무를 수행하고 있다.

• 박경준

現 넥센 윈가드 스노보드팀을 맡아 팀 성적 향상과 스노보드 저변 확대를 위한 현장 중심의 스포츠 매니지먼트를 실천하고 있다. 서울시야구소프트볼협회와 스페셜올림픽코리아에서 스포츠 행정 경험을 쌓았다.

• 박수민

現 아시아올림픽대학원 석사과정 재학. 2025 국민체육진흥공단 홍보마케팅팀에서 인턴으로 근무했다.

• 박효정

現 포유커뮤니케이션즈 공동대표 및 한국마이스이벤트산업협동조합 대외협력위원장. 2019년 중소벤처기업부장관상, 2024년 중소기업중앙회장상 수상. 2018 평창동계올림픽, 2019 한·아세안 특별정상회의, 2023 정전70주년기념행사 등에서 MICE 기업인으로 활동하고 있다.

• 서영우

13년간 봅슬레이 국가대표로 활동하며 세계랭킹 1위와 올림픽 은메달을 기록했다. 은퇴 후에는 스포츠 정책, 미디어, 콘텐츠 분야에 관심을 두고 스포츠의 사회적 가치와 확장 가능성을 탐구하고 있다.

• 이남용

2002 부산아시안게임 금메달, 2006 도하아시안게임 금메달, 2014 인천아시안게임 동메달, 2023 항저우아시안게임 동메달 등 20여 년의 국가대표 선수로서 대한민국의 스포츠 발전에 많은 기여를 했다.

• 이동수

現 재일본대한체육회 대외협력부장 및 대한장애인수영연맹 사무국장. 수영 국가대표상비군 출신으로서, 2018평창동계올림픽, 2019 광주세계수영선수권대회, 2020도쿄올림픽 등에서 스포츠 행정가로 활동하고 있다.

• 이민수

現 대한수영연맹 국제위원. 전 국가대표 수구선수로서, 2010 광저우아시안게임, 2002 부산아시안게임에 출전하였고, 2014 인천아시안게임과 2022 국제수영연맹 수구 국제심판, 2019 광주세계수영선수권 수구종목 담당관으로 문화체육관광부 장관상을 수상한 스포츠행정가이다.

• 이소정

現 아시아올림픽대학원 석사과정 재학. 대한장애인아이스하키협회에서 대리로 근무했다.

• 이용욱

現 국제수영연맹 및 아시아수영연맹의 공식 파트너사인 원갑코퍼레이션 대표이사. 전 국가대표 수영선수로서, 2002 부산아시안게임 출전 및 1999 전국체육대회 4관왕을 달성하는 등 선수와 기업 양면의 경험을 갖추고 있다.

• 이정수

現 서울시청 쇼트트랙 선수. 국가대표로서 2010 밴쿠버 동계올림픽 2관왕, 세계선수권 단체전 금메달, 삿포로 동계아시안게임 메달리스트 등 숱한 영광을 안았다. 2018 평창, 2022 베이징 동계올림픽에서 KBS 해설위원으로 활약했다.

• 정준용

現 크라쉬 국가대표. 항저우아시안게임 동메달, 월드챔피언십 세계선수권 동메달, 월드챔피언십 한국 우수상, 아시아선수권 은메달, 동아시아선수권 금메달 등 크라쉬 종목 국위선양과 확산을 위해 활약 중이다.

• 홍진갑

現 스파이더그룹 대표이사. 2022 E-PRIX 포뮬러E 전기차대회, DP월드투어 2025 제네시스 챔피언십, 2025 LIV GOLF KOREA 등 다수의 국제대회에 오버레이 시설을 설계·공급하였다.

스포츠와 지속가능성 - ESG경영의 현장

초판 인쇄 2026년 2월 2일
초판 발행 2026년 2월 6일

저　자 박재신 김소영 문기준 박경준 박수민
박효정 서영우 이남용 이동수 이민수
이소정 이용욱 이정수 정준용 홍진갑

발행인 정승렬
발행처 국민대학교 출판부
등　록 1975년 6월 17일 제 6-33호
주　소 서울시 성북구 정릉로 77(정릉동)
전　화 02-910-4242
팩　스 02-910-4240
인쇄 · 편집 삼아인쇄사
ISBN　978-89-7812-559-8

가격 25,000원